JN439516

시사에세이

세계인의 조건

세계인의 조건

박지연 시사에세이

계간문예

우리의 정체성正體性

여기에 엮은 작품들은 각종 신문과 문예지, 종합문예지 〈문학과 현실지〉에서 '에세이로 본 경제' 종합문예지 〈착각의 시학〉지에서 '문학으로 읽는 경제' 월간 〈시사금융〉지에서 '박지연의 시사파워' 라는 제목으로 오랫동안 연재한 작품들이 대부분이다.

한때는 폐기할 뻔 했지만 일본의 변하지 않는 파렴치한 모습을 보면서 한 사람의 국민으로서, 문인으로서 작은 힘이나마 이 어려운 시대를 살아온 역사의 증인이 되어야 하겠다는 열망이 강렬해 다시 책으로 엮게 되었다.

"우리가 역사를 바꿀 수 없지만 우리의 가장 수치스러운 것으로부터 많은 것을 배웠다."라고 게르하르트 수뢰더 서독총리는 나치 독일의 만행을 기회가 있을 때마다 사죄했다. 독일은 1952년부터 지금까지 700억 달러(약 79조원)이상을 나치의 피해를 입은 유대인에게 지불해 왔지만 2014년부터 2017년까지 추가로 10억 달러 (약 1조1300억원)를 더 보상하기로 했다.

그러나 패전국 일본은 과거사를 부인하고 망언만 쏟아내 전쟁이 끝난지 70년이 지난 지금도 변한 게 없다. 지난 11월초 한일정상회담에서 "위안부 문제를 조기 타결하자"던 약속을 했지만 귀국해서는 말을 바꾸고 1965년 한일국교정상화 당시 양국 간에 위안부문제는 거론도 하지 않았는데 일본정부는 위안부문제는 이미 한일청구권협정으로 완전히 해결했다고 딴전을 부렸다.

하지만 오바마 미국정부의 강력한 주문과 국제사회에서 여성 인권을 유린했다는 비난의 압력을 피하기 위해 전격적으로 2015년 12월 28일 한국의 윤병세 외교부 장관과 기시다 후미오(岸田文雄) 일본외상은 고 김학순 할머니가 실명으로 위안부 피해 사실을 처음 공개한 지 24년 만에 3개항의 합의를 타결했다.

위안부 문제에 대한 일본측이 법적 책임까지 인정하진 안았지만 일본 외상은 "군의 관여 하에 다수 여성의 명예와 존엄에 깊은 상처를 입힌 문제로 일본 정부는 책임을 통감한다" 라고 처음으로 위안부 문제가 일본 정부의 책임임이 공식 인정된 셈이다. 이제 일본의 진정성 있는 태도 여부에 달려 있다.

아직도 국민의 상반된 반응과 일본의 고도의 외교 결례를 서슴치 않는 특성상 우리도 예의 주시하며 합의한 3개 조항이 얼마나 실천될 지 지켜보아야 한다.

철도원의 소설가 아사다 지로(淺田次郎), 세계적인 애니메이션의 거장 미야자키 하야오(宮騎 駿)감독, 노벨문학상 수상후보인 무라카미 하루키(村上春樹), 노벨문학상 수상자인 오에 겐지부로(大江健三郎) 등은 오래 전부터 아베정권의 거짓을 신랄하게 비판한 일본의 지성도 지켜볼 것이다.

나는 어린 날 일본의 만행도 한국전쟁의 비극도 보았으며 88올림픽의 감동과 짜릿한 감격으로 가슴을 뛰게 했던 2002년의 4강 신화도 같이 하고 IMF의 호된 혹한도 지났다. 나라의 영광과 고난을 같이 한 것을 나의 큰 자산으로 여기며 이 소중한 보물을 우리 후대에게 같이 나누고 싶은 갈망으로 글을 썼다. 우리 후대에게 역사의 교훈을 꼭 전하고 싶었다.

대한민국의 자신감을 위하여

일본의 과거사 문제에 매몰되어 우리는 적지 않게 위축되어 있다.

영국의 리처드 린(Richard Lynn)과 핀란드의 타투 바하넨(Tatu Vahanen)교수가 공동으로 IQ조사에서 홍콩 1위, 한국 2위, 일본 3위, 독일 · 이탈리아 6위, 중국 · 영국 12위, 미국 · 프랑스 19위, 러시아 25위이다. 오스트리아 빈 대학 조사에서 홍콩 1위, 한국 2위, 일본 3위, 독일, 이탈리아 5위 중국, 영국 11위이고 스위스 취리히 대학 조사에서 홍콩 1위, 한국 2위, 일본 · 북한 3위, 독일, 이탈리아 6위 등등 우리는 세계에서 입증된 우수한 민족이다.

분단국의 작은 땅에서 자원도 별로 없는 한국이 전쟁으로 초토화된 고난을 딛고 비약적 발전으로 '20-50 클럽' 에 가입할 수 있는 저력은 경제였다. 전쟁 이후 67 달러의 국민소득이었던 우리였다. 현재 국민소득 2만 달러가 넘고 인구 5천만 명이 되는 나라는 고작 여섯 나라뿐이고 우리는 일곱 번째 나라가 될 수 있었던 것은 경제의 힘이다.

2008년 글로벌 위기로 세계가 허덕일 때 2011년 우리는 무역 1조 달러를 달성한 것은 놀라운 일이다. 100년 전만 해도 우리는 너무도 가난하고 무능하여 세상물정을 모르고 당파 싸움에만 눈이 멀어 일본이 눈을 부릅뜨고 우리나라를 점령해도 속수무책으로 나라를 지키지 못한 조선의 답답한 양반들이었다. 그러나 이제는 세계인이 되어 G20의 회원국으로 의장국도 되고 세계를 누비며 무역을 하고 정치를 하는 나라가 되어 UN의 총장도 나왔고 세계은행 총재도 배출하는 역동적인 대한민국이 되었다.

세계가 2008년 글로벌 경제위기로 시달릴 때 설상가상으로 유럽의 지중해연안국가 오랜지국들의 재정위기가 닥쳐 유럽이 어렵던 2012년, 유럽의 재정위기를 돕는 회의에서 IMF에 우리는 150억 달러를 쾌척했다. 우리 돈으로 17조원이 되는 거금이다. G20 재무장관이 모인 자리에서 유로존의 금융위기를 해소하기 위해 우리가 150억 달러의 출연금으로 통 크게 내놓았을 때 눈치만 보던 나라들도 참여해 호주 70억 달러, 싱가포르 40억 달러, 영국 150억 달러를 출연했고 '기금모금'에 딴죽을 피던 브릭스(BRICS)의 중국도 움직였다.

생각하면 1997년 12월 24일 IMF로부터 500억 달러를 구제금융이라는 굴욕적인 돈을 빌리던 그 때를 생각해 보면 그들의 어려움을 안다. 한국전쟁 당시 많은 유럽의 국가들이 목숨을 걸고 우리나라를 위해 싸워 준 고마운 나라들이다. 또 물질로 재건하는데 많은 도움을 주었던 그들에게 무엇이 아까우랴. 우리는 그 고마움을 결코 잊지 않을 것이다.

한국전쟁 당시 UN군으로 싸웠던 영국군, 캐나다 군인들이 우리나라의 발전을 같이 기뻐하고 세상을 떠나서도 한국의 유엔묘지에 전우들과 같이 묻히고 싶어하는 전사들이 있는 한 우리는 많은 우방과 돈독한 그들의 사랑으로 더욱 발전할 것이다.

우리는 자신감을 가지고 다시는 나라가 불행하지 않도록 공고히 지키며 후세들이 주눅 들지 않고 정정당당히 세계의 무대에서 앞서 나가는 주인공이 되기를 바라며 또 자긍심과 뚜렷한 국가관을 가지고 전진하는데 이 작은 증언이 보탬이 되기를 비는 마음 간절하다.

미국에 체류 중에도 쉬지 않고 썼던 원고가 빛을 보게 되어 기쁘며 다망하신 중에도 발문을 써 주신 정종명 이사장님과 김경수 평론가님, 차윤옥 편집주간님께 깊은 감사를 드립니다.

2015년 12월 30일

박지연

발 문

어려운 시대를 살아온 역사의 증인

– 세계인의 조건

정 종 명(소설가 · 계간문예 발행인)

박지연 선생은 시인이며 수필가이다. 두 장르를 넘나들면서 글을 쓰기 위해 얼마나 많은 노력을 했겠는가. 거기에다 한국은행에 근무했던 전력을 살린 경제 전문기자이다. 문인과 경제는 별로 친하지 않은 이웃처럼 느껴지지만, 박지연 선생은 오랫동안 경제 테마 에세이를 쓰면서 경제 전문 수필가라는 자리를 굳힌 이색적이고 특색이 있는 작가가 되었다. 이번에 출간하는 시사 에세이 〈세계인의 조건〉에도 경제 테마 에세이를 많이 선보이고 있다. 제목에서 알 수 있듯이 경제 외에 역사에도 많은 관심을 갖고 있다. 작가의 말에 '일본의 변하지 않는 파렴치한 모습을 보면서 한 사람의 국민으로서, 문인으로서 작은 힘이나마 이 어려운 시대를 살아온 역사의 증인이 되어야 하겠다는 열망이 강렬해 다시 책으로 엮게 되었다.' 고 피력하고 있다.

친일인사로 알려진 독일 슈미트 전 총리는 일본이 상식을 벗어나자 "일본은 역사 공부를 하라"고 충고했다.

세계 제2차 대전 이후 독일 첫 총리가 된 아데나워는 1951년 4월11일 파리를 처음 방문했다. 그러나 프랑스 측에서는 단 한 명도 마중을 나오지 않았다. 그도 그럴 것이 프랑스 사람들의 뇌리에는 1871년 비스마르크가 1940년에는 히틀러가 전쟁 승리자로 파리를 점령했던 악몽을 생생하게 기억하고 있기 때문이다. 그러나 이제 프랑스와의 관계를 회복치 않고는 서독이 유럽의 일원으로 자리를 잡을 수 없다는 것도 그는 절실히 안다. 그렇게 얼어 버린 관계를 풀기 위해 재임 14년 동안 워싱턴은 열 차례 방문했지만 파리는 26번이나 방문했다. 아데나워 총리는 1958년부터 드골의 시골 별장으로 15차례나 찾아갔다. 또 100시간 동안 대화를 나누며 40회의 서신 교환을 통해 유럽의 여러 어려운 숙제를 푸는 일에 매달렸다.

아데나워는 알고 있었다. 나치의 이미지로는 국제사회에서 신뢰와 명예를 되찾을 수 없어 진정으로 프랑스의 협력을 요청했다. 드골은 서독에 불리하게 그어진 전후 국경선을 그대로 인정하라는 것을 비롯해 응하기 힘든 요구를 아데나워에게 내놨다. 아데나워는 국내의 반발을 무릅쓰고 드골의 요구를 받아들였다. 두 노련한 정치가 사이에 진정한 신뢰와 개인적 존경심이 바탕이 되었다. 드골은 드디어 1962년 9월 독일을 방문해 경제, 국방, 문화 등 독일과 프랑스의 이해와 득실이 서로 상충했지만 이를 극복, 화해의 완성을 선언하기에 이른다. 이는 유럽을 한 단계 올려놓았다. 두 정치가가 해낸 위대한 일은 세계사에 오래오래 존경받을 일이 되었다. 1967년 아데나워가 세상을 떠날 때 프랑스 영국 네덜란드의 군함들의 호위를 받으며 강물 따라 그의 고향으로 돌아왔을 때 독일로부터 가장 피해를 입은 이스라엘 총리와 프랑스 대통령이 그의 마지막 미사에 참여해 그의 떠남을 아쉬워하는 모습을 세계인은 특별한 존경의 시선으로 바라보았다. – '세계인의 조건' 중 일부

박지연 선생의 역사관을 엿볼 수 있는 인용문이다. 아직도 독도가 일본 땅이라고 우기며, 역사를 부정하고 왜곡하는 일본은 독일의 슈미트 전 총리의 말대로 역사 공부를 다시 해야 한다. 박지연 선생이 문학을 통해 이렇게 일본의 잘못된 세계관을 지적하고 있다는 사실에 큰 박수를 보낸다. 문학은 인간 구원과 사회 정화의 길잡이이며, 영혼을 깨우치는 스승이다.

독일 사람들은 잘못을 인정할 줄 아는 용기가 있다. 제2차세계대전의 현장을, 지우고 싶은 역사이지만 민낯 그대로 보존하며 반면교사로 삼고 있다. 잘못된 역사를 반성하는 용기는 독일뿐만 아니라 다른 나라에도 필요하다. 특히 일본은.

문학은 현실과 밀접한 관계를 맺고 있다. 가속화되고 있는 물질문명의 발달과 자본만능의 풍조 속에서 문학의 위기는 그 운명조차 예측하기 어려운 실정이다. 하지만 이런 때일수록 문학이 절실하게 필요한 것은 재론할 필요가 없다. 문학은 물질문명의 발달 속에서도 인간성을 회

복시켜 주고 인간의 존엄성을 고양시켜 준다. 이 점에서 문학은 급변하는 현실에서 정신의 위기를 극복하고 인간 본래의 생명력을 회복시켜 주는 동력으로 작용한다.

해외 자금은닉 스캔들은 한국뿐 아니다. 프랑스 외무장관의 해외 비밀계좌 보유한 의혹으로 프랑스인의 분노를 사고 중국의 공직자들도 11년간 10조원이 해외로 빼돌린 사실이 밝혀져 공직자의 신뢰가 땅에 떨어졌다. 독일 부유층도 비밀 보장이 잘되는 스위스은행에 자국 세금을 피하면서 사회적 논란을 일으켜 왔다. 슈퍼리치들은 또 권력을 움직여 정치권을 혼탁케 하기도 한다.

국내 부동산의 침체로 해외로 눈을 돌려 보유세와 세금부담이 적은 미국, 싱가포르, 말레이시아 등 해외부동산에서 토지와 건물을 구입하여 더러는 노후를 그곳에서 살 준비도 한다. 건물이나 아파트를 구입해 임대사업을 통해 보다 큰 수익을 올리는 사람도 있다. 영국 중앙은행 총재로 캐나다 총재가 부임하면서 양적완화를 할 것이라는 전망이 나오면서 파운드화의 값이 1월부터 하락했다. 이 기회를 놓치지 않고 자산가는 저가 매수의 기회로 삼는다. 이들은 해외투자 경험이 많은 은행과 증권사들의 프라이빗 뱅커 (PB)들도 놀랄 정도로 글로벌 경제의 안목이 탁월하다고 한다.

이러한 시각을 지닌 고액자산가들 즉 슈퍼리치들이 많이 나와 선명한 투자로 수익을 높여 우리 경제에 큰 보탬이 되었으면 한다. 아무도 모르게 페이퍼 컴퍼니에 감추지 말고 투명하게 세금을 내고 수익을 올리는 것이 슈퍼리치들의 경제지식과 안목을 나라에 공헌하는 길이 될 것이다. – '슈퍼리치' 중 일부 슈퍼리치들은 어떻게 재산을 늘리며, 어떻게 투자를 해야지 하는지 슈퍼리치들의 경제 지식과 안목이 어떻게 나라에 공헌하는지 안내하고 있다. 박지연 선생의 폭 넓은 전문 지식과 경제 전반에 대한 상식을 통해 규모 있는 경제생활을 할 수 있는 계기가 마련된 것이다. 이 글을 통해 독자들도 사회에 대한 관심을 높여서 점점 심화되는 양극화 현상에 대처하는 능력을 키워 나가야 할 것이다. 돈 문제에 초연할 수 있는 사람은 별로 없을 것이다

수필은 독자들이 자신도 모르게 "아, 그렇구나!" 하고 무릎을 칠 수 있게 하는 내용에 진정한 묘미가 있다. 그러기 위해서는 사물이나 현상에 대한 깊은 의미와 가치를 천착해 나가야 한다. 인생의 의미와 가치를 탐구하고 천착하는 일은 문학의 멋과 운치를 지나치게 강조하는 가운데 망각한 수필의 철학적 가치를 되찾는 작업이다. 깊이 있는 철학적 사색을 바탕으로 한 수필들이야말로 인간의 고양된 정신적 지표와 가치를 동시에 충족시켜준다.

지난 치욕적인 역사 속에서 우리 문학의 힘을 생각한다. 심훈의 시 '그날이 오면' 을 우리는 목청껏 불렀다. 그 많은 애국지사의 희생을 겪으면서도 이 한 편의 시는 우리 민족의 분노를 다스리며 우국정신을 결집하는 힘이 되었다. 한용운, 이상화 등 민족 시인들은 우리 민족정기의 지주가 되어 절망에 빠진 일본의 탄압 하에서도 굳건한 민족정신을 함양했음은 널리 알려진 사실이다.

그러나 지금 민주화를 외칠 일도 이데올로기와 싸울 일도 없고 춥고 배고

파 방황하던 시대도 아니다. 문인들은 너무 안일하여 시대정신을 선도해야 할 문인의 사명을 놓친 것은 아닌지. 우리는 너무나 힘에 겨워 '찾아가는 문학' 이나 '시낭송이나 세미나' 등 우리들만의 조촐한 잔치에 머물고 만다. 어느 기업이 문학을 챙기고 문학의 비전을 위해 관심을 주었다는 소식을 접하지 못했다.

노벨문학상을 주는 계절이 되면 문인들은 고개 숙인 사람이 되고 만다. 뛰어난 작품조차도 번역이 되지 않아 세계인에게 읽힐 기회를 얻지 못하는 빈사상태에 빠져 있다.

문화의 시대라는 21세기, 문화산업을 통한 부가가치 창출이 경제성장의 동력이 되는 시대다. 단순한 내면적 풍요를 통한 삶의 질 향상만이 아니라 예술창조와 문화산업이 이미 경제성장에 적극 기여해 왔다.

문화의 중심에 있는 문학, 디지털 시대에 '문학의 위기' 라는 화두는 들은 지 오래 되고 문학이 고사 직전에 있다는 사실을 우리 문인들은 외치지만 누가 들어 알기나 할까. 정권을 바꾸면 문화정책에 대해 기대를 해 보지만 오히려 예산을 감액해 문화의 세기에 역행을 하고 있다. 문인들은 지쳤다. 오늘도 고료는 없어도 쉬지 않고 밤을 지새우고 땀 흘리며 문학의 길을 묵묵히 걷고 있는 문인들이 대부분이다. – '메세나의 그늘' 중 일부

박지연 선생은 문학을 통한 세계인의 평화, 자유, 행복에 기여하고자 노력하고 있다. 한국문학의 발전과 세계화에 이바지하기 위해서는 정부의 지원은 물론이고, 메세나(기업에 의한 예술 · 문화에 대한 지원활동)와 같은 운동이 활발하게 전개되어야 할 것이다. 백범 김구 선생도 '문화가 강성한 나라가 아름다운 나라이며 부강한 나라' 라고 말씀하셨다.

다행히 2013년에 메세나법이 국회를 통과하였다. 대기업에서 광고에 투자하는 금액이 천문학적이라고 하는데 그 금액의 일부를 문화예술에 대한 후원을 한다면 기업의 이미지도 달라질 것이다. 메세나 같은 질 높은 홍보수단을 적극 활용하는 인식의 확산을 기대한다.

박지연 선생의 해박한 전문 지식이 수필 분야 깊숙이 스며들어 그저 기행문이나 신변잡기의 수필쓰기에서 탈피하는 계기가 되고 있다. 사회 비판적 소재들이 문학 작품으로 승화하기 위해서는 문학적 정서가 바탕에 깔려 있어야 한다. 문학은 논리적이지 않다. 상상력을 바탕으로 비약적이고 모순적인 논리로 낯설게 만들기도 한다. 문학의 기능은 보통 교시敎示적 기능과 쾌락快樂적 기능 두 가지로 분류한다. 수필은 자기 삶을 반성하고 성숙해 가면서 스스로 깨달음을 얻는 자기 탐구의 문학 장르이다. 수필은 진실탐구를 통해 독자들에게 깊은 감명을 주어야 한다. 우리는 살아가면서 어떻게 사는 것이 잘 사는 것이고 보람 있는 삶인지 끊임없이 고민하며 참다운 삶을 위한 노력을 기울이며 살아야한다. 박지연 선생은 결코 젊은 사람이 아니다. 그럼에도 소녀 같은 나붓한 감성과 이삼십 대나 가질 법한 뜨거운 열정으로 꾸준히 글을 쓰는 작가이다. 이번에 나오는 그의 시사 에세이 〈세계인의 조건〉 출간을 계기로 선생의 문학세계가 더욱 더 깊어지기를 기대한다.

■ 목차

1부

세계인의 조건

2부

다시 보는 유엔

3부

Landing is the first

4부

원전의 분노

5부

그들의 출구

세계인의 조건

세계인의 조건 | 메세나의 그늘 | 아이랜드의 엑소더스(Irish Exodus)
스위스 이미지 | 도시 몰락의 의미 | 저당물
패배자敗北者의 무대 | 무역 1조 달러, 푸어(poor)시대
잊혀진 전쟁 · 1 | 잊혀진 전쟁 · 2

1

세계인의 조건

경우 없는 이웃 때문에 세상이 시끄럽다. 숨길 수 없는 역사에 눈멀고 욕심에 찬 분별없는 일본인들. 세계인의 조건에 대하여 생각하게 한다.

소국小國과 소인배小人輩

우리 조상들은 일본인들을 왜인倭人이라 불렀다. 어린 나는 그들이 대부분 키가 아주 작아 그렇게 부르는 줄 알았다.

지정학적으로 일본을 이웃으로 둔 우리는 참으로 아프게 시달렸다. 그들은 우리를 침략해 노예처럼 부렸다. 농사를 지으면 전쟁용 공출이라 하여 집집마다 샅샅이 뒤져 쓸어가 아무것도 남지 않아 배고픔에 시달렸다. 견디다 못한 농민들은 독립운동가가 아니어도 조상부터 뿌리내려 온 고향을 등지고 유랑민처럼 만주로 간도로 어디론가 일본 사람들이 없는 곳으로 피해 나가 고생을 겪었다. 살림살이도 남아나는 게 없었다. 비행기를 만든다고 놋그릇 놋대야 심지어 놋요강 냄비까지 생필품을 뒤져 빼앗아 갔고 바다에서 잡는 것까지, 지하자원도 모두 캐갔다.

일본이 저지른 전쟁터에 공부하는 젊은이, 농사짓는 청년들을 총받이로 몰아가고 다 자라지도 않은 어린 소녀들은 정신대라며 갖가지 속임수로 끌고 갔다. 정신대에 잡히지 않기 위해 나이도 차지 않는 어린 딸들을 억지로 시집보내면 신랑은 바로 전쟁터에 잡혀가 전사하고 집집마다 불행이 줄을 이었다. 장년들은 군수공장이나 탄광에서 혹사당하고 나이든 어른들은 노무자로 끌려가 모든 국민이 도저히 살 수 없는 전쟁의 희생자로 삶이 송두리째 짓밟혔다.

말로 다 할 수 없는 잔인했던 짓을 한 일본의 최고 책임자 일왕은 1945년 8월 15일 항복했지만 도교재판은 전범자의 죄 값을 묻지 않는 게 문제였다. 지금 70년이 지났건만 한 가닥 반성 없는 남의 땅을 제 땅이라 군국주의 회귀로 억지 쓰는 난쟁이 나라, 소인배들의 집단은 날로 양심과 가슴까지 작아져 글로벌 시대에 세계인의 자격을 상실해 간다.

역사적 사실과 교훈

독도가 역사적으로 실효적으로 아무리 우리 땅이라고 외치고 일본의 교과서에 명시된 자료(1886년-1900년) 등 표준 지도에서 이미 확인되었고 많은 사료들이 제시되어도 믿지 않은 일본인들.

바깥세상에서 무슨 일이 일어났는지도 모르고 긴 곤방대를 털며 헛기침만 하던 조선의 양반들, 남의 일처럼 손 놓고 있는 사이 청나라 러시아 일본은 우리를 놓고 각축전을 벌이다 싱겁게 일본의 승리로 끝나자 그 사이 한반도와 독도까지 손아귀에 넣었다.

우리가 분노한 것은 일본의 최초 유학생 가네코 긴다로(金子堅太郎)가 시어도어 루스벨트와 하버드대 동창이라는 연유로 일본의 로비스트로 나서 미국 육군장관 윌리엄 태프트와 일본의 가쓰라 다로 총리가 밀약을 하게 한 점이다. 필리핀은 미국이 장악하고 일본은 한반도를 점령하는 협약을 1905년에 비밀리에 단행해 끝내 1910년 8월 29일은 치욕의 날이 되었다.

그 때 미 · 영 · 일본은 동맹국이었으나 36년이 지난 1941년 12월 8일 일본은 하와이 진주만을 기습 공격해 유럽의 제2차 대전 중 또다시 태평양 전쟁이 발발했다. “이 학살행위를 우리는 기억할 것이다”라고 프랑클린 D 루스벨트는 다짐하면서 전쟁을 확대해 갔다. 내가 1990년 진주만을 찾았을 때 기습당한 함정은 50년이 지났는데도 침몰한 모습 그대로 역사의 유물로 진주만에 있었다.

1943년 카이로 선언, 이 선언을 이행할 1945년의 포츠담선언도 있었지만 1945년 8월 15일 연합군의 승리로 전범자를 처벌할 도교전범재판은 전범 최고 책임자 일왕에게 면죄부를 주면서 재판은 끝나고 이 때문에 일본은 죄 값을 빗겨갔다. 1951년 샌프랜시스코 강화조약에서 독도의 문제가 빠진 채 일본은 미국의 아시아 전략적 핵심 파트너로 삼아 동아시아의 방위의 중심에 세워놓고 있다. 이에 오만해진 일본은 아시아 여러 나라에 침략으로 야기된 피해를 외면하고 반성은커녕 샌프란시스코 기념비마다 일본은 전쟁 원흉이라는 것을 잊은 채 원폭 피해자라는 말만 즐비하게 강조한다.

이번 독도문제가 나오자 스기야마 신스게 일본 외무성 아시아 · 대양주 국장은 이전에 로비스트처럼 워싱턴을 방문해 다니얼 러셀 백악관 국가안보회의(NSC) 아시아 담당보좌관과 커트 캠벨 국무부 동아태 차관보를 잇달아 만나 독도문제에 관한 협조를 요청해 자기편에 유리하게 발표했다. 하지만 미국은 한 · 일 양국이 함께 해결하기를 바란다는 입장만 있을 뿐 독도는 한국의 땅이라 하지 못하는 것이 문제다.

일본은 메이지(明治) 다이쇼(大正) 히로히토(裕仁) 3대에 걸쳐 전쟁터로 만든 100년 전이나 지금이나 생각과 행동이 조금도 달라진 게 없다. 치졸한 민족 감정만 부추겨 외교적 무례한 일만 거듭하고 19세기에 아시아 여러 나라에 자행한 나라로써 성숙함은 없고 역사의 교훈을 외면한 채 망발로 일관한 일본은 미래가 없다.

고개 든 신탈아론新脫亞論

노다 요시히코(野田佳彦)총리는 한 · 일간 첨예한 문제를 초강경 발언만 연발한다. 이시하라 신타로 도쿄도지사, 하시모토 도루 오사카 시장 등 극우 성향 정치인과 자민당 정치인까지 합세해 우경화 경쟁에 들어갔다.

1885년 탈아시아론을 발표한 후쿠자와 유키치(福澤諭吉 1835-1901)가 되살아났다. 후쿠자와는 침략주의를 주창하며 1887년 이후 제국주의의 길을 열었다. 그는 "아시아의 조선과 중국이라는 악우惡友와 교제하는 것을 거절한다." 하면서 반한反韓 반중反中을 노골적으로 폈다. 이는 일본 제국주의 건설과 조선침략을 강경하게 내세워 뜻있는 일본인조차 비판을 받은 그가 지금도 일본의 1만엔권의 화폐 인물로 2003년 신권 발행 시 여전히 그의 얼굴을 살려냈다.

이 와중에 또다시 신우익 이론가 와다나베 도시오(渡邊利夫)가 나타나 신탈아론新脫亞論을 주장 "해양국가인 일본은 영토와 역사문제로 갈등하는 대륙국가 중국과 한국과는 결코 협력할 수 없다"라며 관계를 단절하고 '힘의 외교'만을 주장한다. 해양국가인 미국 호주 필리핀과 군사 경제 동맹을 강화하라고 외치며 선거철을 맞아 극우로 진화하는 목소리가 높다. 지난 도교전범재판에서 전범자들은 그들의 과오를 깨닫지 못한 채 전후 일본의 정계와 경제계를 장악해 왔다. 정치 세습으로 물려받은 후손들도 지금 일본의 중심세력이 되었다. 아베 신조 고이즈미 등 악명 높은 조선인 근로자를 학대하고 거저 부린 아소탄광 소유주의 아들인 아스 다로까지 이 가계보로는 반성의 진정성은 기대하기 어렵다.

1982년 일본 교과서의 수정에 관한 미야자와 기이치 관방장관의 담화

1993년 일본군 위안부 강제동원에 일본정부와 군부가 관여했다고 밝힌 고노 요헤이(河野洋平) 관방장관의 담화

1995년 무라야마 도미이치(村山高市) 총리는 태평양 전쟁 종전 50주년을 맞아 "일본의 침략으로 아시아제국 여러분에게 손해와 고통을 주어 통절한 반성의 뜻을 표하며 진심으로 사죄의 마음을 표명 한다"라는 이 담화는 일본의 식민지 지배를 가장 적극적으로 사죄한 것으로 평가되는 담화였다. 그 외 오부치 총리도 한 · 일관계 개선을 위해 노력한 지혜 있는 총리였다. 그러나 일본의 정계는 고작 세 담화조차 무력화하여 무효로 돌리려 하고 있지만 1993년 담화를 발표한 고노 요헤이 전 방관

장관은 자기의 생각은 지금도 변함이 없다고 양심을 말하지만 고이즈미 전총리는 전범자가 합사된 야스구니 신사를 매년 참배해 이웃 국가의 분노를 사고 있다.

독일의 빌리 브란트가 부러운 까닭

친일인사로 알려진 독일 슈미트 전 총리는 일본이 상식을 벗어나자 "일본은 역사 공부를 하라"고 충고했다.

세계 제2차 대전 이후 독일 첫 총리가 된 아데나워는 1951년 4월 11일 파리를 처음 방문했다. 그러나 프랑스 측에서는 단 한명도 마중을 나오지 않았다. 그도 그럴 것이 프랑스 사람들의 뇌리에는 1871년 비스마르크가 1940년에는 히틀러가 전쟁 승리자로 파리를 점령했던 악몽을 생생하게 기억하고 있기 때문이다. 그러나 이제 프랑스와의 관계를 회복치 않고는 서독이 유럽의 일원으로 자리를 잡을 수 없다는 것도 그는 절실히 안다. 그렇게 얼어 버린 관계를 풀기 위해 재임 14년 동안 워싱턴은 10번 방문했지만 파리는 26번이나 방문했다. 아데나워 총리는 1958년부터 드골의 시골 별장으로 15번이나 찾아갔다. 또 100시간 동안 대화를 나누며 40회의 서신 교환을 통해 유럽의 여러 어려운 숙제를 푸는 일에 매달렸다.

아데나워는 알고 있었다. 나치의 이미지로는 국제사회에서 신뢰와 명예를 되찾을 수 없어 진정으로 프랑스의 협력을 요청했다. 드골은 서독에 불리하게 그어진 전후 국경선을 그대로 인정하라는 것을 비롯해 응하기 힘든 요구를 아데나워에게 내놨다. 아데나워는 국내의 반발을 무릅쓰고 드골의 요구를 받아들였다. 두 노련한 정치가 사이에 진정한 신뢰와 개인적 존경심이 바탕이 되었다. 드골은 드디어 1962년 9월 독일을 방문해 경제, 국방, 문화 등 독일과 프랑스의 이해와 득실이 서로 상충했지만 이를 극복, 화해의 완성을 선언하기에 이른다. 이는 유럽을 한 단계 올려놓았다. 두 정치가가 해낸 위대한 일은 세계사에 오래오래 존경받을 일이 되었다.

1967년 아데나워가 세상을 떠날 때 프랑스 영국 네덜란드의 군함들의 호위를 받으며 강물 따라 그의 고향으로 돌아왔을 때 독일로부터 가장 피해를 입은 이스라엘 총리와 프랑스 대통령이 그의 마지막 미사에 참여해 그의 떠남을 아쉬워하는 모습을 세계인은 특별한 존경의 시선으로 바라보았다.

독일은 일본과 똑 같은 세계대전의 전범자였지만 끊임없이 참회하고 반성했다. 1970년 12월 빌리 브란트 독일총리는 폴란드 수도 바르샤바의 유태인 학살 추모비 앞에서 "독일은 희생자에 대한 말로 다 할 수 없는 죄책감으로 무릎을 꿇을 수밖에 없다"라고 무릎을 꿇었다. 독일출신 베네딕토 16세 교황도 홀로코스트가 자행된 아우츠비츠에서 "말하기조차 고통스럽다."라고 고백했다.

1985년 5월 8일 서독의 바이츠제거 대통령은 독일항복 40주년기념 연설에서 그는 과거를 왜곡하지 않고 나치의 침략전쟁에 대해 프랑스에 진정으로 사죄했다. 또 독일 젊은이들에게는 "40년 전 나치가 저지른 일을 젊은이들에게 책임을 지울 수 없지만 젊은이들도 역시 독일인으로써 독일역사에 책임을 져야 합니다."라고 했다.

또 1988년 독일 역사학자대회에서 "독일국가의 이름으로 저지른 사건은 변하지도 잊혀 지지도 않는 것이며 역사적 책임감이란 자신의 역사를 있는 그대로 받아들인다는 뜻입니다. 오늘 올바르게 살기위해 과거를 정직하게 기억하고 독일역사가들은 국민도 그렇게 살도록 해야 할 의무가 있습니다."라고 말했다.

제국주의 상징과 흔적

역사는 답이요, 교훈이다. 일본은 역사적 사실을 있는 그대로 자각해야 한다. 제국주의 상징인 일본군기 욱일승천기를 런던 올림픽에 들고 나와 사람들을 놀라게 했다. 티셔츠 생활용품에 흔히 쓰고 있는 그들. 이웃을 짓밟은 상징인 기를 군함에 보란 듯이 펄럭이며 자극한다.

반면 독일과 유럽에서는 나치문양인 하켄크로이츠(Hakenkreuz)를 엄격하게 금지되어 있다. 전범국가인 독일은 나치 상징물 사용을 법으로 명백하게 금지되어 물건을 제조, 사용, 보관, 반입하면 3년 이하의 금고나 징역과 벌금 선고형을 내린다. 만일 사용하면 거센 비판을 받고 사회에서 매장된다. 러시아 출신 오페라 가수가 나치 문양을 문신한 사실이 밝혀져 페스티발 공연에서 퇴출되기도 했다. 유럽 축구대회에서 자크 하일 만세 (Sieg Heil : 승리라는 뜻)의 구호를 외쳤다가 독일경찰은 수사하고 유럽축구연맹은 독일축구연맹에 500유로(약 3600만원)의 벌금을 물렸다.

독일은 폴란드에 있는 아우츠비츠 수용소를 1979년 이미 세계문화유산에 올렸고 요즘 바이마르 교외에 있는 강제수용소를 유네스코 문화유산에 등재하도록 신청한다. 이는 나치의 범죄와 독일역사의 가장 어둡고 부끄러운 흔적을 영구 보존하여 책임을 통감하기 위한 취지였다. 이곳은 1937년에서 1945년까지 유럽과 소련에서 끌려 온 유태인 정치범 집시 등 5만6천명이 그곳에서 죽었기 때문이다.

이처럼 독일은 잘못된 과거를 철저히 찾아내 속죄했다. 피해 국가는 독일의 진실을 받아들여 진정한 유럽국가로 거듭날 수 있었다.

독일은 패전국의 어려운 경제 속에서 분단을 끝내고 통일을 이루고 지금 유로존의 중심국가로 지도력을 보이고 있다.

여론을 선도해야 할 일본의 언론까지 편승하여 메너리즘에 빠진 일본, 이시하라신타로 전 도쿄도지사 아베신조 자민당 총재 하시모토 도루 유신회 대표 등의 망언을 묵인하는 일본은 스스로 절망해야 한다. 일본이 바로 서지 않으면 동북아의 번영과 평화의 시대는 요원하고 또다시 갈등의 암울한 상실의 시대로 회귀할까 우려되기 때문이다.

세계는 세계인의 조건에 맞지 않는 독재자가 아무리 40년, 50년 철권통치를 해도 그 말로가 처참함을 보여주었다. 아프리카에서도 남미에서도 그 조건에 합당하지 않는 지도자는 다 도태되었다.

지금 평화헌법까지 폐기한 일본은 진정 세계인의 조건에 합당한가 묻고 싶다. 세계인의 조건은 그리 거창하지 않다. 진정성을 가지고 정직하게 말 바꾸기 명수로 남지 말고 여러 나라가 어울려 사는 세상에 나라답게 사람답게 존경 받는 세계인이 되기 위해 적어도 역사를 바로 인식하고 거짓을 벗고 자기나라의 잘못을 회개하고 각성해야 세계인의 조건을 갖춘 나라가 될 것이다.

메세나의 그늘

미국의 '존경 받는 부자'의 효시는 강철왕 앤드루 카네기이다. 오늘날 워런 버핏과 빌 게이츠가 시작한 '기부약속 운동'에 미국의 억만장자 400명이 모두 1500억 달러(175조원) 규모의 기부를 약속했다. 그들은 그들이 받은 축복을 다시 사회에 환원한다고 했다.

이탈리아 피렌체에 본거지를 둔 메디치가家는 스폰서로 유명하다. 권력자에게 매달린 스폰서가 아니라 예술 후원가다. 메디치가는 15-16세기 르네상스 시대에 벌써 미켈란젤로, 레오나르드 다 빈치, 보티첼리, 라파엘로 등 당대 화가들을 지원했다. 후한 스폰서 덕에 화가들은 작품 활동에만 전념할 수 있었다.

우리나라에서도 살림이 조금 나아질 무렵 1994년부터 메세나 협회가 발족했다. 메세나의 어원은 문화예술가들에게 지원을 아끼지 않았던 로마의 정치가 마에케나스(Maecenas)에서 유래된 말로 기업의 문화후원을 이르는 말이다. 우리나라도 대기업 중심으로 문화예술에 대한 지원 사업이 다양한 형태로 발전하고 있다.

메세나 기업

SK의 '해피 뮤지컬스쿨' 의 프로그램, 현대중공업의 예술회관과 미술관, 시네마 등 복합 문화센타를 통해 사회에 공헌하고 있다.

중외제약은 남의 눈에 띄지 않는 후미진 곳을 찾는 것이 특징이다. '찾아가는 음악회' 는 소외된 곳을 찾아 음악의 단비를 선사해 준다. '영혼의 소리' 가 이미 유명한 것은 발달장애아동의 어려움을 이기고 오랫동안 훈련으로 합창단을 세계대회에 내보내 좋은 성적을 올릴 만큼 후원을 아끼지 않아 그들의 희망이 된지 오래다. 중외 학술복지재단은 사회에 공헌한 의사들에게 시상하고 후원 격려한다. 또 오케스트라 등을 후원 발전시키고 새해가 시작되면 일산에 있는 홀트의 아이들을 먼저 찾는 이종호 회장의 극진한 사랑과 보살핌으로 아이들은 구김 없이 잘 자라고 있다.

LG의 'LG사랑의 음악학교' 의 영재교육, LG아트 센타를 통해 귀한 문화권의 음악을 접하게 한다. KT의 '올레 스퀘어' 를 개방하고 한화의 '예술 더하기' 는 오지의 어린이와 소외계층의 아이들에게 예술교육을 시키고 있다. 포스코의 대치동 '아트리움' 을 가보면 문화사랑을 알 수 있다. '기업과 대학의 만남' 의 주제로 모든 장르의 음악회를 열고 있어 다른 기업의 벤치마킹 사례가 되기도 한다.

롯데는 이미 메세나협회가 생기기 전부터 국내외 화가들에게 롯데 화랑을 개방하고 지방 백화점까지 화랑을 제공해 화가들을 적극적으로 돕고 있다. 코오롱도 공연 중심에서 미술 중심의 메세나 활동을 한다.

특히 삼성은 국내뿐 아니라 활로 개척을 위해 신흥시장과 연계해 해외 문화지원을 펼치고 있다. 러시아의 볼쇼이극장과 유명 박물관 등의 복원 수리사업에도 지원하고 세계적인 문호 '톨스토이 문학상' 을 제정하기도 한다. 두산의 '아트센타' 는 다양한 아티스트를 발굴 육성하고 '두산 레지던시 뉴욕' 은 작가들이 자유롭게 창작 활동할 수 있도록 아파트와 스튜디오를 무상 지원한다. 이곳에서 활동하는 작가가 베니스나 리버풀 비엔날레를 참가할 때 지원해 준다. 한진 그룹은 세계의 3대 박물관(루브르, 대영, 에르미타주)에 한국작품 안내를 위해 한국어 서비스를 통해 국민의 자긍심을 아주 높이는 역할을 하고 있다.

그 외 GS, STX, LS, 현대 기아차 등 많은 기업이 메세나 후원을 하고 있다. 작년만 해도 2706건으로 1210억4천만원이 넘는 지원을 통해 문화예술 분야에 커다란 공헌을 하고 있다.

메세나의 열매

우리가 알고 있는 스포츠에는 정말 많은 메세나로 성과도 크다. 그 덕분에 재능을 지닌 예술인들이 국제무대에서 많은 상을 휩쓸고 국위선양을 해 왔다. 뿐만 아니라 불행하게 자신을 버리고 불량하게 클 뻔한 아이들이 새로운 재능을 찾고 장래를 바라보며 희망차게 성장해 나가는 과정을 볼 때 우리나라의 장래는 밝다. 미처 다 열거하지 못한 기부기업이 너무나 많다.

선진국의 예를 들면 프랑스는 연간 1조5000억원, 영국은 1조1000억원, 일본은 3500억원, 한국은 1602억원의 지원금 규모다. 프랑스와 비교하면 10분의 1 수준이지만 지금도 기업들은 이를 성공적으로 헌신하고 있는 이 사실을 대략 기술하는 것은 우리가 미처 몰랐던 기업의 노고를 제대로 알고 이에 감사하고 많은 것을 사회에 환원하며 경제발전의 주역으로 애쓰는 기업을 국민들이 존경하는 기업문화가 확산되고 국민의 화합에도 큰 도움이 되기를 바라는 마음으로 쓰고 있다.

메세나의 그늘

그럼에도 우리 문학의 영재들을 키울 메세나는 어디에도 찾기 힘들어 그늘에 처해 있다. 한편 한국문화예술위원회에서조차도 기대하기는 어렵다. 한국문화예술위원회 경영실적 보고서에 나타난 주요사업을 살펴보면 문화예술인의 창작과 보급, 문화예술인의 후생복지 증진을 위한 사업을 말하고 있지만 문인들의 피부에는 닿지 않는다. 현재 음악, 미술, 연극의 꿈나무는 국제무대에 내보낼 제목으로 키우고 있지만 한국문학을 책임질 청소년들에게는 어떤 지원이 있는지 알 수 없다.

지난 치욕적인 역사 속에서 우리의 문학의 힘을 생각한다. 심훈의 시 '그날이 오면' 을 우리는 목청껏 불렀다. 그 많은 애국지사의 희생을 겪으면서도 이 한 편의 시는 우리 민족의 분노를 다스리며 우국정신을 결집하는 힘이 되었다. 한용운, 이상화 등 민족 시인들은 우리 민족정기의 지주가 되어 절망에 빠진 일본의 탄압하에서도 굳건한 민족정신을 함양했음은 널리 알려진 사실이다.

그러나 지금 민주화를 외칠 일도 이데올로기와 싸울 일도 없고 춥고 배고파 방황하던 시대도 아니다. 문인들은 너무 안일하여 시대정신을 선도해야 할 문인의 사명을 놓친 것은 아닌지. 우리는 너무나 힘에 겨워 '찾아가는 문학' 이나 '시낭송이나 세미나' 등 우리들만의 조촐한 잔치에 머물고 만다. 어느 기업이 문학을 챙기고 문학의 비젼을 위해 관심을 주었다는 소식을 접하지 못했다.

노벨문학상을 주는 계절이 되면 문인들은 고개 숙인 사람이 되고 만다. 뛰어난 작품조차도 번역이 되지 않아 세계인에게 읽힐 기회를 얻지 못하는 빈사상태에 빠져 있다.

문화의 시대라는 21세기, 문화산업을 통한 부가가치 창출이 경제성장의 동력이 되는 시대다. 단순한 내면적 풍요를 통한 삶의 질 향상만이 아니라 예술창조와 문화산업이 이미 경제성장에 적극 기여해 왔다.

문화의 중심에 있는 문학, 디지털 시대에 '문학의 위기' 라는 화두는 들은 지 오래 되고 문학이 고사 직전에 있다는 사실을 우리 문인들은 외치지만 누가 들어 알기나 할까. 정권을 바꾸면 문화정책에 대해 기대를 해 보지만 오히려 예산을 감액해 문화의 세기에 역행을 하고 있다. 문인들은 지쳤다. 오늘도 고료는 없어도 쉬지 않고 밤을 지새우고 땀 흘리며 문학의 길을 묵묵히 걷고 있는 문인들이 대부분이다.

지난해 런던에서 열리고 있는 '2014 런던 도서전' 에서 한국을 주빈국으로 개막식이 열렸다. 이에 참석한 황석영 이문열 황선미 이정명 등 10명의 작가가 집중 조명을 받았다. 이들을 대하는 영국의 전반적인 분위기가 과거와 다르다는 것을 느꼈다고 전한다.

이러한 문학을 통해 전쟁의 폐허에서 기적을 이룬 나라를 소개할 기회를 갖는다는 것은 행운이다. 그러나 이도 소수에 그치고 만다. 이처럼 한류가 물결쳐도 문학을 펼칠 다리를 찾지 못하는 작가가 태반이다. 작품을 쓰고도 출판을 자비로 하거나 그도 못하는 문인들이 대부분이다. 역량 있는 작가를 들어 올릴 전문 번역가가 너무 부족하다. 이 모두는 시급한 재정부족에서 일어나는 일이다.

한국문학의 위상을 위하여

몇 년 전 국제펜클럽 종신 부회장이신 수필가 전숙희 선생이 세상을 떠났다. 우리나라의 국제적 위상이 지금보다 훨씬 열악한 환경에서도 문학에서 국제적 인정을 받았고 유엔에서 한국 문인의 위상을 떨친 모윤숙 시인, 수필가 전숙희 선생의 노고가 지금 우리의 마음을 더욱 무겁게 한다.

기업의 재능기부 참여가 늘고 있고 기업의 아름다운 메세나 물결이 출렁이고 있지만 유독 문학계는 누구도 돌보지 않아 황토처럼 메말라 있다. 지금도 문인들은 메세나의 그늘에서 벗어나지 못하고 숨죽여 있음이 안타깝다.

문화의 기본인 문학이 살아나야 한다. 우리나라가 문화강국으로 도약하기 위해서는 기업의 메세나가 우리 문단에도 봄비처럼 촉촉이 내려준다면 좋은 작품들이 이처럼 사장되지 않고 대한민국의 역동적인 정신세계를 힘차게 펼칠 수 있을 것이다.

때를 놓치지 않는 우리 문학이 활기차기를 진정으로 간절히 고대한다.

아일랜드의 엑소더스(Irish Exodus)

아일랜드는 역사와 정서적으로 우리와 너무 많이 닮아 있다. 어려움을 이기고 1인당 국민소득 6만 달러의 고성장에서 글로벌 위기에 직격탄을 받았다. 그들은 피그스(pigs) 국가 중에서 금융구제를 제일 먼저 벗었다. 정책과 경제사회에서 우리의 관심사가 많은 나라다.

켈틱 타이거(Celtic tiger)

2008년 결국 글로벌 경제위기를 이기지 못한 아일랜드. 1990년대부터 2000년대 초반까지 델과 인텔, 화이자 등 많은 다국적 기업이 낮은 법인세율과 규제완화 등의 이점을 활용하여 아일랜드에 몰려들어 정보기술(IT) 화학 제약 금융 수출 등의 호황에 힘입어 고도성장을 했다. 한국과 대만 등 '아시아의 호랑이' 에 빗대어 모건스탠리가 아일랜드를 지칭해 오던 켈틱 타이거.

한때 지구촌의 모범생으로 21세기 초에는 영국과 유럽의 최대 경제대국 독일을 앞서는 경제성장으로 '유럽의 빛나는 별' 로 칭하던 아일랜드가 2008년 금융위기로 부동산 가격폭락 등 악성채무가 쌓이자 공적자금을 투입, 재정적자로 이어지고 다국적기업은 임금이 싼 인도 등으로 빠르게 나가면서 경제가 다시 흔들렸다. 유럽연합은 유로존에 또다시 금융위기가 확산될까 우려해 구제기금을 권했다.

그러나 외세의 침입으로 수난의 역사를 겪은 민족이라 독립과 주권에 대한 집착이 강한 국민정서는 유럽연합(EU)과 국제통화기금(IMF)에 손을 벌리는 것을 수치로 여기며 자체해결을 모색해 오다가 결국 총 850억유로 규모의 구제금융을 받게 됐다.

목가牧歌의 나라

아일랜드를 생각하면 먼저 학창 시절 부르던 노래가 떠오른다. 「Oh, danny boy」「한 떨기 장미꽃」아– 목동들의 피리소리들은/ 산골짝마다 울려 나오고/ 여름은 가고 꽃은 떨어지니/ 너도 가고 또 나도 가야지... 한 떨기 장미꽃이/ 여기저기 피었네...아일랜드 민요는 우리들의 애창곡이었다. 그 나라를 알기 전 노래로 접한 아일랜드는 목가적이고 평화로운 나라로 알 뿐이었다.

아일랜드의 시인 토마스 무어(Thomas Moorer 1779–1852)는 대법관까지 오른 시인이다. 손수 작사 작곡한 '마지막 장미(The last rose of summer)' 는 멜로디가 너무 아름다워 멘델스존은 피아노 환상곡 E장조에 인용했고 베토벤은 아일랜드 가곡 제6번에 넣어 작곡할 정도로 사랑을 받는 곡이다. 이것이 내가 알고 있는 아일랜드의 전부였다.

그러나 아일랜드는 거대한 유럽의 근대사에서 변방의 작은 한 식민지일 따름이었다. 1801년 대영제국에 완전히 합병되고 1922년 독립을 했지만 아직도 북 아일랜드는 영국의 그늘에 가려 있다. 하지만 현대 경제사에서 주목을 받았던 나라가 되었다.

휘슬이 울릴 때까지

2002년 월드컵 대회의 4강. 생각만 해도 짜릿하다. 우리가 속한 D조에서 우승후보였던 포르투갈을 미국이 3:2로 꺾는 이변이 있었다. 개막전에서 세네갈이 프랑스를 1:0으로 이긴 것처럼 이에 버금가는 충격으로 D조는 긴장했다. 사실 미국은 1998년 프랑스 월드컵대회 때 3패로 본선 진출국 중 최하위였기 때문이다. 미국의 기세로 우리의 16강 진출이 불투명해지며 염려가 앞섰다.

의기소침 되어 있는 나에게 정신이 번뜩 드는 아일랜드를 보았다. 독일과 아일랜드 경기는 비가 내리는 일본 '이바라키' 의 가시마 스타디움에서 있었다. 양 팀의 힘겨루기에서 독일 클로제의 네 번째 해딩 골이 아일랜드의 골문을 먼저 흔들었다. 아일랜드는 찬스를 잡았지만 번번이 그 거미손이라는 독일의 올리버 칸의 선방에 막혔다. 1:0의 패색이 짙어가고 전광판의 불이 꺼진 인저리 타임. 아일랜드는 마지막 총공세에 나서 샛별 로비 킨이 통렬한 동점 골을 뽑아 1:1을 만들었다.

로비 킨은 잉글랜드 프리미어 리그 유나이티드에서 뛰고 있는 선수로 아일랜드를 살려냈지만 독일은 망연자실 할 수밖에 없었다. 전광판 불이 꺼진 그 순간까지 악착같은 투지를 보인 기적 같은 무승부를 기록한 아일랜드를 보며 예사로운 나라가 아님을 보았다.

휘슬이 울릴 때까지 투지를 보인 그들은 특유의 민족임을 예감하며 아일랜드에 관심을 가지고 지켜보았다. 마치 6월 18일 우리와 이탈리아의 축구경기를 보며 손에 땀을 쥐게 하는 혈투와 흡사 했다. 전반전에 1골을 허용한 한국은 조금도 굴하지 않고 투혼을 불살라 후반전 종료 3분을 앞 둔 42분에 설기현의 강슛이 골네트를 흔들어 8강의 꿈이 무산될 뻔한 그 순간에 살려 낸 골이기 때문이다. 이탈리아의 개인기에 주눅들지 않고 최선을 다한 그때의 쾌거와 정말 흡사했다. 아일랜드와 한국, 두 나라의 특별한 민족혼을 읽을 수 있었다. 그 악착스러운 투혼을 나는 똑똑히 보며 아일랜드에 흥미를 가졌다.

질곡에 시달린 아일랜드

아일랜드의 역사는 우리의 역사와 별 다를 게 없는 우리의 자화상을 보는 것 같다. 지정학적 위치로 보아 제국주의 침약에 희생된 슬픈 역사를 가진 영국의 식민지였던 변방의 섬나라였다. 북아일랜드는 여전히 영국에 예속되어 분단의 현실 속에 고난의 역사에서 한이 맺힌 민족적 정서와 기질이 우리의 모습과 닮아 있다. 영국이라는 나라와 떨어져 생각할 수 없는 아일랜드 사람들은 모호하고 불안정한 민족적 정체성은 늘 그들의 내에서도 어쩔 수 없는 갈등으로 남아 있다.

12세기부터 잉글랜드의 침략을 받아 온 아일랜드는 1801년에는 완전히 합병되었다. 그러다 1922년 독립했지만 영국의 그늘에 가려져 1980년대까지만 해도 힘이 없는 궁핍한 나라였다. 북아일랜드의 토착민과 영국계 아일랜드인과의 종교적 문화적 갈등도 아직 해결하지 못한 채 그들은 동족이면서 피할 수 없는 비극의 단면을 볼 수 있다.

문학의 세계에서 민족적 정체성의 추구

근대 서양 문학에서 아일랜드 작가들은 특별한 빛을 내고 있다. 노벨문학상을 수상한 예이츠, 버나드 쇼, 베케트, 헤이니 이외에도 스위프트, 오스카 와일드, 조이스 등은 모두 근대 서구 문학의 큰 줄기를 닦아온 켈트인들의 천재 작가들이다. 그들은 영어로 영국을 정복한 문인으로 그의 피에 흐르는 민족주의의 정체성은 결코 잊지 않았다.

절제된 시어로 민족의 정체성을 추구한 1995년 노벨문학상을 받은 헤이니의 작품세계를 보면 마치 우리의 근대문학을 닮아 있다. 시인 세이머스 헤이니는 1939년 북아일랜드 런던데리에서 문호 예이츠가 사망한 해 농부의 아들로 태어났다. 그도 앵글로색슨 문화와 아일랜드 켈트문화와의 혼재된 환경에서 성장했다. 자연히 두 문화의 내적 갈등을 접한 그는 북아일랜드의 역사, 신화, 언어 등 보편적인 경험으로 확산되었다. 늘 조국의 현실을 슬퍼하거나 풍자했다. 북아일랜드의 민족적 종교적 갈등을 모티브 삼아 상상력을 결합시켜 휴머니즘적 보편성을 외치고 있다.「북쪽. 들일」등이 있고 다수파 신교도의 편협함을 비꼰「부두 노동자」분쟁에서 살해된 친구를 애도하며「희생자」사물을 관조하는「사물의 관찰」등 수없이 많다.

셰이머스 헤이니의 대표 시

어느 자연주의자의 죽음

일 년 내내 아마亞麻둑은 도심지의 한복판에서
곪아갔다. 큰 뗏장들에 짓눌려
둔중한 초록빛 아마는 거기서 썩어들고 있었다
날마다 아마는 징벌하는 태양 아래서 숨 막혔다
거품이 가볍게 일었고 수레국화들이
아마 둑 냄새에다 음향의 파장을 강하게 흔들었다…중략

땅파기 (Digging)

Under my window, a clean rasping sound
When the spade sinks into gravelly ground:
My father, digging. Iook down// 중략

우리 아버지가 자갈밭에서 일하는
저 경쾌한 삽질 소리
나는 창문 밖으로 아버지의 노동을 내려다 본다//
꽃밭이랑 사이에서 아버지는 엉덩이를 굽혀
리듬에 맞춰 감자 이랑 사이에서 일하고
20년이 지난 후 올라오신다//
정말이지 아버지는 삽질을 할 줄 아셨다
우리 할아버지가 그렇게 삽질을 잘 하셨듯이.//
내 엄지와 검지 사이에는
작은 펜이 끼워져 있다
나는 이 펜으로 세상을 경작하리라.

문화의 갈등

오랫동안 영국의 예속에서 살아온 사람들은 아일랜드에서 영국으로 건너가 교육을 받고 문화와 동화하기도 하고 영국의 번영 속에서 자기의 자리를 굳히는 일이 많았다. 예이츠가 '영국계 아일랜드인의 고독'이라고 부른 것처럼 그들은 잉글랜드인도 아니고 아일랜드인도 아니라는 사실이다. 자기가 태어난 아일랜드와 자부심을 세워 준 잉글랜드 문화와의 연결을 끊을 수 없어 어쩌면 두 민족으로부터 모두 소외되는 불행한 사람들이다.

애드먼드 버크(1729-1797)는 보수의 원조로 알려져 30년 넘게 하원의 원으로 살았지만 아일랜드 출신으로서 잉글랜드의 주류사회에서 언제나 이질적 존재였다. 그 외 오스카 와일드, 버나드 쇼. 윌리암 버틀러 예이츠에 이르기까지 우리는 그들이 잉글랜드 인으로 알아 왔지만 그들은 민족주의자들이었고 언제나 갈등과 고뇌에서 자유롭지 못한 작가들이었다. 예이츠만이 아일랜드 작가로 살아 왔고 와이드와 버나드 쇼는 잉글랜드 작가로 인식되어 왔다. 그들은 문학적 야심을 펼 수 없기 때문에 아일랜드의 수도 더블린을 떠났어도 그가 결코 영국인도 아닌 두 자리에서 방황하는 중간적 존재였다.

저항문학

우리 문인들이 일제의 압제가 기승을 부릴 때 어떤 문인은 온 몸으로 저항하고 또 다른 문인은 창작을 포기하고 절필하며 이에 저항했지만 또 다른 문인은 현실에 저항하지 못하고 동화된 운명으로 조국과 민족의 양심을 버린 경우도 있었다.

저항문학은 우리와 아일랜드뿐 아니라 지배를 받은 나라들의 투쟁의식은 공통으로 공유한 문학일 수밖에 없다. 우리에게도 이육사의「절정, 광야, 청포도」등이 있고 윤동주의「서시, 참회록, 자화상」을 통해 고뇌하며 이상화는 여러 번 투옥되기도 했지만「선구자의 노래, 빼앗긴 들에도 봄은 오는가」를 통해 민족의 현실을 예술혼으로 담아냈다. 한용운의「님의 침묵」은 저항문학의 백미이다. 심훈의「그날이 오면」은 최고의 저항시로 평가 받아 암울한 청년들의 기개를 살린 눈물의 저항시가 되었다. 그 외 현진건 등 민족적 자존심을 찾으려는 투쟁의식은 투옥 되면서도 그 불길은 꺼지지 않았다. 그들은 민족문학을 이끌어 갔다.

그 외에 옥고를 치루며 죽어간 문인들이 많다. 한편 2008년 4월 29일 민족문제연구소가 발표한 41명의 친일 작가들도 36년간 암흑기에 일어난 일이다. 그러나 아일랜드는 무려 121년 간 영국의 지배 하에서 런던을 발판으로 창작 활동을 하면서 지금까지 그들에게도 풀 수 없는 갈등과 고뇌는 필연적이라 할 수 있다.

눈물의 엑소더스

눈물의 엑소더스는 1845년부터 약 10년간 100만 명 이상이 아사한 '대기근' 으로 촉발되었다. 주식인 감자에 전염병이 번져 식량이 극도로 부족한 데다 지배자 영국인 지주들의 강제수탈로 약 150년간 '탈출이민' 이 이어졌다. 800만 인구 중 100만명이 아사餓死하고 200만 명이 해외로 살

길을 찾아 나갔던 아픈 역사를 가진 나라로 인구가 급속히 줄어들었다.

그러나 1997년부터 2007년까지 외자유치에 성공하여 공장을 세우며 건설 붐이 일어나고 IT산업도 발달해 유로존들이 부러워하는 평균 3배의 경제성장을 보였다. '경제모델 신화' 로 세계가 선망하는 아일랜드였다. 떠났던 아일랜드 사람들이 1996년부터 2008년까지 조국에 귀환했다. 아일랜드 부흥을 이끈 '버티 어헌' 총리는 1997년, 2002년, 2007년 세 번 연속 총선에서 승리해 서유럽 최고 경제성장을 올린 주역이었다. 그는 토니 블레어 전 영국 총리와 함께 북아일랜드에서 신 · 구교 공동자치정부가 탄생하도록 평화협상을 중재하기도 하고 물러났다. 유럽의 변두리에서 빈국으로 살다가 1988년에 1만 달러를 돌파하고 2007년 말에는 6만 달러까지 육박했다. 유럽 제2부국이 되어 역사상 가장 부자로 살았다.

그러나 이번 글로벌 금융위기를 피할 수 없었다. 제조업 생산의 투자자들이 썰물처럼 빠져 나갔다. 그간 부러워하던 6만 달러대에 새 주택을 많이 짓고 호황을 누리며 임금과 주택비, 생활비가 급속도를 상승해 흥청망청 지냈다. 외국인 투자자들이 자금을 유출하고 공장의 문을 닫자 실업자들이 양산되고 부동산 거품이 붕괴되어 건설노동자들과 교사, 경찰, 공무원까지 반정부 시위를 벌여 수만 명이 거리로 나왔다.

신용등급이 AA+에서 AA로 다시 BBB+로 하향 조정되면서 그리스보다 높은 단계이지만 아일랜드의 젊은이들은 어느 나라에 갈 것인가 방황하고 있다. 조국에서 설 자리가 없는 그들, 또다시 조국을 등지고 일자리를 위해 엑소더스가 재연되고 있지만 세계 어느 나라도 경제위기에서 자유롭지 못하다.

마치 1860년 조선 왕정의 폭정과 대기근을 피해 연해주로 넘어간 조선인들. 1910년대 초에는 15만 명 이상의 고려인이 연해주 일대에서 살았다. 이들은 황무지를 개척하며 큰 농장도 일구었다. 그러나 스탈린에 의해 자행된 세계사에서 유례없는 야만적이고 비극적인 중앙아시아로 강제이주 시킨 55만 명에 달하는 고려인들, 까레이스키. 이같이 조국을 떠나 타국에서 온갖 고난을 겪은 고려인을 생각할 때 마치 아일랜드인이 기아로 조국을 탈출할 수밖에 없었던 운명과 유사하다.

다시 일어선 아일랜드

그들 스스로 말하는 슬픈 아일랜드.

유로존의 재정위기의 주범이었던 피그스(PIIGS) 즉 포르투갈 아일랜드 이탈리아 그리스 스페인 등 5개국 가운데 2013년 말 구제금융을 졸업한 아일랜드가 다시 유럽의 핵심 성장 엔진으로 떠오를 것인지 지켜보아야 한다.

구제금융 트로이카인 국제통화기금(IMF) 유럽연합(EU) 유럽중앙은행(ECB)으로부터 구제금융을 받자 아일랜드는 과감한 '긴축'의 길을 택했다. 대부분의 나라가 케인스식 재정확대와 경기부양책을 택했지만 아일랜드는 반대의 길을 택했다.

1. 재정건전성 2. 은행정상화 3. 수출경쟁력 회복 등의 개혁을 단행했다. 2012년 실업률이 15%까지 치솟았으나 2014년 4.2%로 떨어졌다. 아일랜드는 재정건전성으로 긴축실행에 성공해 유로존에서 처음으로 구제금융을 공식 졸업했다. 이 나라도 고도성장 과정에서 부동산 시장의

버블에 휩싸였다가 버블이 꺼져 빈사상태에 있었던 건설시장이 다시 살아나고 수출과 투자가 동반 성장하면서 살아났다.

이는 전년 대비 구글이 170억유로 마이크로 소프트가 150억유로 존스엔 존슨이 105억유로 화이자 56억유로 등 5대 회사가 효자 노릇을 했다. 월스트리트 저널은 아일랜드가 어려운 재정에도 법인세를 인하하고 적극적으로 글로벌 기업을 끌어안은 아일랜드의 전략이 빛을 발휘했다고 전했다. 외국기업이 아일랜드에서 일자리를 창출한 수는 12700개로 최근 10년 만에 최고수준이다. 3대 신용평가사는 국가신용 등급을 일제히 1단계씩 상향 조정했다.

아일랜드의 과제

2008년에 떠났던 금융시장의 투자자들도 돌아왔지만 문제가 없는 것은 아니다.

과도한 긴축은 높은 세금에 대한 국민들의 반감이 큰 데다 금융권도 완전 회복된 건 아니다. 지금도 외국기업의 의존도가 여전히 높다. 세금을 올리려는 정부측과 국민들의 마찰이 있어 여기저기에서 피켓을 들고 시위하는 모습이 보인다.

그러나 이 나라는 고도의 지식인들을 많이 양성하여 외국기업에서 일할 양질의 노동력이 많다. 거기에 영어구사력이 좋아 외국기업들이 선호한다. 또 노동력에 비해 임금이 저렴해 외국기업들이 매력을 갖는다.

이들을 보면서 우리는 영어구사력도 떨어지고 평범한 인력이 고도의 기술인력보다 많다. 우리도 외국수출에만 의존하여 내수시장이 좀처럼 살아나지 않는 디플레이션으로 갈까 크게 염려한다. 정책도 기업하기 좋은 법으로 바꾸고 정책도 자주 바꾸기 보다는 신뢰가 가도록 정부가 바뀌어도 계승해야 할 것이다. 또한 어떤 정책도 국민들이 호응할 때 성공한다. 우리는 아일랜드의 좌절과 희망을 반면교사 해야 한다.

슬픈 아일랜드여. 어느 나라보다 문학의 고향인 아일랜드여!

목동들의 피리소리 한가로이 들리고 여기저기 장미꽃이 만발한 아일랜드에서 켈틱문화를 누리고 유럽의 제2부국을 다시 이루어 엑소더스는 이제 그만, 아일랜드 특유의 자존을 찾아 평화롭기를 염원한다.

스위스 이미지

스포츠 정신

올림픽의 계절이다. 더운 36도의 열대야를 겪으며 모든 국민은 지구촌 반대편에서 혼신을 다해 경쟁하고 있는 선수들과 같이 하느라 잠도 설친다. 그들이 10년 15년 그 많은 피땀으로 일군 열매이기에 우리도 함께 기뻐하며 뭉클한 가슴으로 열광한다. 그들은 그 나라의 국기를 단 유니폼을 입고 싸운다. 그들은 국가를 대표하는 선수들이다. 총성 없는 전쟁처럼 치열하지만 그것은 어디까지나 올림픽 정신 스포츠 정신이 바탕이다. 김재범 선수에게 결승전에서 진 독일의 비쇼프 선수는 준결승에서 부상당한 미국선수에게 큰 절을 하며 사과하고 위로하더니 김재범 선수에게 결승에서는 지고도 포옹하며 축하했다. 이게 바로 스포츠 정신이다.

그러나 가장 추악한 선수가 있었다. 지난 30일 B조 조별 리그 2차전에서 겨룬 스위스 축구대표팀의 수비수 미첼 모르가넬라는 한국인을 비하하는 글을 페이스 북에 올려 우리국민들의 맹공을 받고 사과했지만 스위스 팀은 그를 퇴출시켰다. 올림픽은 인류의 평화와 화합의 제전임을 모르리 없건만 경기 못지않게 중요한 것은 국가를 대표하는 한 사람으로써 교양과 언어 행동이 얼마나 중요한가를 보여준 사건이었다.

그의 실수를 실소하지만 스위스는 대단한 나라다.

스위스 용병

스위스가 옛날부터 잘 산 것은 아니다. 국토의 25%만 경작할 수 있고 호수와 산으로 이뤄진 전형적인 산악국가다. 산업혁명 이전인 18세기까지는 목축으로 치즈와 우유를 생산하는 게 전부였다. 1500년대 초부터 프랑스왕이나 교황의 용병으로 충성하고 식량 소금 등을 받아 생계를 유지하는 용병산업이 발달했다. 프랑스혁명 당시 궁으로 쳐들어가는 성난 군중을 스위스 용병호위대가 죽어가는 순간까지 군중을 방위하는 동안 루이16세와 왕족들은 피신할 수 있었다. 이 때 장교와 사병 800여명이 사망하면서 그들의 충성심과 용맹성이 널리 알려졌다. 루이 16세는 그들에게 피신하라 했지만 왕의 신변을 보호하기 위해 온 용병들이 피신한다면 후손들에게 더 이상 용병의 자리를 주지 않을 것이라 하면서 죽음으로 끝까지 충성했다. 이처럼 신용을 중시하는 스위스의 기업문화는 지금도 뿌리 깊게 남아있다. 용병들이 일궈낸 기업가 정신은 신용이 바탕이다. 현재 스위스는 국민소득 1인당 7만 달러에 육박하는 세계 최고의 부자나라다. 스위스 이미지는 정밀한 시계산업, 제약과 바이오테크 산업의 과학기술 등이 주류를 이룬다. 신뢰의 이미지를 얻기까지 스위스인들의 노력을 볼 수 있다. 루체른의 빙하공원 옆에 있는 '사자상'은 스위스의 슬픈 역사를 간직하고 있다.

스위스의 손재간

우리가 어릴 때 스위스는 시계와 영세중립국으로 알려졌다. 또 사랑하는 아들의 머리 위에 사과를 얹어 놓고 활을 쏴야 했던 윌리엄 텔의 이야기가 떠오른다. 이는 14세기 오스트리아의 지배를 받은 그가 폭압정치에 반기를 든 그의 영웅담이다. 스위스에서는 마음의 약속을 다질 때 사과를 잘라 먹는 풍습은 윌리엄 텔의 사과에서 비롯된 것이다.

겨울철에는 양지 바른 볕받이에 남녀노소 마을 사람들이 뜨개질을 하며 유유자적하고 있는 모습을 흔히 본다. 이는 손재간을 보존하는 수단이다. 쓰면 쓸수록 발달하고 쓰지 않으면 않을수록 퇴화하는 것이 인체다. 스위스의 시계공업과 정밀산업을 유지하는 저력은 스위스 사람들의 손재간에서 나왔다.

시계로 국력을 삼는 나라가 아이러니 하게도 탈(脫)시간 운동을 벌였다. 자동차를 다니지 못하게 하고 스위스 알프스의 체르마트에 세웠던 전통 있는 시계탑을 없애며 시민도 시계를 갖고 다니지 않도록 했다. 이는 시간을 각박하게 쓰는 것을 문명의 악으로 보고 시간으로부터 해방되어 여유와 자유를 찾는 인간성 회복 운동이 시계의 나라에서 일어났었다.

알프스 고산과 강대국에 둘러싸인 약소국인 이 나라는 두 번의 세계 대전을 치르는 동안 초연 했던 것은 불가침의 중립국을 표방해 지탱할 수 있었다. 현재 유엔 산하 대부분의 기관이 스위스에 자리 잡고 있고 유럽의 다른 나라들이 산업혁명으로 한창 발전하고 융성할 때 무기나 용병수출로 외화수입을 올리던 절박한 나라였다.

용병으로 벌어들인 대가로 오늘날 스위스가 있게 한 밑거름이 되었다는 기막힌 이야기이다. 마치 우리의 파독 광부와 간호사, 베트남 전쟁을 상기하게 한다. 이들 용병들의 혼을 달래기 위해 루체른 시내 공원에 세워진 '죽어가는 사자' 라는 조각상 앞에서 지금도 하염없이 눈물을 흘리다 돌아가는 이들이 많다. 스위스는 세계에서 가장 살기 좋은 나라이고 국가경쟁력 순위에서 1위를 지키는 나라다. 그러나 시대조류에 따라 이들도 유엔에 가입했다.

스위스 현주소

독재자가 실각하면 꼭 따라다니는 은행이 있다. 이전에 필리핀의 마르코스, 김일성의 계좌도 오르내리고 퇴직한 우리 대통령의 은닉재산도 거론되기도 했다. 리비아의 42년 철권통치를 펼친 독재자 무아마드 카타피도 국외자산을 동결시킬 때 스위스은행을 떠올렸다. 이전에 콩고의 모부투가 70억 달러, 파나마의 노리에가가 3억 달러가 스위스은행에서 인출되었다 하여 한참 시달렸던 적이 있다.

스위스 은행의 역사는 17세기 유럽에서 정치적 종교적 박해를 피해 망명해 온 신교도 중심으로 귀족의 예금을 비밀리에 관리한 게 시초다.

이들은 제네바에서 고리대금의 형태로 시작해 개인은행 대형은행 주립은행 저축은행 지역은행 등 400개가 넘는 다양한 은행으로 발전했다. 그래서인지 비밀스러움에 익숙한 나라로 17세기부터 비밀보장을 내세우며 외국인 예금을 유치해 왔다.

스위스은행에 예치한 유대인 명단을 달라는 나치의 요구를 거부하기 위해 1934년 '비밀주의' 를 은행법에 명문화하면서 나치의 요구를 비켜갔다. 심지어 계좌 비밀을 누설하면 최고 6개월 금고형이나 5만 스위스 프랑의 벌금형에 처한다는 것을 법으로 정했다. 은행의 특성은 엄격한 비밀보장, 정치적 중립성을 철저히 고수해 오면서 그 영향으로 스위스 은행은 급속한 성장을 했다. 10만 스위스 프랑(1억2500만원) 이상만 있으면 누구나 스위스 은행의 비밀계좌를 가질 수 있게 된 것은 이때부터다.

이 비밀 보장법을 도입한 덕에 2008년 기준으로 세계 금융기관에서 관리 되는 자산 약 7조2000억달러 가운데 27%를 관리하고 있다. 이는 스위스 전체 GDP의 12%에 해당하는 규모다. 대개의 은행들은 이자가 붙지 않고 반대로 보관료를 받는다. 아울러 스위스는 전통적으로 저금리, 저 인플레이션을 근간으로 한 금융정책으로 국외로부터 계속적인 자금유입이 가능해 상대적으로 전 세계의 자금 조달자들이 선호하는 은행이 되었다.

스위스 은행의 굴욕

세계적인 신뢰를 받아오던 스위스 은행이 갑부들의 '비밀금고' 라는 악명을 들었다. 스위스 은행은 그동안 미국 국세청(IRS)과 연방수사국(FBI)의 집중적인 탈세 조사를 받아왔다. 이제까지 스위스 은행은 예금주 신분이 공개되지 않는 전 세계 '검은 돈의 온상' 이라는 비판을 받았어도 그간 미국뿐 아니라 세계 부유층의 '안전금고' 역할을 해 왔다. 그러나 이제 그 위상이 흔들리고 있다. 스위스의 대표 금융그룹 UBS의 한 책임자는 미 상원 청문회에 출석해 미 금융당국의 규제를 벗어나는 '미국인들의 신분을 공개하라' 는 요구를 받았지만 스위스은행은 완강히 공개할 수 없다고 버텨왔다. 예금주의 신분을 지켜주는 것은 그들의 무기이며 세계의 막대한 자금을 유치한 스위스 은행으로서는 존립조차 흔들리기 때문이다.

한편 미 의회는 '조세도피처 악용 방지법' 을 상정 스위스 등 전 세계에 있는 나라나 도시를 겨냥해 탈세와의 전쟁을 펴자 그 고객들의 스위스 은행계좌를 전면 폐쇄한다 하고도 미루어 오다가 5만2천여명의 계좌 중 일부를 조세당국에 건넸다. 이들의 은닉재산은 약 150억 달러로 추정된다.

탈세와의 전쟁

세계의 경제가 좀처럼 살아나지 않은 침체 속에 나라마다 재정적자에 시달리고 있다. 그 때문에 탈세와의 전쟁을 벌이고 있다.

유럽에 나가 있는 스위스 UBS나 크레딧 은행에 은닉한 '검은 돈' 을 찾아낼 경우 추징금과 벌금부과로 세수 확보를 할 수 있다. 나라마다 부족한 재정을 세금인상으로 하자면 논란이 일고 국민들의 저항 때문에 이를 피하기 위해 '조세정의의 실현' 이라는 대의를 가지고 적극적이다.

제2차 세계대전 당시 나치의 유대인 재산 색출에 맞서 온 스위스 은행이지만 최근에는 수색하는 나라에 협조하고 있다. 이는 스위스가 '마지막 검은 돈의 온상' 이라는 이미지와 오명을 벗기 위한 노력의 일환이다. 또한 2009년 미국이 진행했던 세무조사로 역외계좌를 이용한 세금회피를 집요하게 추적하여 UBS가 미국시민들에게 탈세를 도왔다는 증거를 확보하자 결국 UBS은행에 총180억달러(약 25조 2000억 원)에 육박하는 미국인 자산이 숨겨져 있다는 사실을 시인하기에 이른 것이다. 미국은 즉시 7억8000만달러라는 벌금폭탄을 물렸다. 스위스는 파산을 가져올 수 있는 법률비용을 피하기 위해 고객 정보를 넘기고 사실상 스스로 비밀보장 원칙을 어겼다. 이후로 독일 영국 오스트리아 등과 일종의 '면책협정' 을 맺기 시작했다.

이러한 스위스은행의 곤욕은 그 명성이 퇴색되면서 고객들이 떠나자 미개척지인 중동시장에 눈을 돌리고 질 높은 라이프 스타일 매너지먼트 서비스를 제공하기까지 한다.

지하경제

지하경제(Shadow economy)란 세금을 내지 않고 정부의 규제를 피해 이뤄지는 모든 경제행위를 말한다. 우리나라도 예외가 아니다. 관세청에 따르면 불법 외환거래가 2007년에 166억원이던 것이 2011년에 2737억원으로 4년 사이 16배로 늘어났다. 무역거래 시 해외로 재산을 빼돌리며 해외 유령회사로 재산을 피한 부유층이 조세피난처로 투자한 확인된 금액이 25조원에 달한다. 제3 조세피난처에 해외 차명계좌를 통해 상속인에게 넘기는 상속세 탈루도 있고 해외 직접투자방식으로 유출하고 갖가지 환치기 수법으로 추적을 피해 스위스나 룩셈부르크 케이맨제도 버뮤다 홍콩 등 조세피난처로 검은 돈은 거쳐 간다. 우리도 그동안 금융정보가 힘들었던 스위스와 금융정보교환을 하며 지난 3월부터 발효되었다. 또 14개국의 조세정보교환이 발효되면 역외 탈세도 근절할 수 있을 것이다.

국세청은 지난 상반기에 역외 105건을 적발 총 4897억원의 세금을 추징했다.

지하경제는 국가경제를 흔든다. 그리스는 GDP 대비 24.3%이고 이탈리아도 GDP대비 21.2%이다. 어려운 나라일수록 지하경제의 규모가 크기 때문에 EU는 이들 나라에게 탈세부터 잡으라고 요구한다.

영국 가디언의 보고는 1970년 이래 40여 년간 스위스 케이맨군도 등 조세피난처로 빼돌린 돈이 21조 달러 약 2경4000조원에 달한다. 이는 미국과 일본의 한 해 국내총생산을 합친 금액이다. 1970년 이래 신흥국에서 흘러나온 자금총액은 이들 국가의 부채를 갚고도 남는다.

"국가의 재산은 소수의 부자들이 갖고 있고 국가의 빚은 일반시민이 떠안고 있다" 라고 지적했다.

지나친 높은 세금은 지하경제를 키운다. 복지병의 그리스도 복지천국 스웨덴도 걱정이다. 프랑스의 올랑드 대통령이 75%의 부자증세를 밝히자 부자들이 줄줄이 영국 벨기에 스위스 미국 등으로 떠난다. 적정한 세율로 국내자산을 지켜야 한다.

IT 산업의 발달로 지구촌 경제사정도 손바닥 보듯 환하다. 수기手記로 정리하던 근세기의 금융기법이 선진화 되어 비밀보장과 도피하는 자본도 언제인가 백일하에 드러나기 마련이다.

이제 스위스은행의 비밀법도 개정할 단계에 이르러 스위스 은행의 명암을 한 눈에 보는 듯하다.

“죽음과 세금은 피할 수 없다.” 이 말은 미국의 정치가 벤자민 프랭클린이 한 말이다. 꽃뱀들의 탈세까지 추적하는 미국의 납세 의무, 노후를 보장하는 미국의 납세의무는 미국의 힘이 되고 있다. 소득이 있는 곳에 세금은 반드시 따른다는 미국 국민은 그 어느 나라보다 세금을 피하지 않는 국민들이다. 탈세에 철저히 추적한 결과 스위스는 미국뿐 아니라 유럽의 여러 나라와도 눈치전쟁이다.

순백의 만년설을 머리에 이고 병풍같이 늘어선 알프스 봉우리들, 푸른 초원에는 한가롭게 풀을 뜯고 있는 소떼들. 그림 같은 집들이 아름다운 스위스, 누구나 가보고 싶은 나라다. 관광대국 스위스의 브랜드는 대단하다. 우리보다 작은 면적에 산이 70%를 차지하지만 해발 2000m까지 주거지역으로 정부에서는 상하수도 전기 대중교통까지 인프라를 구축해 불편 없이 살아가는 행복한 나라다.

스위스의 GDP는 8만4070달러로 9만6269달러인 룩셈부르크 다음 부자나라다. 자산이 5000만달러 이상 초부자가 5위에 이르는 3800명이나 되고 우리는 14위 1800명이다. 1인당 금융자산은 스위스가 1위로 손꼽히는 대단한 나라다.

각국의 탈세전쟁으로 커다란 변혁을 모색하지만 스위스 이미지는 우리가 깊이 성찰해야 할 나라임에 틀림이 없다.

도시 몰락의 의미

2003년 버지니아 놀퍽 공항을 가기 위해 환승하려고 디트로이트공항에서 내리자 디트로이트는 사람들이 북적거리는 활기찬 도시였다. 2009년 캐나다 나이야가라를 다녀 디트로이트를 지나가게 되었다. 그런데 어쩐지 도시가 쓸쓸하고 생기를 잃은 듯 야적장에 물건들이 가지런하지 않고 널려있어 일손이 닿지 않는 곳이 많았다. 이번 2013년 8월에 그곳이 궁금해 오하이오 주 콜럼버스에서 그리 멀지 않아 차로 답사를 했다.

도시의 형성

미시간 주에 있는 디트로이트는 '좁은 수로' 라고 뜻한다. 5대호의 하나인 휴론과 이리호로 잇는 작은 강이라는 이름이다. 1701년 프랑스 장교인 캐디락(cadillac)이 51명의 캐나다인과 새로운 마을을 이루었다고 전해 내려온다. 이곳은 교통의 요지로 모피무역을 중심으로 성장했다. 19세기 들어와 남부 흑인들을 지하철을 이용해 캐나다로 보내는 주요 통로가 되었다. 서부 개척과 함께 날로 번성해 교역의 요충지로 마차산업이 발달하면서 자연히 사람들이 모여들었다. 1896년 핸리 포드는 자그마한 자동차 공장을 차리는 계기가 되었고 1903년에는 '포드 모터'라는 회사로 키워 뒤 이어 형제도 합세하고 월터 클라이슬러 등도 이곳에 자동차 공장을 세우면서 디트로이트는 자동차 생산의 중심이 되었다. 이 때 고급차의 대명사 캐디락은 최초의 마을을 세운 그의 이름을 딴 것이다.

호황을 누린 도시

포드는 두세 명씩 한 조가 되어 수공업으로 하던 방식을 탈피하고 콘베이어 벨트의 작업대를 설치한 최초의 회사가 되었다. 이로 인해 폭발적으로 생산이 이어지자 노동자의 임금도 3배로 올랐고 부품도 여기저기에서 조달하던 것을 자체적으로 제작하여 그 때로서는 혁신적인 생산을 했다. 1908년 이렇게 생산된 자동차는 단가를 크게 낮출 수 있었다. 그러자 이전까지 부유층만 타던 자동차를 일반 노동자들도 타고 다닐 수 있었다.

1941년 일본이 하와이를 침공해 태평양전쟁이 시작되었다. 전쟁이 확산되면서 디트로이트는 군수공장으로 변신해 탱크, 장갑차 항공기까지 수많은 군수물자를 만들어냈다. 2차 대전이 끝나자 유럽이나 일본도 전쟁으로 초토화되어 일어설 수 없을 때 디트로이트는 자동차 산업의 중심이 되어 '모터 타운(Motor town)으로 자리 잡으며 자동차 산업의 메카가 되었다. 세계 자동차 산업의 중심이 되어 활기찼다. 도시는 건강한 노동자들로 북적대고 활력 넘친 도시로 발전해 갔다. 주문을 다 수용 못한 부품은 인근도시에서 생산해 디트로이트 주변 도시까지 번창해 갔다. 세계의 자동차 중심이 되면서 일거리가 넘치고 도시는 돈도 넘쳐 호황을 누렸다. 자동차 노동자만도 100만명이 넘었다. 해마다 1월이면 자동차 모터쇼가 열려 많은 자동차 생산업자와 고객들이 디트로이트를 찾았다. 디트로이트는 미국에서 손꼽히는 잘 사는 도시가 되었다.

활기를 잃어간 시간

포드. GM. 클라이슬러 등 굴지의 자동차 회사로 성장한 미국 3대 자동차 회사의 본사는 모두 디트로이트에 있었다. 1950년경만 해도 200만명에 가까운 도시는 활기로 가득 차 있었다. 한창 바쁠 때 노동자들은 1시간당 70달러를 받으면서 부자가 되었다. 그러자 세계의 돈이 쏟아져오는 것을 놓치지 않은 노동자들은 요구가 거세졌다. 임금인상과 연금과 의료보험도 요구했다. 거기에 퇴직한 노동자에게도 평생 사망 시까지 연금과 의료보험까지 요구하는 강성 노조에 회사는 어쩔 수 없이 수락해 1948년 협약을 맺었다. 디트로이트 시는 복지천국, 노동자 천국이 되었다. 그리고 세계의 자동차산업의 달콤한 독무대에 안주했다.

점점 자동차회사들이 자동차 제조의 철강 등 원가보다 의료보험 등 비용이 더 많아졌다. 이렇게 고비용에 허덕일 때 일본 자동차는 연비가 높고 성능이 우수하며 값도 싼 소형차로 미국시장을 파고들었다. 혼다.

닛산 도요다 등 때마침 1973년 석유파동으로 세계는 흔들렸다. 오일쇼크로 기름 값이 폭등하자 미국시장은 일본제 소형차에 대한 수요가 급증했다. 급기야 정부에서 외국차 수입을 금지하는 조치도 했으나 노도처럼 밀려오는 파고를 넘지는 못했다. 하지만 미국자동차 회사와 노조는 과거의 영화에 취해 기술개발과 소비자의 취향 변화 등을 감지하는 데 게을렀다.

더구나 2008년 세계경제위기까지 덮치자 내부의 환부는 견디다 못해 드디어 터지고 말았다. GM과 클라이슬러는 연방정부의 구제금융을 받고서야 겨우 연명을 했다. 경기회복과 더불어 회사들은 흑자로 돌아섰지만 그간의 상처가 너무 커 디트로이트의 쇠락을 막기에는 역부족이었다.

고임금에 시달린 자동차 회사들은 결국 임금이 싸고 보수적인 조지아 앨라배마 등 남부로 옮기거나 저임금의 해외로 떠날 수밖에 없었다. 도시는 인구가 70만 명으로 줄었다. 흑인 비율 16.3%였던 도시가 백인들과 중산층 흑인조차 떠나고 흑인 85%의 저소득층만 남았다.

무엇이 도시를 파괴 하는가

일감이 없으면 사람은 일자리를 찾아 떠난다. 사람이 떠나면 집은 비워진다. 사람이 떠나면 아무런 상거래도 형성되지 않는다. 빈집이 넘쳐나자 집값은 없다. 버려진 빌딩과 주택이 도시의 3분의 1이라니 2008년 리먼 사태 때는 1달러에 내놓아도 살 사람이 없었고 큰 집을 사면 작은 집을 하나 껴 준다 해도 살 사람이 없었다. 78000채의 건물이 관리인 없이 버려져 있다. 도시의 기능을 잃어 누가 사겠는가. 지금 그 많은 집에 평균 7500달러가 되어도 누구도 거들 떠 보지 않는다. 공장이 떠나고 사람이 떠나고 그 화려하던 호텔도 텅 비어 무서운 괴물처럼 서 있다. 세금이 들어오지 않아 시 재정은 적자가 누적되고 공무원이나 경찰관 소방관들의 월급이 4개월씩이나 밀려 있는 형편이다. 줄이고 또 줄여도 재정 적자를 메울 길이 없다. 환자가 있어 앤블런스를 불러도 경찰관이 동행하지 않으면 오지 않고 화재가 나도 사건이 일어나도 경찰도 소방관도 인력이 부족해 사고 난 후 1시간이 되어야 오는 도무지 도시의 기능이 마비되었다. 쓰레기를 치울 미화원이 없어 쓰레기 도시가 되고 가로등은 40%가 꺼져 밤에는 무서워 다닐 수 없다. 그런 도시에는 범죄가 넘쳐 살 곳이 못된다. 시의 서비스 제공으로 사는 바우쳐들만 남아 고생이 빤하다.

흑인이 대다수의 도시가 흑인시장을 내고 잘 운영하지 못한 점도 빠질 수 없다. 도시가 재정에 허덕이는데 모노레일을 건설하거나 인프라를 조성한다고 재정을 축내고 모자라면 지방채를 발행해 주변 도시에서 돈을 끌어 모아 쓴다. 그러나 그것은 빚일 뿐이다. 인근도시에서 구입한 채권은 이제 휴지가 되며 인근 도시까지 연달아 위협을 당한다. 디트로이트 시는 부채 180억 달러, 우리 돈으로 20조원이 넘는다. 한 도시의 부채가 작은 나라의 총예산 규모와 같다. 디트로이트 시는 2013년 7월 주 지방법원에 드디어 파산 신청을 내고야 말았다.

강 건너 불로 보일 때

릭 스나이더 미시간 주지사는 "힘들고 고통스러운 결정이지만 선택의 여지가 없었다"라고 했다. 지난 금융위기 때 노조가 구조조정에 동의하지 않았던 탓도 있다. 어려울 때 고통분담을 하면서 일터를 지켰어야 한다. 디트로이트의 몰락은 그 도시만의 문제가 아니다. 지자체의 파산신고가 현재 미국에서 60개 도시가 접수 되었다고 한다. 이를 보면 세계의 미래가 보인다고 하는 비관론자도 있다. 한 때 아무리 번영했던 도시도 나라도 시대의 흐름에 발맞추지 않으면 쇠락할 수밖에 없다는 것을 극명하게 보여준 사례다.

울산의 현대차를 생각하지 않을 수 없다.

파업을 주도하듯 현대자동차는 파업의 대명사다. 불법으로 작업을 중단하고 파업 때문에 협력업체는 8690억원의 손실을 본다. 그들은 추석자금을 마련 못해 전전긍긍 하는데 해마다 계속되는 파업에 골병이 들었다. 동반성장을 해야 할 시대정신을 모르는 그들은 10일을 파업해 5만191대가 넘는 생산차질에 1조225억의 손실을 가져왔다. 연봉 인상에 자녀 입사 시 5%의 가산 점에 대학 미 진학 시 일시금까지 달라는 요구가 너무 많아 꼭 누구를 닮아간다.

1대 생산하는 투입시간이 미국은 16.3시간이 걸리는데 한국은 23시간이 걸린다면 무슨 이유일까. 파업을 하고도 연봉을 챙기는 노조. 그들을 국민들은 귀족 노조라 한다. 현대차 노조는 1987년 창립 이래 23년간 각종 명목으로 파업을 벌였다. 성과금 위에 특별합의금은 또 무엇인가. 현대자동차의 2004년 평균 연봉이 4900만 원이었고 2011년에 8900만 원으로 현대가 1위를 차지했다. 2013년에는 평균 9400만 원으로 10년 만에 2배가 되었다. 어느 직장이 그리 높은 연봉을 받는가. 공무원들의 몇 배가 되고 중소기업에 비해도 높다. 배신감을 갖는 국민들은 현대차 불매운동을 하자고 한다. 그들은 일반 중소기업에서 힘겹게 일하는 사람들에게 박탈감을 준다. 파업할 때마다 연계해 일을 못하고 손실을 보는 울산 산업계와 시민들도 분통을 터트린다.

현대자동차 현대중공업 등 포진한 울산은 1인당 지역 내 총생산(GRDP)이 5만달러로 수년째 전국 1위를 지키고 있다. 강남구보다 부자도시다. 기업이 나가면 도시는 인구가 줄고 부동산 값도 떨어지고 불경기로 몰락한다는 디트로이트를 강 건너 불로 볼 것인가. 그래서 기업을 유치하려고 경쟁이 치열한 것이다. 디티로이트를 보면 섬뜩하지 않는가.

조지아나 앨라배마의 노동자들과 비교가 된다. 2교대에 30만대 생산량을 5만대 더 높여 35만대 생산하려면 3교대로 8시간씩 일하게 된다. 또 2교대일 때 50만대라면 3교대일 때 70만대를 생산할 수 있다. 2교대할 때보다 4시간 더 생산할 수 있기 때문이다. 일력이 부족하다. 회사는 일자리를 더 늘려서 좋고 생산량이 늘어서 좋다, 877명 채용에 2만 명이 지원했다지 않은가. 3교대로 임금이 줄지만 미국 노동자는 OK 하는데 한국노동자는 왜 파업을 하는지. 임금이 줄어도 OK하는 미국 노동자들은 디트로이트의 아픔을 몸소 경험하고 놀란 사람들이다. 더 많은 일자리가 생겨 취업인구가 늘고 주정부는 세금이 더 들어오고 개인의 삶이 좋아지는 여러 가지 이점이 있다. 현대는 매출이 늘어나 한국으로 더 많은 돈을 들여올 수 있다. 그러나 이런 파업에 시달리는 오너에게 조지아 지사가 손수 한국을 찾아와 미국에다 부품공장도 하자고 조른다. 야적장에 머물 시간도 없이 값도 한국보다 비싸게 잘 팔릴 때 부지런히 생산해서 자리를 굳혀야 하지 않겠는가. 회사의 매출이 10년 전보다 6배나 늘었다는 일은 우리 모두 기뻐해야 할 이 때에 파업으로 체력을 소진하는 그들이 한심하다.

미국시장도 보통 치열한 게 아니다. 일본차라는 차는 다 들어 와 있고 세계의 차들이 경쟁하고 애국심에 호소하여 포드나 GM을 사는 사람도 많다. 정신 차리지 않으면 놓치는 게 요즘 경쟁이다.

세계가 일본을 두려하는 것은 일본 노동자는 긴축을 견디고 노동자의 월급을 자진 동결하면서 회사를 지킨다는 것이다. 기업도 이윤을 희생하면서 사회적 핵심가치인 고용을 유지한다는 것이다.

어느 매체에서 쌍용차 노동자의 기사를 보았다. 쌍용차도 중국에 팔리고 인도에 또 팔리는 운명 속에서 노동자들의 고통이 말 할 수 없었다. 그러나 요즘 인기리에 판매고가 높아지면서 야간근무를 하는 노동자의 소리는 과히 감동이다. "일하게 되어 너무 고맙고 야간교대도 너무 행복하다"고.

그러한 호소는 고통을 당한 사람만이 할 수 있다. 미국노동자들에게 다 빼앗길 건가, 다른 나라에 다 빼앗길 건가. 그런 일이 없도록 한국 노동자들도 디트로이트의 불행을 남의 불 보듯 강 건너 불 보듯 하지 말았으면 한다.

저당물

저당이란 채무의 담보로 부동산 또는 동산과 때로는 유가증권 등을 저당 잡힘을 말한다. 통상 주택을 구입할 때 부족한 만큼 은행에서 대출을 원할 때 은행에서는 저당권을 설정함에 따라 저당물을 제시하게 된다.

죄와 벌

"그 노파만 없으면 그 많은 돈으로 천 가지 훌륭한 일들을 성취할 수 있고 수많은 가정이 빈곤과 파멸에서 구제할 수 있다. 진딧물보다 못한 저 노파만 제거하면 된다." 라는 생각으로 라스꼴리니코프는 전당포 노파 이바노브나를 살해 한다. 이것은 러시아의 문호 도스또예프스키의 『죄와 벌』에서 나오는 라스꼴리니코프의 독백이다.

그 노파가 어려운 사람들에게서 이자를 꼬박꼬박 챙기는 것은 타인의 생명을 좀 먹고 있는 존재라고 표현했다. 19세기 제정 러시아는 농노를 노예처럼 부리고 중소 지주들도 몰락하는 탄압 속에서 국민의 불만이 고조된 시기가 반복된다. 동란이 일어나고 농민들과 도시 빈민층 가운데는 관료와 영주의 수탈을 피해 모스코바 국가의 남쪽 경계를 넘어 돈강 유역의 카자크 집단으로 들어가는 사람들이 적지 않았다. 제정 러시아의 압박에 계속해 시달려 온 농노들은 노예의 신분으로 삶이 너무 어려웠다. 황제들의 탄압은 계속되고 영토 확장과 남하정책을 위해 끊임없이 전쟁을 일으키고 농노들도 전쟁에 끌려가며 희생되는 악순환 시대에 살았다. 서유럽 문물을 받아들였으나 외교에는 늘 실패하면서 가혹한 관료정치로 국민들을 감시하고 탄압하여 견디기 힘든 사회상이었다. 개혁을 하지만 농노는 인격적 자유와 거처의 자유조차 속박 당하던 시대에 1866년 『죄와 벌』은 탄생했다.

그 시대의 사회적 사상적 정치적 문제를 예리하게 반영시켰다. 이미 작가 자신도 누명을 쓰고 시베리아에 유형을 당했고 군 생활도 했으며 가난에도 시달려 본 본인이었다. 동시에 인간 본질의 근본적 문제점을 제시한 것이다. 인간이 추구한 죄와 벌에서 인간 깊숙이 내재한 욕망과 사회적 규범과 상충할 수밖에 없는 문제를 제기한 것이다.

우리 현실과 비교해도 시대상이나 사회상은 다르지만 젊은이들이 희망이 보이지 않는 청년실업의 고통은 그 때나 다를 바 없다. 우리 주변에도 자신의 힘으로는 어쩔 수 없는 욕망을 자제하지 못한 존속살인이나 수단방법을 가리지 않고 정당하지 못한 행동으로 강탈하는 사례가 바로 그 속성을 보인 것이다.

빈부격차가 극심한 그 시대에 5층 다락방에서 가난하게 기거하는 라스꼴리니코프는 가진 것이라곤 시계와 담배 케이스뿐이었다. 그의 저당물은 오직 그뿐이었다.

이 시대의 경제 논리로 보면 이바노브는 고령의 나이에도 경제활동을 하며 어쩌면 자기의 가족을 부양하는 건강한 사람이다. 단지 고리대금이 문제일 뿐 돈을 구할 수 없는 사람들에게 대여해 준 고마운 서민 금융인이라 할 수 있다.

되胡각시 왜倭각시

이전 세기에 청나라 장군 원세개는 우리나라에 들어와 조선에서조차 세도를 부리며 청나라의 무직자나 무뢰한들을 대거 불러 들여 청량리와 왕십리에서 채소밭을 가꾸게 했다. 이들은 거의 홀아비들인지라 돈을 많이 축적했다. 그들은 그 돈으로 우리나라 영세민에게 월 1할의 높은 이자를 받는 고리대금업자로 변신해 돈 놀이를 했다. 이 비싼 이자를 열달 동안 원금과 이자를 갚지 못하면 아내와 딸을 바친다. 즉 인신人身을 저당해 돈을 꿔주는 조건이다. 끝내 갚지 못하면 여자들은 그들의 손에 들어가는 비극이 시작되어 이런 불행한 여자를 되胡각시라 불렀다.

그에 그치지 않고 일본이 우리나라를 강점한 후에도 이런 일은 많았다. 서울 진고개에 몰려든 일본인들은 자기나라에서는 직업도 없는 무직자가 대부분이었다. 이들이 벌인 업종은 전당포였다. 이 때 저당물은 부실한 부동산 보다 아예 처음부터 아내와 딸을 우선시 해 인신을 저당 잡았다.

더 지독한 것은 저당 잡힌 여자들이 젊을수록 값을 많이 쳐 주었다. 또 미추美醜의 차이를 두고 아름다우면 저당 값이 높아지고 추녀는 값을 낮게 계산해 대출하는 행위를 공공연하게 자행했다. 그 저당된 여인들은 저당된 동안 동거를 하는 경우와 노역勞役을 제공하는 경우로 대별되었다. 일본 홀아비들은 저당 기간 동안 여인과 동거를 하게 되며 이자만 전당포에 내면 된다. 이렇게 희생된 여인들을 사람들은 왜倭각시라 불렀다. 이것은 완전히 인신이 저당된 경우다.

나라가 어려워 이토록 많은 수모를 당한 우리나라 여인들, 남의 나라에 와서 돈으로 행패를 부린 일본인을 생각하면 분노를 참을 수 없다.

가장 하찮은 저당물

1953년 7월 27일 정전협정으로 6·25전쟁의 총소리는 멈췄지만 거리에는 다 부서진 건물, 널브러진 전쟁의 상흔만이 남아 폐허가 되었다. 3년 동안 전쟁으로 농사도 제대로 못 짓고 모든 공장도 돌 수 없는 빈사상태의 나라 형편이라 누구나 할 것 없이 모두 가난해졌다. 다 부서진 곳에서 학교도 집도 흔적조차 없어져 버렸다. 거기에 북한에서 피난을 온 사람들까지 도시는 만원이지만 일거리 먹을거리가 없고 그야말로 춥고 배고픈 시절이었다. 해를 지나고 1954년, 1955년이 되어도 나라경제도 나을 기미가 보이질 않았다. 공무원이나 학교교사들은 그래도 천막을 치고 일을 하지만 노동자들은 하루하루 일거리를 찾아 헤매는 시절, 부산에 몰려든 피난민들은 부두에서 노동을 하거나 그것도 공치는 날에는 가장家長은 죽을 만큼 마음이 아프며 찾는 곳이 있었다. 다급한 김에

헌 웃저고리를 맡기고 전당포에서 끼니를 이을 양식 값을 얻어 가족이 기다리는 가정에 돌아온다. 어머니들은 아무리 아끼려 해도 가족의 생존을 위해 비녀나 반지며 웬만한 값나가는 패물은 다 잡히고 날렸다. 어머니들은 바느질품을 파는 생명 줄인 가족을 연명하던 재봉틀도 귀한 재산도 아이들의 등록금을 대느라 머리에 이고 전당포에 오른다. 학생들은 마지막 학비를 못내 졸업을 못할 때 아끼던 만년필이라도 잡히고 몇 푼을 얻어다 밀린 월사금을 내야 했다. 나중에는 이불도 나오고 구두까지 벗어놓고 가는 전당포, 대개 전당포는 후미진 곳이나 가파른 곳이 많았다. 누가 볼세라 부끄러워 고개를 숙이고 애걸하듯 저당물 아닌 하찮은 것들을 맡기고 몇 푼을 얻어 나올 때는 천하를 얻은 듯 기뻤다 하던 그들. 지금 생각하면 정말 저당물도 안 되는 고물딱지를 그래도 본인은 소중하다 싶어 맡기는 물건인데 전당포 아저씨는 그래도 값을 쳐 주었던 고마운 분들이다. 참 서로 의지하며 살아낸 고달픈 시절이었다.

그 무렵 우리의 옷은 다 타버려 추위에 떨 때 미국에서 구호물자가 많이 들어왔다. 시장에 가면 그래도 싼 구호물자로 몸을 가리고 담요를 덮고 군복을 물들여 입고 물들인 담요로 코트를 만들어 추위를 버티던 때였다.

이런 형편을 걱정해 정부에서는 공설전당포를 네 곳에 세웠다. 그러자 한꺼번에 3천 명이 구름처럼 몰려들어 북새통을 이루고 서민 금융은 언제나 서러움이 따랐다. 너무나 모두 가진 것이 없었기 때문이다. 그와 중에서도 재건부흥자금을 만들기 위해 한국은행에서는 '푼돈 모아 목돈 만들자'라는 구호를 외쳤다. 이 프랭카드는 거리를 펄럭이고 어린이들은 먹고 싶은 군것질 하나 사지 않고 10원짜리 동전을 돼지 저금통에 꼬박 꼬박 넣어 저축을 해 산업자금에 보탠 1950년대, 60년대를 살아온 엄마 아빠들. 그들의 눈물겨운 시절이 바로 보릿고개를 넘으며 전당포 인생으로 버텨낸 어르신들이다.

서민금융

전당포를 들락거리던 시절도 지나 전당포는 사라지는 듯 싶더니 서민들은 목돈 구경하기가 힘들자 계가 들불 번지듯 성행했다. 너도 나도 하나 둘쯤은 들어야 목돈을 만들 수 있었다. 그러나 그것도 사회적 피해가 많았다. 원래 금융이란 신용이 첫째인데 계주나 계원들의 약속이 깨질 때 무한 급수적으로 피해만 늘어났다. 무려 서울에만 23만 건의 사고를 쳤다는 기록이고 보면 이것도 서민금융으로 발전하기는 어려웠다.

서민금융의 기치를 들고 미소금융을 시작으로 햇살론, 새희망홀씨 등 다양한 형태로 금융 소외자들을 돕기 위해 시작한 서민금융은 2008년-2012년 사이 7조원 가까운 실적도 올렸다. 그러나 정부주도형 서민금융은 지속성에 의문이 간다. 저축은행들이 본연의 기능을 상실해 서민대출은 외면하고 고위험, 고수익의 부동산 프로젝트 파이낸싱(PF)에 몰두하다 곤욕을 치렀다. 서민들이 갈 곳이 없어졌다. 또다시 자금이 필요한 사람들은 사채업자를 찾아야 하고 이는 고리에 시달리고 끝내는 무서운 결과를 초래하기도 한다. 여전히 서민 금융은 제 기능을 못하고 있어 소외되는 극빈자들에게 어떤 형태든 국가에서 저리로 사용할 수 있는 길을 열어줘야 한다.

명품 전당포

우리의 경제도 규모가 커져 활동하다보면 급전이 필요하다. 은행에 갈 수도 없고 급전을 구하려면 전당포만한 게 없나보다. 애달픈 서민의 생계를 돌보아 주던 그러한 가난한 인상의 전당포는 보이지 않지만 부촌 강남과 금융1번지 여의도에 버젓이 명품 전당포라는 금융 간판을 걸고 성업 중이다. 전당포 주 고객이 나이든 아저씨나 어머니 대신 이제는 20대에서 30대들로 고객층이 젊어졌다. 여유가 있을 법한 연예인. 변호사. 의사 전문직 종사자들도 많다니 참 격세지감을 감출 수 없다. 은행에서 보증되는 예금이 없이는 마이너스 통장 개설이 어렵다보니 사회초년생도 단골이 되었다.

저당물이 첫째 다르다. 헌옷가지 대신 다이아몬드, 외제차, 명품시계, 모피 등 명품들이 주종을 이루고 이전처럼 한 푼이라도 더 쳐 달라는 흥정은 사라지고 명품시계 감정사, 부동산 전문가, 자동차 전문가들의 감정평가로 이룬다. 영업방식도 스마트폰, 애플리케이션 등을 통해 감정을 받고 출장 방문 서비스도 한다. 휴일도 없이 영업을 하며 이자율도 월 2%에서 3.25%이다. 대출기간은 1개월에서 3개월이지만 연장도 가능하다. 머뭇거리며 전당포 들어가기가 꺼려했던 지난 시절과는 달리 퀵서비스로 해결하고 통장에 입금을 하니 뭐든 꺼리길 것 없이 투명하고 스피디하다.

카드 결제일인 15일이나 30일은 북적인다. 돈 쓸 일이 많은 연말이나 크리스마스, 연초에는 대목 날이 된다. 중고 시세만 1억2000만원에 달하는 스위스 명품 시계를 맡기고 7000만원을 빌리기도 하고 중고가

1200만원하는 에르메스 버킨백 5개에 6000만원을 융통하기도 한다. 이제는 은행시간이 맞지 않거나 은행 문턱이 높아 불편한 사람들, 서민이 아닌 급전이 필요한 사람들의 편리한 곳이 되었다. 기업형 비즈니스로 바뀐 진화된 모습이다.

전당포의 유래

서양에서 최초의 전당포는 1428년 이탈리아의 루도비코 신부가 세웠다고 하지만 전당포와 관련한 이야기는 고대 로마 때부터 있었다. 우리나라의 최초 전당포는 고려 공민왕 때인 1365년에 있었다니 이탈리아보다 앞선 셈이다. 그 당시 고려에서는 인신을 채무담보로 하는 것이 성행해 고려 말에는 인신 전당에 대한 금지령이 내려 물품 전당포를 이행하게 했다.

본격적인 전당사업이 시작된 것은 조선말에 있었던 갑오개혁을 계기로 근대적 전당업이 발달되고 나서부터다. 은행에서 돈을 빌리기가 어려운 서민들에게는 전당포만큼 삶과 애환이 서린 곳도 드물다. 지금은 신용카드를 쓸 수 있는 시대에 살고 있지만 1921년에 나온 우리 문학 현진건의 단편 '빈처貧妻'의 첫 장면에도 끼니거리를 전당포에 맡긴 저고리로 해결하던 눈물 나는 시대를 살았다. 토지문서, 집문서, 의복, 솥 등을 담보물로 잡았다. 일제 치하인 1920년대 서울의 조선인 인구는 약 18만명 가운데 전당포가 없으면 6만명 정도는 아마 굶어 죽을 만큼 서민의 삶이 고달팠다고 한다. 그 무렵 1920년 7월 동아일보 기사에 '가난한 사람에게는 전당포 하나가 조선은행이나 한성은행 100개보다 필요하다' 라는 기사를 보면 전당포가 해낸 기능을 알 수 있다.

우리나라는 개항과 함께 외래자본이 유입되면서 전당포도 대폭 늘어났다. 1894년 이후 계속 늘어 1927년에는 조선인 799명, 일본인 606명, 외국인 1명 등 1406명이 전당업에 종사할 정도였다.

미국에서도 부자 동네인 비벌리힐스의 전당포에 고급 보석이나 예술품을 가진 변호사, 펀드 메니저, 의사 등의 발길이 이어진다고 한다. 미국의 어느 곳이나 주얼리를 맡기고 돈을 융통해 쓰는 곳이 많이 산재해 있다.

중국에선 가난한 사람들을 착취하는 자본 수탈자로 지목 받으면서 문화혁명 초기에 금지 되었던 전당포들이 화려하게 부활하고 있다. 거액의 자본금으로 문턱은 낮게 은행보다 더 빨리 더 많은 돈을 빌려주고 있어 과거 냉소적인 전당포가 중국 부유한 연안도시의 중소기업인들의 자금줄이 되고 있다. 우선 손쉽게 고급 저당물을 맡기고 빌려 쓸 수 있어 현대에서는 아주 적정이자와 편리함으로 각광받는 유용한 곳이 되었다.

1961년 11월 1일 법률 제763호로 제정 공포된 전당포 영업법에 의하면 관할 경찰서에 허가를 받아 일정 기준 보관시설을 갖추면 영업을 할 수 있다. 1997년 전당포 영업자 복리 증진과 서민 유통질서 확립을 위한 목적으로 사단법인 전국전당금융연합회가 설립되었다. 이는 정정 당당하고 투명한 선진화 된 경영을 한다는 것을 국민들에게 공포하는 뜻이 되기도 하고 또 서민금융의 한 몫을 담당한다는 것을 알리는 것이 된다. 전국에 약 2000개가량 있고 서울에는 600개의 전당포가 영업 중이다.

전당포 하면 『죄와 벌』에서 나오는 고리대금업의 상징이기도 했지만 가난한 보릿고개 시절, 일본 강점기 시대에 현진건의 아내 모본단 저고리의 눈물 속에 끝끝내 쌀을 살 돈을 마련해 생명을 이어 주었다. 밤새도록 노름꾼이 마누라가 아끼던 은가락지를 빼어 전당포에 맡기는 그 시대의 서민금융이라 할까.

이제 투명하게 경쟁하며 서민금융으로 발돋움 하고 있다. 지난 세기 러시아의 사회구조 속에 고리대금업자를 살해한 이 청년의 생각도 이 시대에는 바뀌져야 한다. 생각하면 어려운 시대에 저당물 값도 안 되는 것을 맡긴 일이 안쓰럽고 측은함이 앞서 눈물이 고이는 이야기이다. 이러한 우리들의 모습을 요즘 젊은이들은 얼마나 알고 있을까. 우리 서민의 자화상이 바로 전당포에 있었다.

패배자敗北者의 무대

아시아의 골칫거리

2013년 즐거운 크리스마스를 지내고 모두 들떠 있는 세모의 12월 26일 아베의 고집스러운 광기는 야스쿠니 신사를 참배함으로써 인접국의 분노를 샀다.

뉴욕 타임스는 '일본은 미국의 신뢰할 만한 동맹국이 아니라 아시아의 새로운 골칫거리가 되었다' 며 우려를 표했다.

일본의 여러 신문도 '전후 질서에 대한 도전이며 국내용의 무책임한 행동이다' 라고 질책했다.

아베가 A급 전범을 신으로 받드는 야스쿠니 신사를 참배한 것은 그를 용서한 국제사회에 대한 배신이다. 도교전범들이 재판과 샌프랜시스코 강화조약을 통해 전범국이 그나마 국제사회로 복귀하게 했는데 총리의 참배는 국제적 약속을 뒤집어 놓는 행위가 된다.

무모한 전쟁을 일으킨 일본의 도조 히데키(東條英機 : 1884-1948)내각과 군부를 인정할 수 없는 실정인데 오히려 일본에 대한 배신이며 국익에 손해가 되고 전후 일본이 국제사회와 약속한 길을 닦은 그 기초를 파괴할 수 있는 행위라고 일본의 지식인 양심도 비판이 거세다.

아베는 2006년 9월에서 2007년 9월 1차 총리시절에 야스쿠니를 참배하지 못한 것을 '통한의 극치' 라고 말한 바 있다. 아베는 변명을 늘어놓지만 한국과 중국은 침략의 피해 당사국이다. 아베는 그릇된 역사 인식으로 영토문제를 둘러싸고 현재 갈등과 대립의 첨예한 문제가 산적했는데 이것들을 덮어둔 채 옆길로 독주하고 있다. 아베는 한국과 중국, 미국과의 관계까지 악화시켜 동북아시아 국제정세 전반을 대단히 불안하게 만드는 공공의 적으로 떠오른다.

미국의 유연성

이번 아베의 도발적 행위는 미국의 방조적 태도를 피하기 어렵다고 워싱턴 포스트는 지적했다. 아베가 침략전쟁의 역사를 부인하는 것은 태평양전쟁에서 30여만 명의 사상자를 낸 미국인들의 수많은 희생을 부인하는 것이 된다. 그 전쟁은 일본의 하와이 침략으로부터 일어난 것이기 때문이다.

미국은 그간 아베의 도발을 방관하거나 소극적으로 비판하는데 그쳤다. 아베의 '집단적 자유권' 이란 이름으로 추진하는 일본의 군사화에 명시적으로 그 한계를 설정하지 않은 채 적극적으로 지원했다. 이런 미국의 자세가 아베의 오판을 불러왔다는 것을 부인할 수 없는 사실이다. 미국은 오히려 한국에게 '과거사와 안보문제는 분리 대응하라' 는 요구를 계속해 왔다.

일본은 미국의 지원 없이는 군사적 확대는 불가능하다. 아베는 분명히 사과하고 재발방지를 약속하지 않으면 미국의 아시아 정략에도 크나큰 걸림돌이 될 것이며 상당한 장애 요인이 될 것이다.

그는 2014년 벽두부터 군대와 전쟁금지를 규정한 평화헌법 개정을 위해 매진할 것이라 했다. '젊은 일본, 강한 일본' 을 되찾기 위한 싸움은 시작되었다고 신년 일성을 토했다. 그의 독주가 참으로 우려되는 점이다.

그가 지난 12월 26일 신사참배를 한 것은 그의 내심에는 오키나와 후텐마 이전 문제를 오키나와 현 지사와 12월 25일 만나 확정짓고 다음날 미국의 묵인을 이끌어 낼 것이라는 교만에 찬 자신만만한 오판된 행보였다. 그러나 미국은 아베의 그러한 행동은 새로운 골칫거리요, 믿을 수 없는 동맹이라고 하자 아베는 벌써 미국을 무마하기 위해 외교력을 총동원하기 시작했다.

얼마 전 한 · 미 외교장관회담에서 일본은 주변국가와 관계개선을 위해 협력하는 것이 중요하다고 말할 뿐 미국은 동북아전략의 핵심인 미 · 일동맹을 손상시킬 수 없어 이 문제를 부각시키지 않으려는 대응기조가 보였다.

그러나 미 정부가 일제 때 군 위안부 강제 동원에 대해 일본이 사과하도록 독려해야 한다는 내용이 담긴 법안이 1월 15일 미 하원을 통과했다. 미 하원은 2007년 위안부 강제동원에 대해 일본정부의 공식사과를 요구한 결의안을 채택했으나 이번에 법안의 형식으로 미 행정부의 대일 조치를 촉구한 것은 일본에 대한 경고조치로 보여진다. 아베의 독주로 미의 아시아 구상에도 큰 차질을 빚을 수밖에 없음을 안 미국이 제동을 걸었다. 이로 인해 한미일 협력이 거의 마비상태에 빠졌기 때문이다. 미국의 양식과 가치를 세우고 전략적인 판단에서 이번 통과를 해 온 것이라 믿고 싶다.

오키나와의 비극

류큐왕국은 아시아의 여러 나라와 교역을 하며 평화롭게 사는 천혜의 땅이었다. 그러나 1879년 메이지(明治) 군부는 무력으로 군대도 없는 류큐왕국을 일본의 한 현으로 편입시켜 류큐왕국은 사라졌다.

세계 제1차 대전 후 독일이 폴란드를 침공하자 영국과 프랑스는 독일에 선전포고를 하여 세계 제2차 대전이 일어났다. 이 와중에 1941년 12월 일본은 하와이를 침공하여 아시아 태평양전쟁을 일으키자 세계는 전쟁의 소용돌이에 휘말렸다.

1944년 치열한 사이판전에서 일본은 전멸했다. 일본은 모든 병력을 오키나와에 집결시키고 야마토함에 승부를 거는 작전을 개시했다. 오키나와 현민은 남녀노소 모두 전쟁에 끌려갔다. 1945년 3월, 미국은 오키나와 본섬의 상륙작전에 들어가 오키나와 하늘은 새까맣게 덮인 폭격기로 '철의 폭풍'이 시작되어 90일간에 초토화되었다. 일본 군부는 지구전으로 버티다가 결국 1945년 6월에 전쟁의 종말을 고할 시점에 왔었다. 일본군은 황민화정책으로 오키나와 사람들을 총받이로 앞세우고 일본 군인보다도 더 많은 희생자를 냈다. 미군도 상당한 희생이 따랐다. 미국은 일본 본토를 공격하는 기지로 오키나와를 삼았다. 일본이 자랑하던 야마토호는 싸워보지도 못하고 처참하게 침몰하고 말았다. 오키나와는 일본 때문에 비극이 시작되고 지금까지도 끝이 보이질 않는다.

1945년 8월 전쟁은 끝났지만 현재 미일 안전보장협의회로 미국과 일본은 사실상 한 체제로 움직이고 미국의 세계 전략적 새 배치는 미국의 동북아전략의 큰 축을 이루며 미일동맹은 견고하게 움직이고 있다. 오키나와는 현재 샌프랜시스코협약으로 일본이 무장할 수 없어 미군이 대신 주둔하여 지켜 주는 일본의 한 현일 뿐이다.

후텐마(普天間) 기지의 이전

후텐마는 오키나와에 있는 미국 해병대의 비행장이다. 1945년 건립한 후텐마 기지 (활주로 2.7km)는 해외기지 가운데 최대 면적 (9445km2)인 카데나 기지 (활주로 3.3km)와 함께 주일 미군의 오키나와 양대 거점이다. 후텐마는 오키나와 본섬의 수도 나하시의 북쪽 약 10km 지점인 오키나와 현 기노완 시에 있다. 후텐마 비행장은 기노완 시의 약 25%에 이른다.

1995년에 성폭행 사고 이후 오키나와 사회에서는 후텐마 비행장을 반환하고 미군기지를 반대하는 시위가 일어났다. 2004년에는 훈련 중인 헬리콥터가 대학에 추락하는 사고가 있었다. 그러자 또다시 기지 반환 운동이 거세게 일어났다. 주거지와 인접해 소음과 환경오염도 문제가 고조되고 기지에 편입한 토지의 반환도 요구해 왔다. 이러한 문제를 겪다가 2006년에 2014년까지 북부 연안 인적이 드문 헤노고에 이전하기로 합의를 했다.

2009년 하토야마 유키오(鳩山由紀夫) 당시 총리도 이 문제를 공약으로 내걸었다가 지키지 못해 오키나와를 방문해 사과를 했지만 이에 연루되어 2010년 5월 총리직을 사임했다.

2013년 현 오키나와 지사 나카이마 히로카즈(仲井眞弘多)는 지난 12월 25일 아베와 합의를 끝내고 아베는 자신감을 얻어 야스쿠니 신사참배를 강행했다. 이 합의로 아베는 오키나와에 3460억엔(3조5130억원)을 지원 약속했고 미군기지 이전에 3조엔도 부담할 것으로 알려졌다.

하지만 현민들은 지사의 공약인 현외 이전을 지키지 않았다며 지사의 사퇴를 요구하는 시위가 벌어지고 있다.

2015년 10월 오나가 다케시(翁長雄志) 오키나와 새 지사는 미군기지 이전을 현외 이전을 주장, 헤노코 매립 허가를 취소 절차를 추진 중임을 발표하자 중앙정부와 협의 했으나 접점을 찾지 못했다. 현재 일본내 미군주둔기지 70%가 오키나와에 있다. 기지를 괌에 이동하는 일도 쉽지 않다. 일본도 센카쿠 문제와 동북아 문제가 걸쳐 쉽사리 해결하지 못할 것이다. 하지만 오키나와 현민은 본토 일본에 불만이 많은 사람들이다.

야스쿠니 신사의 망령

야스쿠니 신사는 1869년 메이지 시대에 전몰자를 신으로 제사를 지내기 위해 건립되었다. "죽으면 신이 된다" 는 주입된 교육을 받고 전쟁터에 나가는 병사는 "야스쿠니에서 만나자" 라고 맹세한다. 아베가 참배하는 이곳은 도조 히테키 등 A급 전범 14명과 청일전쟁, 러일전쟁, 조선침략, 중일전쟁, 태평양전쟁까지 일제가 일으킨 침략전쟁에서 사망한 군인 군속 246만 여명이 합사된 곳이다.

전쟁광이요, 침략자의 탈을 쓴 지난 세기의 과오를 조금도 뉘우침이 없는 일본을 세계가 규탄한다.

일본인조차 독일 총리가 히틀러 무덤을 찾는 거와 같다고 한다. 같은 전범국가인 독일은 유럽국가들에게 잘못을 수도 없이 시인하고 사과하고 배상하고 지금도 게을리 하지 않고 있다. 메르켈 독일총리도 20세기의 끔직한 일을 책임질 줄 알아야 한다고 일본의 자기 뉘우침이 없음을 개탄했다. 만일 독일이 일본과 같은 파렴치한 행동을 거듭했다면 유럽은 프랑스를 비롯해 어느 나라도 독일을 인정하지 않았을 것이다. 이런 일본의 상반된 모습은 분노를 사고 인접국가에서 인정을 받지 못하고 있다. 일본의 입지는 줄어들 것이다. 그러나 아베는 세계인과의 약속을 버리고 재임 동안 남태평양 제도에 있는 위령비까지 참배할 것이라 밝히고 있다. 부끄러운 그 모습으로 어떻게 세계인의 대열에 설 수 있을까. 중국도 우리 못지않게 청일전쟁 중일전쟁의 수모가 아직 지워지지 않고 있다. 그때 뺏은 센카쿠를 제 땅이라 우기는 일본, 한국 침략으로 뺏은 독도를 제 것이라 우기는 염치없는 일본, 이런 일본을 성토하는 것이다.

특히 '위안부 결의안' 준수 촉구 법안이 미 하원에 이어 미 상원도 통과하고 드디어 1월 17일 버락 오바마 대통령이 동내용이 담긴 2014년 통합세율법안에 정식 서명했다.

일본이 양심과 세계인이 추구하는 정의를 저버리고 아무리 날뛰어도 그의 무대는 패배자의 무대일 뿐이다. 천재지변을 겪고 원전 쓰나미 사고를 당하고도 아직 깨닫지 못하는 일본의 무대는 웃음거리요, 원자력 유출 방사능 오염의 피해가 없다고 거짓 외치는 패배자의 무대는 세계인이 보는 앞에서 우스광스럽게 날뛰는 광대일 뿐이다.

무역 1조 달러, 푸어(Poor)시대

2011년 12월 5일 드디어 무역 1조 달러를 이루었다. 2008년 리먼 사태의 충격이 아직 남았는데 또다시 그리스 아일랜드 포르투갈 스페인 이탈리아 등 남부 유럽의 재정적자에 온 세계가 흔들리는 어려운 환경에도 매월 무역 흑자를 이룬 대한민국의 생산역군들에게 감사를 드린다. 미국, 중국, 독일, 일본, 프랑스, 영국에 이어 한국이다. 이탈리아를 제치고 일곱 번째 무역 대국이 되었다.

생각해 보면 한국의 주력상품은 팔 것이 없어 어머니와 언니의 긴 머리채를 잘라 팔고 다시 자라기를 기다렸다. 그 돈으로 어려운 살림에 보탬이 되고 동네 처녀들은 가발공장에서 밤낮없이 가발을 만들어 수출했다. 눈물어린 여공들이 고향에 보낸 월급은 동생들의 학비가 되었다. 지렁이와 오징어도 팔고 돈이 되는 것이면 뭐든 팔아 1964년에는 무역 1억 달러로 무역입국이 되었다.

어릴 때 사회시간에 자랑하던 광물인 텅스텐, 철광석과 섬유류가 주류를 이루던 1970년대, 그 때만 해도 자본도 수요도 없고 특별한 기술이 없어도 경공업제품으로 달러를 벌어들였다. 1980년대에는 선박과 음향기기 등이었고 1990년대는 의류, 반도체, 컴퓨터, 자동차 등 알뜰하게 벌어들인 달러로 과감히 투자해 수출품목이 다양해졌다. IMF의 빚을 갚고 2000년대는 고부가가치인 정보기술(IT)제품, 자동차, 석유제품, 선박, 스마트 폰 등의 수출로 활기를 띠우며 잘 해냈다. 우리는 글로벌 경제위기에도 모든 분야에 대응을 잘해 무역 1조 달러 달성은 참으로 놀랄만하다.

아르헨티나도 세계대전 전후에 곡물수출로 벌어들인 엄청난 부로 20세기 중반만 해도 세계 5대 부국이었던 이 나라가 1946년 후안페론이 대통령이 된 후 노동법을 고쳐 그 무서운 인기영합주의(포퓰리즘)에 빠져 경제가 거덜 나 1998부터 2002년까지 페소화는 평가절하 되고 정치는 불안해 대통령이 몇이 바뀌어도 외채지불정지(디폴드)냐 외채지불잠정중단(모라토리엄)이냐 할 때 국제사회의 눈은 냉담했다. 2003년에서 2007년 사이 네스트르 키르치네르 대통령이 된 후 지하자원 덕에 8~9%의 경제성장으로 빈곤층은 줄었지만 여전히 멍든 국민 대다수는 '나는 가난뱅이' 라고 했다.

우리는 1988년 올림픽을 치르고 우리의 날개는 세계를 향해 활짝 펴기 시작했다. 너무도 못 살아온 탓이었을까. 이제 살 것 같았다. 살림살이가 눈에 띠게 부유해졌다. 한이 맺혀 정말 국민들은 돈을 뿌리며 해외로 어디로 다니며 한껏 멋을 부렸지만 그만 1997년 12월 외환위기를 맞았다. 1996년 12월 경제협력개발기구(OECD)에 가입하고 1년이 된 시점에 외국인들은 샴페인을 너무 일찍 터뜨렸다고 비아냥을 부렸다. IMF의 혹독한 찬바람을 맞으며 평생 안전하던 일터는 구조조정으로 직장인들은 낙엽처럼 우수수 거리에 내몰렸다. 그 시절은 정말 빚쟁이의 몸으로 온갖 어려움을 이겨내고 치욕스러운 IMF의 빚을 일찍 갚아냈다.

그러나 이제까지 익숙치 않은 글로벌 스탠다드에 점점 길들여지면서 2008년의 리먼 충격의 패닉상태에서도 버텨냈다. 우리 스스로 대단한 학습을 해내는 동안 체질이 단련 되었다. 지금도 남부유럽의 재정위기가 세계경제를 요동치는 속에서도 착실히 무역흑자를 내지만 고용이 눈에 띠게 개선되지 않아 소득도 향상되지 않은 채 물가상승에 무역 1조 달러 달성의 감동은 너무나 실감이 나지 않아 자영업자들은 아우성이고 국민들의 절반이 자신들은 '가난뱅이, 하층 계층으로 추락했다' 는 한탄의 소리만 높다.

한창 부동산 경기가 좋았던 2007년 때만 해도 주택담보 인정비율(LTV)이 50%와 총부채 상환비율(DTI)이 40%여서 집을 살 사람은 집값이 더 상승하기 전 주택을 구입해야 하는 절박한 붐이 일어났다.

그러나 2008년 미국의 비우량주택담보대출(서브프라임 모기지)로 야기된 부동산 침체가 우리까지 퍼져왔다. 집을 마련한 기쁨도 잠시 부동산 가치는 하강곡선을 타고 이자 내기도 벅찬 가계들, 소득은 오르지 않는데 거치기간은 끝나고 이제 원금 분할상환을 고지 받은 가정은 난감하다. 부채상환을 위해 매물로 내놓아도 임자가 없다. 감당하기 어려운 하우스 푸어(House poor)들이 양산되고 이들은 제2금융권으로 발을 돌리며 현재 2015년 가계부채는 1100조원을 넘어 가장 위험요소가 되었다. 그 사이 아파트를 가진 중산층이 부동산 하락으로 자산이 상당부분

공중에 날아가 버리다 요즘 부양책으로 조금 상승하지만 가계부채는 더 늘었다.

또 우리나라 사람들은 아무리 어려워도 소득의 절반을 교육에 투자하다보면 생활에 쪼들리는 에두 푸어(Education poor)가 되기도 한다. 어려운 살림을 늘려 보겠다고 은행이나 증권회사에서 대출을 받아 주식투자를 했다가 원금까지 날리는 스톡 푸어(Stock poor)도 늘어만 간다. 자녀를 공부시키느라 자신의 노후 생계를 걱정하는 실버 푸어(Silver poor)가 얼마나 많은가. 결혼을 위해 신혼집 마련과 혼수비용으로 빈곤해져 제대로 신혼의 행복을 누리지 못하는 웨딩 푸어(Wedding poor). 경제협력개발기구(OECD) 국가 중 최저출산국가가 된 것도 다 이러한 압박 때문이다. 아이를 출산해도 비싼 육아비용 때문에 베이비 푸어(Baby poor)가 나타나기도 한다.

요즘은 필수처럼 자신을 가꾸는 사람들이 많아 피트니스 회원권으로 운동, 경락, 얼굴 맛사지에 네일 아트, 이런 관리에 성형까지 더 하고 명품을 가져야 한다면 수입은 몽땅 날아가 버려 푸어 미스(Poor miss)로 전락한다. 두 가지 일을 하는 투 잡(Two job)으로 밤낮을 모르고 아무리 열심히 일을 해도 희망이 없다. 이러한 과도한 소비는 저축에서 멀어져 빈곤층에서 벗어나기 힘들며 장래가 어둡다.

우리 부모님 세대에는 없으면 없는 대로 빚지지 않으려 '아나바다' 생활철학으로 지혜롭게 살았기 때문에 지금의 대한민국의 토대를 물려주었다. 6 · 25의 폐허 속에서도 보릿고개를 넘기고 꽃 피운 우리 경제도 1원 5원을 아끼고 저축해 전쟁으로 초토화된 조국의 재건을 위해 산업자금과 부흥자금을 마련했던 부모님 세대를 상기하면 내수자금을 마

련하고 외채를 줄여야 한다

고비용 스펙으로 신음하는 청년실업을 생각하면 암담하다. 지금 중국의 위안화 최대폭 평가절하와 텐진항 폭발사고, 유가하락 등으로 수출이 감소했다. 이 어려운 불황속에서도 2조 달러 무역시대를 향해 모두가 푸어(poor)가 아닌 '나도 부자' 라고 외쳐 건실한 경제를 후손에게 물려줄 때까지 다시 뛰며 일상화 된 불황에 마음을 단단히 다져야겠다.

잊혀진 전쟁 · 1

백발의 한 할머니가 나즈막한 비석을 부여잡고 서럽게 통곡하고 있다. 오늘도 국립현충원에는 남편과 자식을 잃은 발길이 끊이질 않고 있다. 65년 전의 그 상흔은 역사의 이야기가 아닌 여전히 우리의 가슴을 저리게 하는 현실이다.

흔히 한국전쟁은 잊혀진 전쟁으로 불려지고 있다. 승리로 환호했던 세계 제2차 대전과 갖가지 고통과 상처만 남긴 월남전쟁의 틈새에 끼어 점점 잊혀져가고 있다는 것이다.

그러나 70만 명을 육박하는 전사자를 냈고 부상자와 이재민이 400만 명에 이르는 엄청난 인명 피해를 낸 전쟁이다. 많은 포로들이 전사 또는 실종으로 분류된 채 북한 땅에서 생사조차 확인할 수 없다. 1000만 명에 이르는 이산가족은 지금도 눈물을 흘리며 혈육과 고향을 찾지 못해 애태우고 있다. 아직도 시신발굴이 확인된 가족들은 땅을 치며 오열하는

데 우리가 어떻게 잊을 수 있겠는가. 남편을 전쟁터에 보낸 새색시가 백발이 되어 기다리다 지쳐 한을 안고 죽어간다. 어린 자식은 중년이 되어 오늘도 돌아올 아버지만을 기다리고 있는 초조하고 불안한 나날을 살고 있는데 어찌 잊혀진 전쟁이라 할 수 있는가.

UN 16개국

한편 한국이 어디에 있는지도 모르는 채 태평양을 건너 온 미군 37,000여 명의 전사자도 있고 UN의 16개국, 미국 영국 터키 호주 뉴질랜드 프랑스 캐나다 에티오피아 태국 그리스 네덜란드 콜롬비아 필리핀 벨기에 룩셈부르크 남아프리카공화국 등의 젊은이가 배로 비행기로 날아와 우리를 돕다 젊음을 꽃피우지 못하고 부산의 UN묘지에 잠들어 있다.

한국전쟁에서 어렵게 살아남은 장병들이 전쟁의 참혹상을 뒤늦게나마 순간순간을 회상하며 200여 명이 증언하고 있다. 이 기록을 읽으면서 눈시울이 젖는다. 남의 나라의 평화와 민주주의를 위해 긴박한 전선에서 일어났던 비참한 장면은 차마 읽어내려 갈 수 없다.

1950년 10월 원산에 상륙한 미 해병 1사단 1만 2,000여 명의 병력은 맥아더 장군의 명령을 따라 압록강을 향해 진격하다 6만 명의 중공군에 포위되어 전멸의 위기에 놓여 전사자와 부상자를 이끌고 겨울 산악지대를 뚫고 흥남으로 나오는 처참한 장면, 북진하는 아군의 전방기지를 중공군이 덮쳤다. 중공군은 일본군의 '반자이 돌격'이 무색할 인해전술로 끝없이 밀려와 방어전에서 부상자를 차에 옮길 수 없을 만큼 심한 손실을 입었다.

장진호의 혈전은 전투 중 가장 처절한 전투였다. 피투성이 된 부상한 몸을 이끌고 장진호를 넘어 하갈우리를 지키기 위한 필사적 방어전, 밤에는 중공군 박격포탄의 섬광이 하늘을 밝히는 가운데 얼음물 속을 건넜던 일, 전쟁의 참상을 말하듯 시체와 장비가 널브러져 있었다.

영하 30도의 매서운 혹한 속에서 굶주리고 목마르고 몸을 숨길 참호를 파야 했던 지칠대로 지친 가운데 파상공세로 달려드는 중공군과 싸우며 잠들지 말라는 명령 속에서도 잠시 눈이 감기면 그대로 동사하는 가여운 병사들, 어떤 병사는 발목에 총상을 입고 눈 덮인 도랑에 누워 군화 속에 고인 빨간 피를 눈 위에 쏟고 그 다리로 절룩이며 고지에 오르던 모습도 있었다. 압록강에서 중공군의 포로가 되어 호된 고생을 했던 일, 때로는 시체 속에서 의식을 잃고 있다가 위기를 넘기는 일, 캘리포니아 출신 어떤 병사는 미국을 떠나올 때 아버지로부터 제1차세계대전 당시 썼던 32구경 권총을 물려받아 허리에 차고 있었다. 보급로가 막히고 실탄이 떨어져 죽을 장면에 직면했을 때 그 권총으로 목숨을 건지기도 했다.

준비 없이 쫓아 온 병사들

북한 동해안에 상륙한 영국 해병, 독립특공대는 밀려오는 중공군을 물리쳐 수훈을 세우기도 했다. 낯설고 이름도 모르는 능선을 넘고 넘어 전투하던 병사들, 첫 비행으로 첫 출격을 했던 월트 브라이언 공군중령의 희생, 더 이상 물러설 수 없어 학생들은 학도병으로 여학생은 간호병으로 입대하고 나이 든 어른들은 탄약이나 식량을 나르며 낙동강을 지키기에 온 힘을 쏟았다. 그때 격파된 소련제 탱크의 잔해를 본다. 9 · 28 서울 탈환 작전을 수행하던 젊은 미국장교는 서울의 고궁을 파괴로부터 보호하기 위해 여러 모로 고생했던 일도 기록되어 있다. 마치 프랑스의 개선문, 루브르박물관 등 문화재를 지키기 위해 항복을 선언한 프랑스인을 생각하게 하는 감동의 순간이다. 어떤 학생은 나이를 속여 전선에 투입 된지 며칠 만에 전사한 어이없는 사연도 있었다.

긴박한 한국전선에 준비 없이 쫓아온 병사들은 낯설은 땅에서 전쟁 초기 북한군의 포로가 되어 극심한 학대를 받고 영양실조로 괴혈병과 잇몸이 곪아가는 갖가지 병을 앓고 있었다. 동상으로 손발을 잃은 병사, 춥고 지루한 3년 1개월의 전쟁에서 총소리는 멈췄지만 남북한 모두 받은 피해는 전무후무한 상태였다. 헤아릴 수 없는 고난 속에서 1953년 7월 27일 정전협정이 시작될 때까지 살아남은 병사들은 본국으로 돌아갔다. 그들의 수기에는 우리나라의 낯익은 고향산천의 이름이 많이 나온다. 그 끔직한 전쟁이 이 땅에서 일어났다는 사실이 새삼 전율을 일으킨다. 한 편 그들의 힘든 상황에서 고독하게 전투를 수행한 외국병사들에게 고개가 절로 숙여진다.

전몰자에 대한 미국의 예우

미국에서는 미국인 전몰자에 대한 예우나 의식이 각별하다. 수도 워싱턴에는 국회의사당과 링컨기념관을 잇는 워싱턴몰이 들어 있다. 이것은 '나라의 부름에 목숨을 바친 이에 대한 추념' 을 그의 주제로 삼고 있다. 지난 가을 내가 답사했을 때에도 '베트남 베테랑스' 메모리얼에는 베트남전쟁의 악몽에도 불구하고 그에 희생된 이를 기리는 발길이 줄을 이어 꽃과 성조기를 놓고 머리 숙여 기도하고 있었다.

거기서 조금 더 가면 한국전쟁 기념 조형물이 나온다. 전투모에 추위가 몰아치는 전선에서 무겁고 큰 방한외투를 걸친 병사들이 돌격자세로 서 있다. '그들은 결코 안 적도 만난 적도 없지만 그들의 나라를 지키기 위한 부름에 우리는 응답했다.' 라고 바닥 기념물에 새겨져 있다. 누가 갖다 놓았는지 화환이 놓여 있다. 옆에서 취재의 기념사진을 촬영하며 한국인인 나의 가슴은 남다르게 뛰었다. 그리고 눈물이 핑 돌았다. 비록 내가 어리고 남자이지 않아 총을 메고 전선에 출전을 하지 않았지만 그 추운 겨울 피난대열에 끼어 조국강산이 불타고 도시가 무너져 초토화되어 죽어가는 사람, 부상자, 굶주린 사람 ,집을 잃은 사람, 다친 사람들이 거리에 쓰러져 신음하는 참상을 어린 내 눈으로 똑똑히 보았기 때문이다.

꽃다운 미국 젊은이들의 희생

미국에서는 국가에서 뿐 아니라 대학에서도 정성을 다해 추모하고 있다. 보스톤에 있는 세계적인 명문 'MIT' 본관에 들어서면 1층 로비 사방에 새까맣게 새겨진 'MIT' 출신 전몰자의 명단이 있어 압도를 당한다. 하버트 대학 졸업식은 세계대전에서 목숨을 바친 하버트 인을 추모하기 위해 세워진 메모리얼 교회 앞 광장에서 열린다. 세계1 · 2차 대전과 베트남 전에서 전사한 동문의 이름이 빽빽하게 새겨져 있다. 이 교회

북쪽 벽에는 '한국전쟁에서 전사한 동문을 영원히 기억하기 위해' 란 헌사獻辭와 함께 전사자 17명의 이름도 새겨져 있다. 나뿐 아니라 모든 젊은이들이라면 꿈에도 그리는 이 명문의 대학에서 학생들이 우리를 위해 죽었다는 사실이 실감이 나지 않아 그저 눈물이 돌아 그들이 가엾어 발을 뗄 수 없어 얼마를 서 있었다.

한국에도 전몰자의 이름을 새긴 벽이 있다. 서울 용산 국방부 청사 맞은편 전쟁기념관 벽에는 6 · 25전쟁에서 숨진 17만8천 명의 명단이 깨알처럼 새겨져 있다. 이 중에는 우리의 아들도 있고 한국이 어디에 있는지도 모르고 그 나라의 부름에 바다 건너 온 미국의 3만7천 명도 포함되어 있다. 한국전에 참전한 것을 명예롭게 여긴다는 고맙기 그지없는 터키의 병사도 있고 히딩크의 나라 네덜란드도 아주 작은 나라 벨기에, 룩셈브르크, 어려움을 겪는 그리스도, 가난한 나라 에티오피아 병사의 이름 등 유엔군의 병사들이 있다.

참전한 병사의 나이를 보면 그 당시 1914년생부터 1932년 출생이 주류를 이루고 있어 그 당시 18세의 나이에서 20대 또는 30대 초반의 청년들이다. 한참 공부하고 일할 나이에 이 땅에 왔다. 미국 병사는 미주리주, 뉴욕주, 인디에나주, 오하이오주 등이고 맥아더 태평양 사령관은 특별히 혹독한 추위를 이길 병사들을 한국기후와 유사한 미네소타주 장정들 10만 명을 차출했고 그 중 4000명 이상이 전사 했다고 한다. 크리스마스를 즐길 시간에 이름도 모르는 이 땅에서 혹독한 추위와 적들과 싸워야 하는지 의문이 나지 않을 수 없는 절박한 때였다. 그러나 미국의 부름에 답한 젊은이들이 모든 주에서 참전했음을 알 수 있다.

뮌헨에서 열렸던 NATO(북대서양 조약기구)에 참석한 미 국방장관 도널드 런즈펠드는 연설을 통해 "한국은 많은 국가의 인명 피해의 대가로 승리했다."며 그럴 가치가 있다고 스스로 대답했다. "55년 전 마지막 숨진 미국인 중 한 명은 고등학교 시절 나와 같은 미식 축구팀에 있었던 절친한 친구였다."라고 말하기도 했다.

2014년 3월에는 옛날 일 같지만 1950년에 일어난 한국전쟁 때 전사한 참전 미군장병 9명에게 늦었지만 버락 오바마 대통령은 군인 최고 무공훈장인 명예훈장(Medal of Homor)을 수여했다. 수훈자는 대개 히스패닉계나 유대계 미국인이었다. 그들은 1950년 9월 북한군 3개 사단을 격멸한 경북 칠곡 다부동 전투에서, 그해 11월 강원도 동해안으로 침투한 북한군 2개 사단에 맞서 싸운 공로와 강원도 철원 전투에서 공을 세운 병사들이었다. 미국은 인종적 편견 때문에 수여가 거부된 사례가 없는지 지금도 재검토 하면서까지 그들의 공을 기리며 유족에게 그 뜻을 전달했다.

언제까지나 잊지 말아야

우리는 이들에게 얼마나 예우와 관심을 가졌는가. 얼마나 고마워하면서 보듬었는가. 지금 현재 미국과 한국, 어느 나라에서나 참전 용사들이 거의 세상을 떠났다. 그들의 증언이 없다 해도 그들이 겪었던 상처는 아물지 않고 미결로 남아있다. 군번도 없이 산화한 젊은 넋도 우리 모두의 아들이다. 참전용사의 노고를 뒤늦게나마 헤아리는 법안이 국회인준을 통과되었다 해도 제반 문제가 남아 있다.

정전 7월 27일 미국에서는 이날을 더욱 의미를 크게 부여한다. 한국전 참전용사 기념공원에는 미국 재향군인들이 태극기를 들고 행진한다. 큰 화환이 놓인 이곳에서 기념사진을 찍는 마음이 무겁다. 한국전쟁은 결코 잊혀진 전쟁이 아니다. 엄청난 희생을 치루고 얻어낸 평화와 번영, 이 귀한 교훈을 어린이부터 전쟁을 모르는 젊은 세대에게 확고한 국가관과 정체성을 확립하는데 커다란 교훈이 되어야 한다. 이 나라를 지키는데 얼마나 많은 나라의 도움이 따랐다는 것을 후손들은 결코 잊어서는 안 될 것이다.

Freedom is not Free.

자유란 거져 주어진 것이 아니다. 미국 워싱턴 한국전쟁기념 조형물 옆 비석에 새겨진 글이다.

잊혀진 전쟁 · 2

65년이나 지난 한국전쟁은 세계인의 뇌리에서 잊혀져가고 있다. 그러나 2010년의 천안함의 침몰사건과 연평도의 공격은 우리가 북한에 대한 해이했던 안보의식을 더욱 자각하게 했다.

1950년 6월 25일 남침으로 야기된 한국전쟁은 3년 간의 치열한 피 비릿내 나는 전투로 조국의 산야는 초토화되어 1953년 7월 27일 정전협정으로 총소리는 멈춘 대신 지금도 북한은 핵으로 위협하고 불안감을 조성하고 있다.

그러나 생각하면 전 세계 우방국들이 아니었다면 지금 어찌 존재할 수 있을까, 명약관화明若觀火한 이야기이다. 우리는 어린 날 전쟁을 보고 자란 세대이지만 요즘 젊은이는 전쟁이 얼마나 처참하고 비극적이라는 것을 모르고 자랐다. 6 · 25가 다가오면 우리 세대는 남다른 아픔이 도진다. 아버지와 남편과 아들을 잃은 가정이 얼마나 많은가. 이산가족의 아픔도 아직 남아있다. 6·25 전쟁은 가장 비참한 민족적 전례가 없는 전쟁이었다. 다시금 우리를 도왔던 이를 상기 하지 않을 수 없다.

6·25가 발발하자 해리 투르만 미국 대통령은 국가비상사태 선언문에 서명하고 미국 지상군의 사용을 승인하여 자유민주주의 신생국가로 탄생한지 얼마 되지 않은 대한민국을 공산주의자들의 손에서 구출하는 데 최선을 다 했다. 한편 걸핏하면 거부권을 행사하던 구소련이 불참한 가운데 이루어진 안보리의 극적 결정에 따라 유엔은 유엔 헌장을 위반한 북한을 침략행위로 규정하고 이를 억제하기 위해 유엔 역사상 최초로 집단 안보를 발동하여 공산주의자들과 싸웠다.

유엔이 파병한 16개국

미국 영국 터키 호주 캐나다 프랑스 그리스 콜롬비아 태국 에티오피아 네덜란드 필리핀 벨기에 남아프리카공화국 뉴질랜드 룩셈부르크

의무 지원 5개국

인도 덴마크 스웨덴 노르웨이 이탈리아

물자 지원 40개국

과테말라 니카라과 대만 도미니카공화국 독일 레비논 리이베리아 멕시코 모나코 미얀마 베네수엘라 베트남 볼리비아 브라질 사우디아라비

아 스위스 시리아 아르헨티나 아이스랜드 아이티 에콰도르 엘살바도르 오스트리아 온두라스 우루과이 이란 이스라엘 이집트 인도네시아 일본 자메이카 칠레 캄보디아 코스타리카 쿠바 파나마 파라과이 파키스탄 페루 헝가리

전후 복구 지원 6개국

교황청 리히텐슈타인 스페인 아이랜드 이라크 포르투갈

이렇게 많은 나라가 한국을 위해 병력으로 의무지원으로 물질로 또 전후 복구사업지원으로 전쟁에 시달린 우리를 도왔다. 폐허가 된 이 땅에 아주 작은 나라, 도울 여력조차 없던 아이티도 도왔고 공산국인 쿠바도 물자지원을 받았다는 것은 참으로 눈물 나게 고마운 일이다. 다 부서진 나라를 위해 이란 이라크 같은 나라도 지원했다니 새삼 놀라지 않을 수 없다. 우리들은 편견을 버리고 우방국에게 우리가 할 수 있는 힘을 다하여 빚을 갚는 나라가 되어야 한다.

70여만 명이 넘는 사상자 낸 전쟁. 1950년 10월에 원산에 상륙한 미 해병대 1사단 1만 2,000여 명의 병력은 맥아더 장군의 명령에 따라 압록강을 향해 진격하다 6만여 명의 중공군에 포위되어 전멸의 위기를 뚫고 전사자와 부상자를 이끌고 산악지대를 빠져 나온 처참한 장면과 장진호의 혈전은 가장 치열한 전투로 이를 지키기 위해 영하 30도의 매서운 혹한 속에 굶주리고 목마른 병사들, 지칠 대로 지친 그들은 총상의 다리를 이끌고 싸운 이야기는 끝이 없다.

밴플리트 장군과 그 외아들

한국전이 한창이던 1951년 4월, 미 8군사령관으로 부임하여 연합군을 이끌며 혁혁한 공로를 세운 미 웨스트 포인트 출신인 제임스 A 밴플리트 대장의 사랑하는 외아들 짐 밴플리트 공군 중위는 전폭기 조종사로 한국전에서 산화했다. 우리의 정서로는 외아들을 이름도 모르는 나라의 전쟁터에 보낼 수 있겠는가. 하지만 미국인은 나라의 명령에 사랑하는 아들을 바쳤다. 우리나라를 구하는데 이처럼 자기 목숨 같은 아들까지 바쳤다는 것을 우리는 결코 잊어서는 안 된다. 자유란 결코 거저 주어진 것이 아니다.

"내 뼈를 한국에 뿌려다고"

한국전에 참전한 한 영국용사는 자기 유해를 한국에 뿌려달라고 유언했다. 그는 평생을 한국을 그리며 살았다. 죽을 고비를 넘기며 이 땅을 지킨 그 이기에 애착이 남달랐다. 그는 영국 보병 웰링턴 공작 연대 소속 이등병으로 출전했던 스콧 베인브리지씨다. 그는 1951년 4월 클로스터 벨리로 불리던 설마리 지금의 파주군 적성면에서 중공군 63사단과 혈전 끝에 극적으로 생환, 귀국 뒤에도 전화戰禍를 겪은 한국인에게 연민의 정을 느끼며 한국과 한국인을 그리워했다.

몇 년 전 한국을 찾은 참전용사 50여 명과 함께 아버지의 유골함을 들고 방한한 딸 사라씨는 설마리에서 열리는 클로스터 벨리 전투 기념식에 참석, 아버지의 유해를 영국군 참전 기념비 주변에 뿌리기도 했다. 영국은 미국 다음으로 87,000여 명의 병력을 파병했고 이중 1,109명이 숨지고 2,674명이 부상, 현재 고국으로 돌아가지 않은 800기가 부산 유엔묘지에 안장되어 있다.

"전투화 한 번 못 벗고 90일간 전투"

2005년 55년 만에 다시 방문한 그는 한국의 발전에 놀라는 터키용사. 뮈크레민 에누란씨는 6 · 25를 앞두고 용인시의 초청으로 동료 14명과 방한했다. 그들은 1950년 7월 5,000여 명의 터키군으로 1개월 동안 배를 타고 와서 한국전에 투입되었다. 당시 한국은 폐허가 되어 먹을 것이라곤 없었다. 터키 보병부대는 수적으로 절대 열세였지만 용인 김량장리에서 중공군을 만나 치열한 전투 끝에 승리했다. 전투 당시 진흙탕 속에서 90일 동안 전투화를 벗지 못해 양말이 신발 안에서 썩었다. 이는 공산주의자로부터 나라를 지켜야 한다는 사명감에 썩는 줄도 몰랐다고 회상 한다.

"조국이여, 소년병을 잊었는가."

1950년 8월 10일 국군 제3사단 소년병 71명은 포항시 포항여중 앞 벌판전투에서 전멸했다. 소년병이란 징집 연령 18세 미만인 14세에서 17세의 어린병사다. 부모에게 응석을 부릴 나이에 키보다 큰 총을 들고 전쟁에 뛰어 든 이들을 기록한 전사戰史도 없다. 다만 6 · 25 전쟁 당시 적어도 2만여 명의 소년들이 참전해 2464명이 전사 했다. 그들이 지금 살아 있다면 78세에서 79세쯤 될 것이다. 일본의 압정 때 나라 잃은 백성이 어떻게 살았는지 똑똑하게 보았기 때문에 다시는 나라를 잃을 수 없다는 그 마음 하나로 입대했다. 다부동 전선은 개전 후 2개월이 지나자 낙동강까지 밀린 국군과 유엔군은 최후의 방어선을 대구의 관문에 구축했다. 이 방어선을 지키느라 매일 500명에서 600명의 사상자가 발생했다. 백척간두百尺竿頭의 위기에서 조국은 결국 소년 지원병까지 전선으로 불렀다. 헐렁한 군복과 철모를 쓰고 어깨에 맨 총이 땅에 끌리다시피 한 소년병을 고참들은 꼬마라 불렀다. 그 때 소년병이 없었다면 대한민국은 어떻게 되었을까. 인천상륙작전이 성공하기까지 그들은 최후의 방어선의 보루였다. 그들을 결코 잊어서는 안 된다. 경북 칠곡군 가산면 다부동에 전투 참전용사의 명패만 있을 뿐이다. 공산군을 만나 스러진 2464명의 어린 조국의 꽃들을 잊어서는 안 되는 이유가 여기에 있다.

맥아더 장군의 인천 상륙작전의 승리

6·25가 발발한지 두 달이 지나자 전쟁은 낙동강 방어선까지 밀려 철저히 사수해야 하는 경각을 다투는 전황이었다. 1950년 9월 15일 인천상륙작전을 앞두고 미 해병 태평양사령관 루므엘 쉐퍼드 중장, 미 해군 7함대사령관 아서 스트러블 중장, 커트니 휘트니 육군준장, 더글러스 맥아더 유엔군사령관 등 미국 최고 지휘관들은 '마운드 맥킨리호'의 함상에서 최종의 회의를 가졌다. 이는 벼랑 끝에 몰려 있는 대한민국의 운명을 결정짓는 절체절명의 순간에 이루어진 구출의 손길이었다. 1950년

9월 18일 인천상륙작전의 소식을 들은 북한군은 9월 23일 모든 전선에서 철수하기 시작했다. 인천상륙작전을 성공시킨 맥아더 장군과 유엔군, 국군은 9월 27일 서울을 탈환하고 중앙청에 태극기를 꽂는 쾌거를 이루었다.

한국전에서 실명한 뉴질랜드 크레이그씨

1950년 12월 뉴질랜드의 포병하사관이었던 그는 부산을 통해 입국, 북진을 거듭하며 강원도 홍천의 한 전투에서 미군 해병대 지원 임무를 수행할 때 바로 앞에서 포탄이 터져 그 때 눈을 모두 잃었다. 그는 두 눈을 잃고 얼마나 힘겹게 살아 왔을까. 몇 년 전 한국을 방문한 당시 두 눈을 잃었어도 한국의 발전과 역동적인 탄력을 느껴진다고 소감을 말했다. 그러나 "길에서 방황하던 아이들과 전쟁 중에도 하얀 눈이 덮인 아름다운 풍경을 잊을 없다"고 회상했다. 그의 두 눈을 우리는 어떻게 보상해 줄 수 있을까. 참 너무 미안한 마음이 아프게 다가온다.

한미연합사 사령관 월터 샤프의 증언

나의 아버지도 최대 격전지 참전용사였다. 한미연합사의 사령관이 아버지인 얼 샤프 예비역 대령(2006년 사망)은 6 · 25전쟁 때 최대 격전지였던 강원도 양구군 해안면 최전방 펀치볼 지구에서 싸웠다. 이는 군사적 요충지로 국군과 유엔군, 북한군과 중공군이 뺏고 빼앗기는 격전지로 유명했다. '피의 능선' '단장의 능선' 으로 불릴 정도로 수많은 사상자를 냈다. 이곳 펀치볼은 움푹 파인 화채그릇을 닮았다 하여 외국인 종군기자가 인근 가칠봉에서 내려다 본 모습에 붙여진 이름이다. 해발 1,100m 이상의 산에 둘러싸인 분지로 면적은 여의도의 6배가 넘는 44.7평방 km에 이른다.

샤프 사령관 아버지는 1997년 그의 준장 진급을 축하하기 위해 처음이자 마지막 한국을 방문했을 때 한국이 세계 강대국의 하나로 우뚝 섰다는 사실에 매우 놀라워하며 자신의 땀과 피를 흘려가며 지켰던 한국에서 또 아들까지 복무했던 것을 무척 자랑스러워했다고 전한다. 1952년 미국에서 샤프 사령관이 태어났을 당시 그의 아버지는 미 캘리포니아 주 방위군 제40사단 보병 소대장인 중위로 6 · 25전쟁에 참전했다. 샤프 사령관의 아버지가 근무했던 미 40사단은 6 · 25 전쟁 중에 장병의 주머니를 털어 경기도 가평에 40사단의 첫 희생자의 이름을 따 '카이저 스쿨' 을 세웠고 이것이 오늘 날 가평고등학교가 되었다. 그 당시 사단장의 이름을 딴 '클리랜드 홀' 도 있다. 이처럼 샤프사령관 부자와 주한미군, 유엔군은 한국을 사랑했다.

한편 1952년 10월 미 해병대 1사단 소총 분대장이었던 오브라이언 소위는 경기도 갈고리 고지 전투에서 팔에 총상을 입고도 분대를 이끌고 4시간여 동안 육박전을 포함한 교전 끝에 지원부대와 함께 고지를 탈환한 공로를 인정받아 1953년 10월 드와이드 아이젠하워 대통령으로부터 미국 최고의 무공훈장인 '명예 훈장(Medal of Honor)' 과 2개의 전상훈장을 받았다. 남의 나라를 위해 온 몸을 던져 승리한 그가 그지없이 고맙다. 조지 H 오브라이언은 2005년 3월 11일 폐기종으로 고향 텍사스에서 78세로 숨졌다고 워싱턴 포스트는 보도했다.

흥남항에 몰린 북한 피난민을 구출한 인간애의 극치

북진을 계속하여 압록강까지 이른 유엔군과 국군은 중공군의 인해전술작전으로 철수하기 시작했다. 1950년 12월 23일 예하의 폭파팀 소속의 빅토리호는 흥남의 모든 군수물자와 항구설비 등을 폭파하고 전투에 필요한 폭약과 군수물자 대신 피난민을 구출하는 인도주의적인 인명구출작전이 전개 되었다. 흥남부두에 몰려든 피난민을 미 해군 상륙정 제퍼슨 카운티호(Us Jefferson County)와 미 화물선 메러디스 빅토리호는 무려 14,000여 명의 생명을 구출해 냈다. 레너드 라루 선장은 물도 없고 먹을 것도 없는 3일 간의 항해 끝에 단 한 명도 희생됨이 없이 피난민을 구출해내는 데 성공했다. 그 와중에 5명의 새 생명을 탄생한 기적도 일어나 '생명의 항해' 라고 말한다. 미국의 인간애가 아니었다면 그들은 어찌 되었을까. 참으로 6 · 25전쟁에서 또 하나의 잊을 수 없는 히스토리를 엮은 고마운 일이다. 그 레너드 선장은 1954년 미 뉴저지주 뉴톤의 성 바오로 수도원에서 일생을 창조주께 헌신하는 수도사가 되었다.

미 6 · 25 종군기자 마가릿 히긴스

우리가 기억해야 할 중요한 한 사람이 있다. 마가릿 히긴스(Marguerite Higgins)는 6 · 25 발발 이틀 후 뉴욕 헤럴드 트리뷴의 종군기자로 한국에 왔다. 전쟁터를 종횡무진 누볐던 전설 같은 여성 종군기자다. 한국전쟁에서 낚아낸 수많은 특종과 현장기사로 여성으로는 처음으로 1951년에 퓰리처상 국제부문상을 탔다. 미태평양 사령관 맥아더장군은 전쟁이 터지자 사흘 뒤 전선현장을 시찰한 후 도교에 돌아가려고 비행장에 도착했을 때 활주로에 앉아 기사를 쓰고 있는 그녀를 보자 어이없어 했지만 도교행을 얻어 타고 가면서 미국 지상군이 파병될 것이라는 특종을 얻어내기도 했다. 맥아더가 인천상륙작전을 감행할 때 그는 다섯 번째 상륙정에 타고 미군들과 함께 유탄과 기관총이 빗발치는 전투현장을 뚫고 상륙현장을 써냈다. 그녀는 언제나 최전선을 취재하고 미국 본사의 복귀명령도 어기며 살아있는 현장감과 화약 냄새가 묻어나는 기사를 보냈다. 그는 라이프 잡지의 표지인물로 특집까지 실렸다.

하긴스 기자는 1951년에 「한국에서의 전쟁」이라는 책을 써 미국에서 베스트셀러가 되었다. 그는 이 책에 한국전의 실상과 미국의 한국전 참전의 가치를 역설했다. 이 책을 들고 미국 순회강연을 다니며 "한국을 도와야 한다"고 호소했다. 책에는 수많은 무용담과 일화를 남겼다. 그는 1920년 홍콩에서 태어나 24년 간의 기자생활을 하며 베트남과 콩고내전 등 늘 전쟁터를 누비다 베트남에서 열대병을 얻어 1966년에 46세의 아까운 나이로 사망했다. "한국전은 반드시 이겨야 하고 그럴 가치가 있다. 수 만 명의 미국 젊은이들이 희생하며 한국을 지켜냈다는 자부심을 미국은 가져야 한다" 며 설득했다.

히긴스는 한미 혈맹의 상징이 되었다. 군인도 아닌 그를 미국정부가 알링턴 국립묘지에 안장한 이유다. 미국 국립묘지에 있는 존 F 캐네디 대통령 묘에서 50m 떨어진 곳에 있다. 2005년 워싱톤에 있는 한국문화원에서는 제60주년 광복기념일에 재미 음악가가 그녀를 위해 특별히 작곡한 '히긴스의 눈에 비친 한국' 이란 음악을 케네디 센터에서 처음 연주하며 그를 기렸다. 2010년 9월에는 늦게나마 외교통상부에서 추서하는 외교훈장 '흥인장' 을 받기 위해 그의 딸 린다 밴더블릭 박사가 손자와 함께 내한했다. '나보다 남을 먼저 위할 줄 알아야 한다' '자유란 거저 주어지는 게 아니며 한국인은 자유를 얻을 권리가 있다' 라고 딸은 그의 어머니의 가르침을 전했다. 딸은 어머니의 뒤를 이어 기자로 활동하다 상담심리학을 하고 있다.

그 외도 한국전에서 실종하고 산화한 공군조종사의 눈물 나는 이야기 등 다 쓸 수 없는 감동 스토리가 많다. 전투를 하다가 전우가 전사하면 다른 전우는 공황상태에 빠져 다시 싸울 수 없을 때 서로서로 달래며 싸우던 일, 전사한 전우의 죽음을 기록하는 침착한 전우도 있었다. 우리의 강토는 성한 데가 없이 치열한 전투로 망가졌다. 아프리카의 에디오피아는 122명이 전사했다. 정치 경제가 어려워 삶이 파탄에 빠진 이 나라. 전쟁이 멈춘 지 65년이 되었지만 그들은 한국을 위해 다시 참전할 것이라고 에디오피아를 방문한 한국인에게 말한다. 어려운 그들을 우리는 도와야 한다. 우리는 참으로 많은 사람들과 많은 나라들의 희생으로 자유를 얻었고 이렇게 번영을 누리며 세계의 경제대국으로 성장 했다.

우리는 경제협력개발기구(OECD)의 개발원조위원회(DAC)의 24번째 회원국이 되었다. 1961년 개발원조 위원회의 출범한 이래 우리는 원조수혜국에서 원조 공여국으로 지위가 바뀐 첫 번째 국가가 되었다. 우리가 진 빚도 아낌없이 갚아야 하며 인천상륙작전의 주인공 맥아더 장군은 사적인 이승만 대통령과의 친분으로 더 많은 애정을 쏟았다는 사실을 결코 잊어서는 안 될 것이다.

다시 보는 유엔

2

다시 보는 유엔

우리가 유엔에 가입한지도 24주년이 되어 지난 2011년 이명박 대통령은 뉴욕에 도착해 유엔총회에서 연설을 했다. 10월이 다가오면 잊었던 국제연합일이 상기되어 다시 한번 유엔을 돌아보는 계기가 되었다. 10월 24일은 국제연합일이다. 내가 학생 때만 해도 참으로 고마움이 물씬 풍기는 거나한 행사를 가졌다. 그러나 지금 학생들이 유엔 데이(day)의 의미를 얼마나 알까, 의구심이 난다. 들어 보기나 했을까. 이제 달력에서조차 지워져 보이지 않는다. 무엇인가 바쁘게 돌아가는 국내외 정세 속에 놓치고 가는 일이 허다하다. 지금 유엔의 기능이 예전만 못하다고 하지만 그러나 UN과 한국은 현대사 속에서 땔 수 없는 특별한 인연이 있다. 1945년 UN의 창설로 UN은 대한민국을 승인하고 한국전쟁에 맨 먼저 달려 왔으며 휴전상태에 있는 현재까지도 UN의 주요 사안으로 남았기 때문이다.

세계는 제1,2차 세계대전을 통해 세계인은 승산 없는 비극을 보았다. 이러한 비극을 다시 일어나지 않도록 국제평화와 안보를 유지하며 인류의 진보와 번영을 위함이라는 목적을 가지고 출범했다. UN은 UN헌장이나 국제규범의 준수를 강조하고 이를 어긴 국가에 대하여는 국제사회가 단결하여 억제하거나 방위하고 필요할 때는 군사적으로 국제질서와 정의를 회복하는 것이 주요핵심이 되어 있다.

한국과 UN의 집단 안보

UN 총회의 결의로 파견된 UN한국임시위원단의 감시 아래 남한에서 최초로 민주적 선거를 치루고 1948년 8월 한국은 한반도 유일한 합법적인 민주주의 국가로 탄생하는데 UN은 기여를 했다.

바로 1950년 불행하게도 한국전쟁이 일어났다. UN은 북한의 무력도발이 있음을 확인하고 UN헌장을 위반한 침략행위로 규정, 이를 억제하기 위해 조치를 취했다. 다행히 UN역사상 최초로 즉각 UN 헌장에 따라 집단안보를 발동하여 공산주의자들과 싸웠다. UN군은 미국이 주류를 이루고 영국, 터키, 호주, 벨기에, 캐나다, 콜롬비아, 에티오피아, 프랑스, 그리스, 룩셈부르크, 네덜란드, 뉴질랜드, 필리핀, 남아프리카공화국, 태국 등 16개국이 참전했다. 그들은 각기 군복도 다른 자기나라의 군복을 입고 들어본 적도 없는 나라에 와서 참전했다. 그뿐이랴. 덴마크, 인도, 이탈리아, 노르웨이, 스웨덴 등 5개국은 의무부대와 의무선박을 파견했다.

UN은 안보분야 이외도 한국의 경제, 사회 발전과 국력신장을 위해 대부분의 회원국이 경제적, 재정적, 인도적 지원에 참가했다. 이러한 지원 속에 한국도 온 힘을 다하고 노력해 세계역사상 유례가 없는 전쟁의 참화 속에서 저개발국가라는 오명을 씻고 세계 10대 경제권에 진입할 수 있었다.

현재 국력을 바탕으로 UN분담금, UN평화유지활동(PKO)으로 세계 10위권의 주요 회원국으로 발전했다. 한편 한반도의 평화는 단순히 한반도 당사자의 문제에 국한된 게 아니다. 1953년 7월 27일 휴전협정에 이르기까지 UN은 미국과 더불어 현재까지 참여하게 되었다.

북한과 UN

북한은 UN에 대하여 이율배반적 논리를 취하지만 국제적 위상은 어쩔 수 없어 UN에 가입하려고 노력해 1991년 남북한이 동시 가입했다. 북한은 어려울 때마다 식량문제 등 UN에 지원을 요청하지만 1990년 초 핵문제로 UN안보리와 그 산하 기구인 IAEA의 권한으로 핵 실험한 북한을 제재하는데 골칫거리가 되고 있다. 현재까지도 핵문제로 세계인의 염려의 대상이 되어 북한은 UN헌장을 위반하고도 유엔회원국의 자존을 지킬 수 있는지, 그들은 지금까지 진전이 없다.

UN의 기구

UN의 산하에는 여러 가지 기구가 있다. 우리 귀에 익숙한 국제노동기구(ILO), 세계식량기구(FAO), 세계보건기구(WHO), 국제원자력기구

(IAEA), 유네스코(UNESCO:교육, 과학, 문화) 등 다섯 기구가 있다.

우리나라는 2005년 7월부터 40시간 주 5일 근무제가 실시되었다. 노동운동자들이 요구한 준거는 대부분 ILO가 제공한 자료에 준해 왔다.

FAO는 우리도 수혜국이고 북한도 수혜국이다. 이는 국가간의 이해부족으로 평화체제를 구축하기 어려운 것을 씻기 위해서는 과학, 교육, 문화의 교류가 절실하여 부족한 국가에 이를 돕는 기구이다. 유니세프는 1946년 개발도상국 아동의 복지향상을 위해 설립한 국제연합의 특별기구다. 아시아나항공은 항공기 후미 부분에 '우리는 유니세프를 후원합니다(We support UNICEF)' 라는 문구를 적어 놓고 1994년 2월부터 '기내 사랑의 동전 모으기' 를 실시하고 있다. 외국에서 쓰다 남은 동전을 모아 유엔아동기금에 전달하는 운동을 벌이고 있다. 또 아시아나 승무원들과 한국 유니세프담당자들은 베트남에서 '사랑의 집짓기' 를 시작하기도 했다.

유니세프는 1948년부터 1994년 유니세프 한국위원회가 설립하기 전까지 한국 어린이를 위한 많은 지원을 해왔다. 유니세프는 정전 후 분유, 담요, 의약품 등 긴급 구호품을 지원해 폐허 속의 굶주림에 던져진 우리 어린이들의 생명을 구했다. 그 유니세프 분유를 먹고 자란 세대가 지금 한국의 주류를 이루고 있다. 1994년까지 한국에 지원한 규모는 약 2300만 달러에 달한다. 1994년 1월 유니세프 한국위원회가 설립하고서 우리는 수혜국에서 지원국으로 바뀌었다. 한국위원회는 연간 1000만 달러 이상의 기금을 개발도상국에 지원하고 있다. 이 기금은 아프가니스탄, 북한 등 긴급구호지역과 최빈국에 유니세프의 기본 사업에 쓰이고 있다. 한국위원회는 약 10만 명이 넘는 후원자가 유니세프 본부에 송금

하고 있다.

유네스코와 우리

한국전쟁 후 유네스코는 우리나라에 교과서 인쇄시설, 농촌진흥청 등을 세우는데 도움을 주었다. 유네스코 수혜국인 한국은 이제 유네스코에 연간 55만 달러의 분담금을 낸다. 분담금 순위에서 세계11위 국가로 성장했다. 또한 유네스코 한국위원회는 삼성그룹의 후원을 받아 개발도상국에 학교, 극장, 도서실, 방송국, 박물관, 과학관 등을 건립하는 데 지원을 해 왔다. 몽골, 북한 , 말라위, 콩고, 베트남, 파푸아뉴기니, 아프가니스탄, 라오스, 동티모르 등에 교육시설을 지원하고 있다. 그 외 우리의 석굴암, 불국사, 해인사, 해인사 장경판전, 종묘, 창덕궁, 수원 화성, 경주 남산, 고창, 화순, 강화의 고인돌 그 외 많은 문화유적이 유네스코가 지정한 세계문화유산이다. 또 종묘제례, 판소리 등 많은 우리문화가 세계가 인정하는 문화유산이 되었다. 이처럼 한국과 UN은 67여년이 넘게 UN과의 관계발전으로 UN창설 이래 성공적인 국가로 꼽히고 있다.

앞으로 더욱 기대되는 UN

유엔의 중심인물인 사무총장으로 한국의 반기문 총장이 지도력을 인정받아 전적인 신임을 얻고 연임하게 되었다. 세계의 평화를 위해 더욱 봉사 노력할 것이다. 얼마나 자랑스러운 일인가. 우리가 국제사회에서 더욱 우뚝 서기 위해서는 자라나는 어린 날부터 열린 마음으로 우리를 도와주었던 여러 어려운 나라들과 우정을 나누며 국제인의 감각을 철저히 익히기를 가르쳐야 한다.

세계는 21세기 들어 특히 테러와 지역분쟁이 잦다. 여기저기 일어나는 자연재난을 극복 하는데도 홀로서는 할 수 없다. 국제사회의 협력이 절대 중요하다. 이를 위해 유엔의 역할이 점차 중대해질 것이다. 또한 세계평화와 안전을 위협하는 핵의 확산도 힘을 모아 억제해야 한다. 2008년부터 위기와 침체에 빠진 세계경제도 국제사회가 서로서로 공조를 통해 해결해야 한다. 아직도 내란으로 난민이 속출하고 끊임없는 문제가 지구촌에서 일어나 유엔의 책무가 그 어느 때보다 절실하다. 다 같이 잘 사는 세계를 만들기 위해서는 유엔의 역할을 크게 기대해 본다.

우리는 UN의 수혜자인데 세월이 흘렀다하여 유엔을 결코 잊어서는 안 된다. 반기문총장이 우리나라를 대표해 유엔에서 수장으로서의 임무를 잘 수행하고 있다. 우리의 젊은 세대는 우리를 도와주었던 지난 일을 결코 잊지 말고 유엔과 우리나라와의 땔 수 없는 긴밀하고 협조적인 관계를 통해 더욱 발전시키고 유엔의 중심에서 언제나 우뚝 설 것을 당부하며 유엔을 또다시 돌아본 것이다.

위대하고 희망찬 선물

2010년 월드컵 시즌이다.

우리는 오랜만에 환호하며 하나 되어 행복했다. 잔뜩 낀 구름이 걷히는 쾌적한 날처럼 종일 흘가분했다. 천안함의 비극, 나로호의 실패, 4대강, 세종시, 6.2선거의 후유증은 답도 없이 표류한 채 국민의 마음은 제각각 출구를 못 찾고 우울한 나날이었다.

그러나 월드컵에서 들려오는 승전보에 우리들은 하나 되어 낮이나 밤이나 남아공에 가 있었다. 그리스전에서 절묘한 이정수의 선취 골, 테클의 숲을 제치고 바람처럼 내달은 천금보다 귀한 박지성선수의 기적 같은 슈팅, 어떻게 이 기쁨을 견디겠는가. 2004년 유럽챔피언이라는 그리스, 뭣으로 보나 만만한 팀이 아니지 않는가. 나이지리아와 싸우던 새벽 3시 반을 위해 우리는 잠을 설치고 추운 줄 모르고 수십만 명이 거리로 나와 선수들과 마음을 같이 했다. 대한민국을 외치면 왜 이리 가슴이 뛰고 벅찬 눈물이 나는지. 서울에서 지방에서 한 목소리로 노래하고 박수치고 대한민국을 목청껏 지르며 열광하고 행복했다. 16강에 가기 위해 피땀 흘린 우리의 태극전사들이 고맙다. 하루 종일 괜히 웃음이 나오고 보고 또 보아도 질리지 않은 그 화면에서 눈을 뗄 수 가 없다. 온 국민에게 셀 수 없는 위대한 선물을! 우리가 해냈다는 이 사실이 놀랍고 대견하고 기뻐서 말이다.

오늘은 6 · 25 60주년이 되는 날이다. 그 지긋지긋한 6 · 25의 참상을 잊고 있었던가. 잊혀진 전쟁인가. 조국의 산야는 3년 1개월 동안 전쟁터로 폐허가 되었다. 1953년 7월 27일 정전협정으로 총소리는 멈췄지만 조국의 강토는 초토화되어 세계 최빈국 아프리카 가나에 비견되던 국민소득 67불, 우리에게는 가난이 전부였다.

1954년 전쟁의 참화 속에서 처음으로 월드컵 본선 무대를 밟았다. 선수들의 에너지원은 축구팬들이 들고 온 계란꾸러미가 전부였다. 어느 임원이 외상으로 얻어 낸 단복이 긴 여행에 꼬깃꼬깃해 기자들이 의아해 물었다. 비행기 편이 없어 열차를 타고 미군 전용기에 분승하여 스위스에 60시간을 걸려 경기 전날 도착했다. 여독을 풀거나 시차를 극복하지 못하고 비가 오는 진흙탕 속에서 터키에게 0-7, 우승후보라는 헝가리에게 0-9로 뛰고 또 뛰었어도 참패했다. 그러나 선수들은 포기하지 않고 쓰러지면서 싸우고 또 싸웠다.

1954년 우리의 경제는 정말 말이 아니어서 우리국민은 지쳐 있었다. 춥고 배고픈 보릿고개처럼 세계의 벽도 높기만 해서 넘기가 힘들었다.

다음 해 1955년 8월 그리스 아테네에서 제1회 국제군인육상대회가 열렸다. 그 무렵 아직 대학 초년생인 육상의 별로 각광 받던 서영주선수는 공군에 입대하여 넓이뛰기 선수로 출전했다. 세계군인 육상대회에서 세계의 막강한 선수들을 제치고 최연소 서영주선수는 금메달을 획득했다. 선수단 일행은 서영주선수의 개가를 앞세워 금의환향했다. 여의도 비행장은 군악대의 환영주악과 시민들의 태극기 물결이 엄청나게 출렁이고 있었다. 이승만대통령은 선수단을 경무대로 초청하여 큰 치하를 아끼지 않았다. 실의에 빠진 온 국민에게 희망을 안겨 주었고 큰 선물을 가져왔다고 하며 대단한 환영을 했다. 연일 신문에서는 대서특필을 했다. 다음 해 1956년 독일 베를린에서 또 같은 메달을 따서 국민에게 희망과 기쁨을 선사했다.

연이어 1958년 제3회 도쿄 아시아경기대회에서 또다시 60만 교포가 환호하는 메인스타디움에서 첫날 첫 번째 서영주선수의 금메달 수상식이 있었다. 애국가가 우렁차게 울려 퍼지는 가운데 도쿄 하늘에 태극기가 높이높이 휘날리며 올라가고 있었다. 추울 때나 더울 때나 남모르게 외롭게 땀 흘리며 기량을 연마해 오던 선수. 언제나 입버릇처럼 "60만 교포가 보는 도쿄 하늘에 태극기를 올리는 것이 나의 꿈이다"라 하던 서영주선수는 꿈을 기어코 이루고야 말았다. 우리는 지금보다 더 일본 침략에 치를 떨던 그 무렵, 일본의 주 종목이며 우승 후보인 소노다선수를 제쳤고 메인 스타디움의 첫 육상 금메달이었기 때문에 일본신문은 연일 대서특필로 예상을 뒤엎는 일이라 놀라움을 표하며 인터뷰가 쏟아졌다. TV가 없었던 그 때 라디오를 통해 임택근 인기 아나운서의 멘트가 온국민을 라디오에 모이게 하며 굉장한 위력을 발휘했다. 더구나 지도자도 없이 경제학이 전공인 서영주선수는 홀로 외국서적을 통해 기술을 익히며 따낸 메달이라 더욱 값졌다.

"국민 여러분, 기뻐해 주십시오. 우리 고국의 자랑스러운 서영주선수가 일본 선수를 제치고 도교 하늘에 첫 태극기를 올렸습니다. 교포들은 눈물을 흘리며 고막을 찌를 듯한 목소리로 열광하고 있습니다."라고 박력 넘치게 중계방송으로 외치던 임택근 아나운서. 그 목소리가 지금도 귓가에 울리는 것만 같다. 한국에서는 거리마다 프랭카드가 펄럭이고 일본을 제쳤다는데 더 큰 의미를 두고 지축이 흔들리듯 환성을 올렸다. 그 때 온 국민은 일본에게서 받은 상처가 마치 치유된 듯 우리도 할 수 있다는 희망을 준 선물이라 거리마다 열광했다.

별처럼 빛나고 사랑 받던 서영주선수는 그 외 많은 메달을 획득해 국가에 바쳤다. 전쟁의 폐허 속에서 희망의 불씨를 지펴 준 쾌거는 스포츠사에 길이 빛난 업적과 기록으로 남아 많은 후배들의 귀감이 되고 있다.

여자축구의 시작도 남자축구와 크게 다를 바 없었다. 여자축구는 1990년대 초 일본에 1-13으로 무참히 무너졌고 대만이나 태국, 말레이시아에도 밀렸다. 남자축구와 달리 아무도 관심조차 갖지 않았던 그녀들이 또 다른 희망을 우리에게 주었다. 독일에서 열리고 있는 FIFA U-20 여자 월드컵 멕시코전에서 우리 팀이 3-1로 완파하고 4강에 진출하여 세계여자축구의 중심에 우뚝 선 것이다.

1983년 멕시코 세계청소년대회, 2002년 한 · 일 월드컵에 이어 2010년 이번엔 대한민국의 어린 낭자들이 위업을 달성한 것이다.

언제나 인기 없는 종목의 선수들은 남몰래 더 땀을 흘려야 하고 희생을 치루기 일쑤다. 거리 응원도 없었지만 땀 흘린 최선의 결실을 이룬 여전사들이 자랑스럽다. 오래 전 일본 한 복판에서 우리에게 자신감을 주었던 서영주선수처럼 그대들은 우리의 꿈이다. 지금도 비인기종목으로 그늘 속에 오늘도 묵묵히 훈련에 임하는 더 많은 선수들을 돌아보는 계기가 되었으면 한다.

이제 56년이 지난 지금, 우리 선수들이 숨은 땀을 흘리며 세계 60억의 시선이 지켜보는 가운데 유럽도 아프리카도 남미도 주눅 들지 않고 그들을 제치고 슈팅하는 그 자신감에 찬 모습이 고맙고 또 고맙다. 당당하고 야무진 박지성, 이정수, 박주영, 이창룡, 이영표. 기성룡 등… 23명의 태극전사들은 더 이상 변방의 축구가 아닌 세계의 중심에 우뚝 설 수 있다. 미국에서, 파리에서, 일본에서, 독일에서 우리 교포는 하나 되어 열망했다. "그대들은 자랑스러운 우리 대한민국의 장한 아들들이다."

월드컵대회는 시합을 넘어 코리아 브랜드 가치를 높이며 세계에서 제일가는 우리 기업의 이미지를 더욱 높여 세계인이 모두 신뢰하고 감동했으리. 우리는 최빈국에서 세계11권의 경제대국으로 성장했다. 6 · 25 때 신세 진 나라에 빚을 갚는 의리에 찬 나라로 발전했다. 우리의 자긍심과 자존을 지켜 준 대한민국의 "아들들아 고맙다." 그대들이 보내 준 선물, 이보다 더 위대하고 희망 찬 선물이 어디 있으랴.

샌프란시스코 강화조약

우리는 이 강화조약으로 지금까지 피해자이다.

일본은 원폭 피해자라고 어디서나 외치지만 이 조약으로 전범자가 다시 살아난 나라다.

1951년 9월 8일 샌프랜시스코에서 제2차세계대전의 연합국 48개국과 일본 간에 샌프랜시스코 강화조약이 체결되었다. 1952년 4월 28일에 발효된 이 조약은 다시는 전쟁을 일으키지 못하도록 국제적으로 체결한 조약이었다. 그러나 다시는 전쟁을 못하도록 체결된 이 조약이 허점 투성이었다.

일본이 침략하면서 점령한 영토의 반환을 분명하게 명시하지 않아 식민지 범죄행위에 관한 배상이나 책임을 묻지 않는 잘못을 남겼다. 일본이 점령한 독도나 센카쿠에 대한 영유권도 거론되지 않은 상태에서 완전한 청산이 이루어지지 않아 지금까지도 일본은 반환은커녕 자기 영토라는 수위를 높여 동북아 영토분쟁으로 전후 70년이 되는 이 시점까지 그 주장이 점차 더 강해지고 있다. 이는 이 과정에서 식민지 지배에 가장 큰 고통을 겪은 한국과 중국이 승전국의 지위를 인정받지 못해 조약 체결에 참여하지 못했기 때문이다.

제2장 '영토' 조항에서 일본은 제주도, 거문도, 울릉도를 포함한 영유권을 포기한다고 적고 있지만 독도가 명시되지 않아 일본이 끈질기게 독도를 자기 영토라 억지 부리는 근거가 되었다. 강탈한 남의 땅을 조항에서 누락되었다 해서 그것을 구실삼고 있다. 한국과 중국의 당사자가 아닌 체결 당사자의 실수인 이 독도 문제가 지금까지 해결이 되지 않고 있다.

이 때 일본 제국주의에 대한 완전한 청산이 이루어졌다면 일본의 착각을 불식 시키고 동북아의 분쟁의 씨는 소멸되었을 것이다. 또 일본이 뻔뻔스럽게 부인하는 위안부 문제나 난징 대학살 등 역사적으로 분명한 사실을 부인해도 역사의 진실을 밝히기 위해 유엔의 세계문화유산에 등재했다. 일본은 반성은커녕 그 보복으로 유네스코의 분담금을 삭감한다는 졸렬한 반응으로 양심이 그대로 드러났다.

그 조약은 또 패전국 일왕이 책임을 져야 함에도 천황제 존속을 인정함으로써 전범국으로써의 갖가지 국가적 책임 소재를 묻지 않게 만들어졌다. 최대 피해국인 한국과 중국, 필리핀 등 아시아 여러 국가들이 격렬하게 반발하는 것은 당연하다.

그 당시 세계의 구도는 한국전이 발발하여 전쟁 중이고 미국과 소련은 냉전으로 대립하고 중국의 공산주의가 부상되면서 아시아의 정세에서 일본의 지정학적 가치가 공산주의의 확산을 막기 위한 전략적으로 절대적이었다. 미국과 일본은 샌프랜시스코 강화조약 체결 직후 바로 미 · 일 안보조약이 체결된 때였다. 미국은 일본을 지켜주고 일본은 미국의 동맹국으로 탈바꿈 되었다. 일본은 기회를 잡아 한국전에서 전쟁 특수를 누린 수혜자요, 정치 경제면에서 냉전시대의 최고의 수혜자로 돈방석에 앉아 전후복구를 했다.

일본 국민들은 '주권 회복의 날' 로 의미를 부여하고 이러한 조약 뒤에 숨겨진 시대적 최대 수혜로 지금까지 동북아 안보에 미 · 일 강화는 더욱 경고해지고 있다. 이러한 터에 한일 문제가 제기 될 때마다 미국은 양국의 관계개선만 주문하고 있다.

한일 관계에는 샌프랜시스코 강화조약이나 가쓰라-테프트 밀약이 한일 관계의 비극을 잉태한 원인이 된 만큼 역사적 사실을 근거로 미국이 바로 잡아야 하는 대미외교가 큰 숙제이다.

일본의 자위대

제2차대전 패전과 동시 미국 주도로 무장해제를 명시한 일본의 평화헌법이 제정된 후 일본 군대는 사실상 해체 되었다. 그러나 1950년 한국전쟁을 기회로 경찰경비대와 해상경비대가 창설되어 자위대의 전신이 되었다. 1954년 7월 자위대법 제정과 함께 육상 해상 항공 자위대가 출범해 이것은 명백한 군대였지만 역대 일본정부는 자위대의 창설은 독립국가로서 당연한 권리라는 논리를 내세워 위헌이라는 항의에 맞섰다. 일본정부는 현실적으로 자위대 존재를 인정하기 위한 개헌을 계속 시도

해 왔으나 여론의 반대와 개헌의 의석수의 미달로 실패했었다.

애초에는 자기 영토의 영공과 영해로 한정했던 이 자위대가 범위를 넓혀 침략 방지를 위한 공해상 전투는 물론 타국의 영내에 있는 침략군의 기지를 타격까지 확대한다는 것이다. 자위대의 최고 통수권자는 일왕이 아니라 일본내각 총리대신이 맡는다.

일본의 육상 해상 항공 자위대의 병력은 장교만 해도 5만 명에 가깝다. 해상 자위대는 세계5위권에 이르는 막강한 전투력을 자랑하고 세계 군사력 비교에서 자위대는 10위이고 우리나라는 9위이다.

일본 방위성 예산은 지난해 기준으로 593억 달러(GDP 대비 1%)이다. 한국은 317억 달러, 중국은 1660억 달러, 미국은 6820 달러이다. 일본이 재무장하기 위해 이즈모 호위함 진수, 대륙간 탄도탄 로켓발사도 하고 있다. 아베는 수륙 기동단 창설도 공언하고 있다. 이것이 바로 이웃의 위협이 되고 있다.

평화 저버린 아베정권

아베신조(安倍晋三) 정권의 집단 자위권법은 일본이 공격을 받지 않아도 동맹국을 위해 무력을 사용할 수 있게 된다. 일본의 방위력은 사실상 제한 없이 사용해 전쟁을 할 수 있는 국가로 복귀한 것이다. 전범국가에서 제2차대전을 일으켜 패전한 지 70년 만에 재무장한 것이다. 그간 일본은 전쟁과 무력행사를 할 수 없는 평화헌법 9조에 따를 수밖에 없었다.

패전 70년 만에 집단 자위권 법안을 처리하려는 여당과 지연시키려는 야당의 지연작전과 눈물겨운 투쟁과 육탄저지에도 불구하고 기어코 통과되었다. 시민단체, 시민, 학생들이 국회의사당 앞에서 법안통과를 반대하며 헌법 9조를 파괴하지 말라는 구호와 격렬한 시위를 했다. 아베의 독주를 막고 아베 퇴진의 시위도 재점화 되고 차세대 주자 고이즈미 차남까지 아베정권의 독주에 전면 비판하지만 아베는 그 행보를 멈추지 않는다. 그러나 아베총리가 자민당 총재직을 무투표로 연임함에 따라 3년 더 장기 집권 할 때 무슨 아베 노믹스가 튀어 나올지 그의 향배가 심히 우려된다.

우리는 일본 자위대가 어떤 경우라도 북한지역 진입을 한국정부의 동의 없이는 할 수 없다고 하지만 일본은 사실상 거부하고 있어 한반도 유사시 일본의 집단자위권 행사를 놓고 논란이 제기되고 있다.

고종황제는 풍전등화 같은 나라의 위기를 맞아 역사교육의 중요성을 강조했으나 조정의 신하들은 정쟁에만 휘말려 망국의 비극을 자초했다.

지난 역사를 뒤돌아보며 100년 전과 조금도 다름이 없다. 바른 역사관으로 나라를 굳건히 지켜야 할 때도 바로 지금이다.

생지옥

슬픔을 넘어

거꾸로 가는 세상처럼 2014년 4월 16일 유병언이 쳐 놓은 그물에 걸려 진전 된 것이 하나도 없이 우리는 모두 오도 가도 못하는 형국이 되었다.

수장된 자식을 잃은 부모들은 남녘 끝 진도로 줄달음질치고 안산 자원봉사자 운전기사들은 내 자식 잃은 마음으로 그 부모들을 태워 도로는 분주했다. 4개월이 지날 때까지도 밥을 짓고 국을 끓이고 반찬을 만들어 전국의 방방곡곡 어머니회원 몇 만명은 새벽잠을 설치며 앞 다투며 컴컴한 새벽에 그들을 위로 하려고 달려갔다.

꽃피는 봄철이었건만 나라 안은 초상집이라 검은 옷을 걸치고 이제나 저제나 해도 왜 그리 바람은 불고 파도는 높기만 하는지. 잠수원들을 그 위협을 무릅쓰다가 두 명이 생명을 잃고 더운 여름날에도 노란 리본을 달고 애태워도 아직 돌아오지 않는 영혼들. 이제 슬픔을 넘어 온 국민의 응어리가 되어 시장에 나가 장사도 못하고 생업을 놓고 밥이나 먹고 사는지. 이도저도 안되어 경제는 바닥을 헤매고 이제 좀 살아보자 여기저기 아우성이 일고 넋 나간 사람들처럼 온통 나라 안에 웃음이 사라진 지 오래다.

공직자들이 팽목항으로 진도로 달려 와 라면을 먹다가, 사진을 찍다가 여러 명 다치고 안산의 거리에는 노란 리본이 바람에 나풀거려 눈물을 쏟아내지만 유병언을 잡는데 국가의 힘을 빼고 진이 빠진 검찰과 경찰은 애쓰고도 아무것도 보인 게 없어 세월만 축냈다. 태어나지 말아야 할 유병언은 세상 돈 다 갈취해 거머쥐고 마음대로 휘두르다 생사람만 잡고 산에서 혼자 구더기 밥으로 널브러진 마지막 모습이 처참했다. 이것을 인과응보라 했던가.

이런 속 터지는 아픔인데 총리라고 지명 받은 사람은 청문회에 나와 위안부가 어떻고 일본 사람들이 박수 칠 소리나 연거푸 늘어놓아 국민들을 분노케 했고 난데없이 동문서답으로 게으른 조선 사람을 들먹거려 국민들의 속을 뒤집어 놓았다. 나오는 인사마다 함량 미달한 추천인사로 국력을 소진 시키고 국민들을 화나게 했다.

민심은 사분오열로 복잡한데 하루가 멀다 하고 열차가 언제, 어디서 멈춰 설지 몰라 시민들은 불안했다. 시민의 발이 되어야 할 철도가 사고가 급증하여 사고철, 고장철이라고 불린 지 오래다. 상왕십리 추돌사고, 경인선 전동차 역주행, 금정역 전기장치 폭발, 태백 영동선 열차 추돌, 부산 지하철, 대구 지하철 등 어디고 성한 날이 없는 인재人災로 승객의 안전은 뒷전인 구조에 언제나 철렁철렁 우리의 가슴을 쓸어내리며 떨었다.

이 와중에 김해의 강요된 성매매와 폭행에 심신이 망가진 여고생이 숨졌다. 포천 빌라 살인 사건은 체구도 작은 여인이 그렇게 끔찍한 살인을 하고도 멀쩡하게 시신과 함께 살았다니 사람으로 살기를 포기한 소름끼치는 사건이다. 어린 여중생을 성매매 시키고 암매장한 사건들이 모두 생지옥과 같아 우리는 지쳐 슬프게 했다.

유병언 때문에 사회는 어수선하고 혼란한 와중에 또 전남 요양원의 치매할머니 21명은 속절없이 불에 타 죽었다. 스프링 쿨러 하나 없어 고스란히 사망한 아픈 사고를 보며 어떻게 우리가 즐거운 세상이라 할 수 있는가. 유병언의 분노에 묶인 우리는 수개월 동안 이 생지옥을 왔다 갔다 했다.

아들의 병영 생활

우리 아들도 대학 1학년을 마치고 군에 입대했다. 너무도 끔찍한 사건이 연이어 터져 군에 다녀 온지 15년이 넘은 아들에게 물었다. 마음속으로는 지금이 아니고 진즉 군을 제대한 것이 얼마나 다행이라 여기면서 말이다. 그 때에도 구타 폭행은 없을 리 없었건만 아들은 한 번도 그런 내색을 하지 않았다.

아들을 군에 보내고 통지서를 받고 논산 훈련소에 면회를 갔다. 아들은 그을린 얼굴에 소대장을 했는지 훈련 중 목소리를 많이 질러 목이 쉬어 있었지만 신병 중에서 선발되어 열심히 군 생활을 하는 그가 안쓰러우면서도 대견했다. 논산신병 훈련을 마치고 자대 배치되어 신고 간 신발과 옷이 소포로 도착되었다. 나는 아들을 만난 듯 그 소포를 끌어안고 얼마를 울었다. 지금도 그 생각을 하면 눈물이 고인다.

얼마를 지나자 소속 부대장님에게서 편지 한 통이 왔다. 잘 데리고 훈련 잘 시키겠으니 이제 안심하셔도 된다는 편지였다. 나는 너무 반가워 바로 답을 썼다. "아직 더 성장해야 하고 입시에 시달려 미처 배우지 못해 배울 게 너무 많은 철없는 아이를 맡아 주셔서 고맙습니다. 궁금한 엄마에게 소식 주셔서 고맙습니다." 라는 요지의 편지를 써서 부대장님께 보냈다. 그러자 다시 답신이 왔다. "25년 군 생활에서 부모님으로부터 답을 받아보기는 처음 있는 일이다" 라며 반가운 답신을 받았다. 그 후로 면회를 가면 커피를 내 주시고 언젠가는 외박의 허락도 받는 특혜를 누리며 아들의 병영 생활을 조금도 의심하거나 걱정을 해 보지 않고 무사히 복무를 마칠 수 있어 더욱 감사한다.

병영 잔혹사

얼마 전 최전방 GOP에서 총기 난사 사건으로 나라 안이 요동쳤다. 아까운 병사가 희생되고 그는 왕따를 당하고 무시하는 데에 대한 앙심으로 보복했다. 군대의 사고를 접한 국민은 너무 놀랐다. 그렇지 않아도 세월호 정국에 어수선한데 참다 참다 맞아 죽은 윤 일병이 또 나왔다. 윤 일병 사망사건으로 드러난 병영 내 폭행사건은 잔인하고 가혹해서 그 지경이면 누군들 견디지 못하고 장 파열이나 기도 폐쇄증으로 죽는다. 인격을 모독하고 땅에 뱉은 가래를 핥아 먹으라는 짓이 사람이 할 짓인가. 짐승에게도 못할 악행이다. 풍뎅이를 잡아 입에 넣고 대걸레 막대기가 부러지도록 때리다니 나라를 위해 젊음을 바치고 나라에 봉사한다는 참신한 애국심으로 입대 했는데 적도 아닌 선임병이라는 이름으로 죄인 패듯 막대기가 부러질 때까지 교대로 때렸다니 이곳이 도살장인지. 나도 맞았으니 너도 맞아보라는 듯 대물림으로 폭행이 일상화 되어 있다니 그곳을 대한민국 군인들이 생활하는 곳이라고 누가 말 할 수 있는가. 출혈을 하면 치료해서 또 때리고 수액으로 살려내 다시 가혹행위가 이어지다니 이것이 난무하는 부대가 어떻게 힘을 결집해 적과 싸울 수 있겠는가.

가정의 희망인 소중한 내 아들을 군에 보내는 것은 나라를 지키고 나라에 헌신한 보람과 자긍심을 길러 주기 위해 우리는 4대 국민의무 중의 하나인 국토방위의 의무를 수행하기 위해 군에 기꺼이 지원해 간다. 그래서 보람을 느껴 철없는 사람은 군을 다녀와야 만이 사람이 되고 성숙한 남자로 성장한다고 믿어 왔고 그래서 군은 국민의 사랑을 받아왔다. 그러나 이곳이 도살장처럼 틈만 나면 폭행하고 짓밟아 죽음 직전이라면 누가 군에 가겠는가. 때려 맞아 죽고 화장실에서 자살하고 온갖 신체의 가혹행위로 군에 있는 젊은이들은 피해망상증에 걸려 있다. 어느 때 누가 또 잔혹한 행위를 가할지 얼마나 불안하겠는가.

이라크 전쟁 때 영국의 왕위계승 서열 3위인 해리왕자(당시 22세)는 교대근무차 다른 장병들과 똑같이 복무하겠다고 자청했다. 중위인 해리왕자는 탱크와 병력을 지휘하게 되는데 이라크 무장단체는 그를 공격한다는 예고까지 있어 입대의 반대에도 불구하고 국가안보에 왕실이 모범을 보여주어야 한다고 왕실의 노블레스 오블리주를 실천한 것으로 유명하다.

모병제인데도 영국의 애국심을 보면서 우리 군인들의 자세를 생각케 한다.

이런 군대가 어떻게 일심 단결한 강군이라고 할 수 있는가. 조금도 정정당당하지 못한 비겁한 오그라진 기죽은 남자로 병영생활을 하다니. 이런 연약하고 유약해서 눈치만 보는 군이 어떻게 적과 싸우겠는가. 불만투성이로 불안 초조하면서 어떻게 힘을 모으겠는가. 가혹행위 인격모독행위로 심신이 다 지쳐 있는 우리 대한민국의 군인 사기는 겨우 이것이란 말인가. 사나이로 태어나 후임병이나 때리는 것이 자존심을 찾는 일인지. 다른 세계에 나가 크나큰 꿈을 펼쳐야 할 사나이가 못된 짓에 묶여 아주 아주 못난 병신짓에 함몰해 있다는 것은 분통 터지는 일이다.

이는 육군만이 아니다. 공군 해군 심지어 해병대 의무경찰까지 이 인권 없는 고질병이 오래도록 내려와 대물림된 불치병으로 만연해 있다. 이 이유 없는 폭력이 근절되기 위해서는 은폐와 축소에 급급하지 말고 실상을 제대로 파악하고 총체적 병력관리를 다시 해야 한다. 얼마나 위계질서가 무너졌으면 하사가 병장에게 '형님' 이라 하겠는가. 한심한 단면을 본다. 이 야만적이고 악마적 만행을 근절해야 강군이 된다.

지도력은 힘으로 되는 게 아니다. 기를 잡는다고 사람 잡는다. 대한민국의 군인은 우리국민의 보석 같은 자원이다. 이 자원이 쓸데없는 체력의 소모와 낭비로 약골이 되어서는 안 된다. 지금 우리는 북한과 대치상태 있어 한시도 긴장을 늦출 수 없는 긴장을 해야 할 시기에 스스로 힘을 빼는 일은 절대 없어야 한다. 철저한 개혁만이 다시 태어나는 군대가 될 것이다. 한 사람의 일병도 한 사람의 병장도 소중한 우리의 자식이며 대한민국의 튼튼한 버팀목이다. 국토를 보위하고 우리의 생명과 재산을 보호하기 위해 청춘을 바치는 자랑스런운 주인이다. 한 사람도 자살하지 않도록 지도자와 지휘관의 세세한 보살핌과 사랑만이 불신의 병영관리와 불안한 병사들의 심경을 다스릴 것이다. 여기에도 선임병이라고 교만하지 말고, 지휘관은 내 아우, 내 형제처럼 위로와 격려로 서로 보듬고 사랑한다면 단결한 힘이 축적되어 강군이 될 것이며 그를 믿고 보낸 부모들이 불안에 떨지 않고 편안한 잠을 잘 수 있기를 비는 마음이 너무도 간절하다.

문학과 경제의 시대정신

우리가 경제를 떠나서는 살 수 없다. 오래 전 농경사회 산업사회 정보사회를 뛰어오면서 우리 민족의 파란만장한 역사 속에 경제는 늘 흔들렸다. 우리가 최빈국에서 아시아의 용으로 불리며 고도성장을 구가하고 여기까지 달려와 후진국이란 오명을 벗고 G20의 의장국으로 큰 회의를 거뜬히 해낸 자신감은 무역 1조 달러 달성의 저력에서 나왔다.

이제 한국은 큰 전환점을 맞고 있다. IMF를 거치며 기존의 시스템 구조가 모두 무너지고 생소한 글로벌 스텐다드가 자리 잡으며 도산과 구조조정으로 뼈아픈 시련도 겪었다. 더구나 글로벌 경제위기의 더딘 회복세 속에서 2011년 12월 5일에는 무역 1조 달러 달성이라는 세계 7위의 무역수출 경제대국으로 성장시킨 산업역군들의 노고를 잊어서는 안 된다.

세계 제1 · 2차 대전의 도발자이고 패전국인 독일은 종전 이후에도 승전국에 배상금을 갚느라 300%의 인플레션에 시달리며 식빵 하나를 사기 위해 바구니에 마르크화를 가득 채워 가야 했던 가장 어려운 나라였다. 그러나 그들은 라인강의 기적을 이루고 1990년 통일독일을 이루어 유럽연합의 모든 나라가 재정위기로 허덕이는 속에서도 나홀로 호황을 누린다. 재정위기로 시달리는 유럽연합 여러 나라의 엘리트 구직자들을 불러 모으는 독일 경제의 힘은 막강하기 때문이다. 유럽의 죄인이 유럽의 리더로 떠올라 있다.

이러한 터에 교육과학기술부가 경제관련 교양과목을 없애려다 학계와 전문가들의 반론의 저항에 부딪쳐 오히려 필수과목으로 강화하는 쪽으로 선회했다. 미국을 위시한 우크라이나나 뉴질랜드 호주 등 많은 나라들이 필수과목인 경제교육에 대한 투자를 아끼지 않는다. 이는 '합리적 소비와 사고, 올바른 경제논리' 를 배워 혁신부문에서 세계의 선두주자의 자리를 유지하는 것도 다 조기 경제교육의 힘을 입은 바 크다. 그에 비하면 한국의 경제교육은 문맹에 가깝다는 우려의 소리가 쏟아진다. 우리는 시대의 조류에 따라 선진경제도 알아야 출렁이는 위기 속에 살아남을 수 있다.

문학의 시대정신

문화의 시대라는 21세기. 문화의 중심에 서 있는 문학은 그 시대마다 위대한 민족정신을 이끄는 지주가 되어 왔다. 짓밟힌 지난 세기에 윤동주 시인의 시와 그에 담긴 우리의 얼은 면면히 살아 있었다. 심훈의 시

「오 조선의 남아여, 그 날이 오면」 이 한편의 시는 우리 민족의 분노를 다스리고 민족정신을 결집하는데 힘이 되었다. 한용운 이상화 등은 우리 민족 정기의 지주가 되었다.

1970년대 김지하 시인의 시 「푸른 옷」은 그가 영어囹圄의 몸으로 민주화 운동을 하며 고난에 지친 우리에게 용기를 불러일으키고 방황한 젊은이에게 절망에서 다시 일어설 수 있는 강인한 정신을 주었던 것은 시의 위력이요, 문학의 힘이다.

그러나 이제 우리는 춥고 배고프지도 않으며 민주화를 위해 화염병으로 시위를 해야 할 때도 아니다. 세계는 총칼로 싸우기보다 화폐전쟁, 경제전쟁의 시대가 도래 했다. 부전자원 없는 우리가 이만큼 사는 것도 1997년 11월 500억 달러가 없어 IMF에 구제금융을 받던 굴욕적인 그 때를 잘 넘긴 때문이다.

이제 우리 문학도 경제에 관한, 화폐에 관한 인간의 본성과 야욕, 비리와 비극 등을 파헤치며 숭고한 문학정신으로 바른 경제, 정의의 편에서는 시선을 돌려야 한다.

1929년 10월 20일 목요일 주식 폭락으로 미국 월가의 주식시장은 붕괴되었다. 경기는 후퇴하고 공장이 문을 닫자 미국 노동자의 25%가 실직하고 불황의 여파는 즉시 그대로 유럽에 번져 세계대공황을 겪게 되었다.

미국 서부의 노동자와 농민들은 그들의 대출금을 갚지 못해 집과 농토를 버리고 자본주의 비정함을 뼈저리게 아프며 유랑해야 했던 처참한 그 때. 오클라호마의 하늘을 뒤덮는 모래바람은 가난한 농민들이 더 이상 살 수 없는 곳이 되었다. 그 곳을 떠나 그들은 기아와 질병에 허덕이며 걷고 넘어지며 가족 해체로 참혹한 생활 속에서 기회의 땅 캘리포니아에 이주했다. 그곳 포도 농장에서 10만 명의 빈농들이 살아가는 비극적인 운명을 그린 작품, 가난에 굴하지 않고 이상을 추구한 그들의 삶을 감동적으로 펼친 위대한 작품, 바로 「분노의 포도(Grapes of worth)」는 퓰리처상과 노벨문학상을 수상한 작품이었다. 이 분노를 표출한 존 스타인백이라는 위대한 작가가 있었기에 노동자와 농민들의 참혹한 생활을 허구가 아닌 실체임을 생생하게 직시하도록 써 냈다. 묻혀질 뻔한 사실을 빛나는 교훈으로 남긴 것은 작가의 시대정신의 덕이다.

문화가 이끈 경제

문화와 문학이 부를 이끈다. 지적자산으로 부를 창출하고 시대를 초월한 상상력과 감각으로 창작하는 우리의 격조 높은 문학을 기대한다.

문학을 사랑하는 영국은 "셰익스피어를 잃느니 차라리 인도를 버리겠다"라고 했다. 그들의 번영을 가져온 식민지였던 인도의 목화수출로 영국의 섬유산업이 발달하면서 산업혁명의 원동력이 된 경제적 공이 지대했음에도 윈스턴 처칠이 말한 이 말은 영국이 얼마나 문학을 사랑했는지, 그 자긍심을 보여주는 말이 되었다. 그러한 영국에 기어이 억만장자의 작가, 스토리텔링의 명수, 『헤리 포터』 시리즈의 조앤 롤링이 태어났다. 누구도 추구할 수 없는 폭발적인 인기에 부는 절로 따르고 있다.

세계 제2차 대전에 참전하고 패한 이탈리아도 전쟁의 후유증으로 1950년대에서 1970년대까지 경제가 엉망이었다. 그러나 빅토르 데시카 감독의 작품 「자전거 도둑, 길, 하녀, 해녀」등 수많은 예술작품이 쏟아져 세계적 호응을 얻고 그 덕분에 이탈리아의 경제 회복에 큰 버팀목이 되어 주었다. 또 러시아도 볼세이 오페라단, 발레단, 교향악단, 아이스 쇼 등 구소련이 붕괴된 이후 국가 경제가 말이 아닌 때에 그들의 공연을 통해 막대한 외화를 벌어들여 어려운 경제를 도왔다.

경제가 발달하면 할수록 그 이면에 희생되고 노출되지 않는 후미진 면도 있다. 우리는 경제정의를 세우며 바로 보는 문학적 안목을 키워야 하고 실행해야 하는 것도 다 이 때문이다. 문인은 동시대를 살아가는 사관의 시야로 바라보며 역사적 사명감을 발휘해 조명해야 할 것이다.

세계를 이끄는 지도자는 경제를 이끄는 지도자라야 나라의 존립이 위태롭지 않다는 게 현재의 시류다. 영혼을 다스리는 서정적 문학과 더불어 경제의 흐름에 관심을 쏟는 것도 우리 시대의 문인이 해야 할 몫이 아닐까.

가난한 나라로 지목 받던 한국을 세계 속의 대한민국으로 우뚝 세운 것은 무엇보다 경제이기 때문이다. 그러나 이제는 저성장 저금리 저유가에 중국의 성장이 불확실한 이 때 사회전반에 침체의 그늘이 일상화되고 있어 우리의 시대정신을 찾아야 할 때다.

지구촌 엑서더스

유로존 엑서더스

유럽국가의 재정위기가 연일 지구촌 증시를 요동치며 절망케 한다. 스페인의 뱅크론은 결국 구제 금융을 받고도 시원한 해결책은 없었다. 지난 세계1 · 2차 대전의 진원지, 유럽은 뺏고 빼앗기는 승산 없는 전쟁으로 모두 지쳤다. 이런 전쟁의 재발을 막기 위해 여러 절차를 거쳐 1999년 유로존이 출발해 단일 통화의 시대를 열었지만 2009년의 그리스의 위기가 번지면서 경제가 살아날 기미는 보이지 않는다.

이는 국가마다 정치적 사정이 다르고 재정과 통화가치도 다른 환경에서 유로존의 단일 통화를 쓴다는 것은 어쩌면 예견된 위기라 할 수 있다.

최근 그리스는 정치도 재정도 온전한 게 없다. 유로존에 남느냐, 디폴

트냐의 해법은 없고 국민의 의식도 이해할 수 없는 지경까지 왔다. 설상가상 스페인까지 금융위기가 치달아 불안을 느낀 투자자들이 3월만 해도 무려 970억유로 약 141조의 거금이 해외로 유출되었다. 그 나라 GDP의 약 10%에 달하는 자본의 이탈로 스페인도 휘청거린다. 스페인에 있는 자산을 처분해 해외로 옮기는 탈 스페인, 엑서더스가 가속화되고 있어 유로존들을 불안케 한다. 결국 1000억 유로를 구제 받았어도 위기를 멈추기에는 미흡했다.

이러자 유로화 가치가 폭락할 것을 염려한 은행과 기업들까지 보유한 유로화를 팔아치우는 도미노 현상이 일어나고 유로의 자산을 팔아 달러화와 파운드화 호주 달러 캐나다 달러로 바꾸고 있다. 이 와중에 유로화는 더 떨어져 우리가 보유한 유로화도 외환보유액을 감소시키고 말았다.

엑서더스는 인류의 역사

생각하면 인류 역사는 엑서더스로 점철되었다.

한반도에 정착해 살던 우리도 1860년 조선왕정의 폭정과 대기근을 피해 연해주로 이동한 조선인들, 황무지를 개척하며 정착해 살다가 야만적인 스타린에 의해 고려인들을 중앙아시아로 강제 이주시킨 55만 명에 달하는 까레이스키의 이주는 타의로 쫓겨났던 비극의 엑서더스였다. 1910년 나라를 빼앗긴 후에도 독립운동을 위해 나라를 떠나 많이도 방랑생활을 했다.

월남 전쟁 후 베트남 사람들은 보-트 피플이 되어 살던 나라를 떠나 미국으로 어디로 연고가 있던 없던 도망 나와야 살아남았다.

1845년부터 약 10년 간 100만 명 이상이 대기근으로 아사했던 아일랜드. 주식인 감자에 전염병이 번져 미국으로 200만 명 이상이 살 길 찾아 나가야 했던 아일랜드 엑서더스도 슬픈 이야기로 기록 되었다.

1930년 미국 대공황에서는 노동자 농민들이 그들의 고향을 버리고 포도밭이 있는 캘리포니아로 삶의 터전을 옮기는 절박한 엑서더스였다.

북한은 굶어 죽은 시체가 두만강을 빨갛게 물들인다는 비극적인 배고픔 때문에 죽을 고비를 몇 번씩 넘기며 구사일생으로 우리나라에 온 실상도 눈물겹다. 그러나 한국에서 정착하지 못하고 그들은 유랑민처럼 다시 한국을 떠나 영국이나 캐나다 호주 스웨덴 등을 떠돌아 다녀야하는 안타까운 탈북한 주민들도 있다.

포르투갈은 정말 이이러니하다. 아프리카의 모잠비크로 향하는 사람들이 늘고 있다. 이전 세기에 지배했던 나라, 모잠비크. 세계적인 빈민국이며 열악한 나라인데도 노동자 의사 교수 법조인 등 유수한 인재들이 모잠비크에 이동하고 있다. 이는 비옥한 나라에서 장래의 잠재력을 보고 그 나라에 모여 들고 있다. 모잠비크는 식민지였던 시대에 포르투갈어를 사용했기에 그 어느 나라보다 언어 소통이 편리하기 때문이다. 이전에는 모잠비크의 인재들이 꿈을 가지고 선진국에 나갔으나 이제는 반대로 역 엑서더스가 이어지고 있다.

하긴 우리도 1963년에 시작한 파독 광부와 간호사를 잊을 수 없다. 그들의 노동의 대가로 경제개발을 하는 데 큰 몫을 해낸 것을 잊어서도 안 된다. 그들의 고통스러운 노동을 담보로 차관을 얻어 올 수 있었던 우리의 엑서더스의 역사도 눈물겹다.

요즘 유럽에는 독일어를 배우려는 붐이 일어나고 있다. 독일은 현재 유럽에서 경제가 제일 탄탄하고 무역에서 선두를 달리고 제조업도 호황을 누리고 있다. 독일은 숙련된 인력을 해외에서 구한다고 하자 만여 명의 젊은이들이 모였다. 이 때문에 어려운 나라 포르투갈 아일랜드 이탈리아 그리스 스페인의 젊은이들이 독일을 가기 위해 독일어에 열을 올린다.

1930년대에는 물리학자 등 과학자들이 독일에서 많이 배출되어 독일어는 인기가 높아 대학에서도 독문학 지망생이 많았다. 그러나 나치의 패망으로 그 빛을 잃었던 독일어가 다시 부활하기 시작한 것도 취업을 꿈꾸는 젊은이들의 어쩔 수 없는 현상이다.

독일은 라인강의 기적을 이루고 통독을 했지만 그로 인해 한 때 어려웠어도 내핍과 구조조정으로 탄탄하게 부활했다. 그러나 남부 여러 나라들은 외부에서 유입된 자본으로 포퓰리즘에 매어 흥청망청 쓰는 동안 재정도 금융도 어려워지고 결국 독일로 호주로 떠나야만 한다.

시리아의 내전은 5년 넘게 계속되자 죽음에서 도망쳐 나온 피난민이 지중해상에서 유럽나라로 가려다 많이 죽어간다. 독일 이외는 유럽 여러 나라들이 난민을 받지 않으려 하기 때문에 이 시대의 고민거리가 되었다.

우리나라는 FTA가 발효되면서 농민들은 다 고사한다고 염려한다. 그러나 생각을 달리하면 우리나라에서만 머물 것이 아니라 베트남 등 우리보다 영농기술이 낙후된 나라에서 땅을 빌리거나 사서 영농 노하우를 펼쳐 농장주가 되어 사업가로 변신하여 성공한 사례도 많다.

절망한 가운데서도 생각을 바꾸면 지구촌 어디고 나아가 고생을 각오한다면 살길은 열릴 것이다.

유학생들의 향방

지구촌이 글로벌화 되면서 자기나라에만 정착해 공부하지 않고 경제가 활성화 된 나라를 향해 유학을 떠난다.

엑서더스는 도망가고 피하는 그러한 개념에서 이제는 장래가 있어 보이는 곳이나 잠재력이 있어 보이는 나라를 택해 유학의 길을 떠난다. SNS의 발달로 지구촌이 한 공동체가 되어 한 시장의 움직임 속에 살고 있기 때문이다. 미국에 편중된 유학생들도 이제는 중국에 몰리고 경제 사정이 좋은 편인 한국에도 여러 나라의 유학생들이 오고 있다. 이는 학문을 배우는 것 뿐 아니라 장차 자기나라에 돌아가 요인이 되었을 때 세계적인 인적 자원을 미리 챙기는 인적 네트워크를 미리 구축한다는 것이다. 인적 관계를 통해 많은 자원을 미리 축적하려는 경향이기도 하다. 무엇을 하든지 인간관계란 가장 중요한 자산이기 때문에 국제적 안목을 키우기 위해 힘 있는 나라에서 많은 것을 배우고 얻으려는 유학생들이 몰리고 있다.

해외로 돌린 눈길

외국인들이 자국을 떠나 해외로 눈길을 돌리듯 우리의 젊은이들도 해외로 눈길을 돌려야 한다. 언어와 기후 문화와 생활이 다른 곳에서 살기란 쉬운 일은 아니지만 고생을 통해 많은 것을 배우며 그 나라의 문화를 통해 우리가 미처 접하지 못한 귀중한 일거리를 찾아내야 한다. 장차 우리 젊은이들도 첨단적인 인력이 앞서 뛰는 미국에 눈을 돌려야 한다. 자신만이 가진 전문성을 살릴 공공기관 등에서 인턴으로 일하며 자신을 업그레이드 하다보면 취업의 기회도 닥친다. 또 미국의 정보기술과 바이오산업 전자 자동차 등 여러 부문에서 우리의 기술과 연구개발 능력도 경쟁력을 가지고 있지만 취업비자 얻기가 어렵다. 캐나다 중국 멕시코 일본에 비해 비이민자 비자가 쿼터로 묶여 우리는 턱없이 부족하다. 정부의 보다 많은 노력이 요구되는 대목이다.

또한 우리나라의 건설 플렌트 IT 등 여러 회사들이 중동에서 많은 수주를 따내 진출해 있다. 이곳에서도 상당한 인력이 필요하다. 그에 부응하는 실력을 쌓아 자기의 역량을 발휘할 때다.

현재 유엔과 세계은행의 수장은 자랑스러운 한국인이다. 좀 더 큰 안목으로 관심을 가지고 도전하여 국제무대에서 역량을 발휘할 기회를 얻도록 열정을 다 해야 산다. 국내에서 많은 스펙을 쌓기 위해 고비용에 시간을 탕진하지 말고 자기에게 맞는 전문성을 지켜나가면 길은 열린다.

지구촌은 지금 경제의 침체 속에 어느 곳도 성한 곳이 없다. 때로 위기는 기회라는 말을 기억된다.

어차피 지구촌이 어려운 시대에 지구촌 엑서더스는 비극이라는 생각을 바꿔야 한다. 어디서든 열심히 일하면 승리의 깃발을 올릴 수 있을 것이다.

지구촌 엑서더스는 인류가 탄생한 이래 있어 왔다. 풀꽃을 찾아 옮기던 유목민이었다. 이는 위기에 대응하는 삶의 수단일 수밖에 없다. 정보가 넘쳐나는 이 시대에 엑서더스는 살기 위해 보편화 되고 더욱 활발해질 것이다.

슈퍼리치

전 세계 슈퍼리치들의 또 다른 고민이 많아졌다. 부정으로 모은 재산은 숨기느라 걱정, 없으면 없는 대로 걱정, 천석군은 천 가지 걱정, 만석군은 만 가지 걱정이라 하던 옛 어른들의 말씀이 실감난다.

저금리 기조로 돈 굴리기가 힘들어지고 자하경제 양성화 등 정부의 세수확대 정책으로 심리마저 위축되었다.

은닉재산

2008년 리먼 사태 이후 금융비밀주의에 빨간불이 켜졌다. 각 나라는 부족한 재정을 메우기 위한 역외탈세를 근절하겠다는 각국의 기세가 크다. 미국은 스위스를 압박하여 어느 정도 성과를 거둔 바 있고 뒤따라 유럽 여러 나라에게도 비밀계좌를 공개했다.

영국의 국제적인 비정부기구 (NGO)로 활동 중인 조세정의 네트워크는 역외탈세에 관한 보고서에서 중국, 러시아에 이어 한국이 세 번째로 해외은닉 재산이 많다고 주장했다. 1970년부터 2010년까지 한국의 해외은닉 재산은 총 7790억 달러, 약860조원에 달하는 것으로 제시했다.

새 정부에 와서 지하경제를 양성화 하려는 대책을 강화하여 지하경제 전담조직을 별도로 운영키로 했다. 해외 페이퍼 컴퍼니, 조세피난을 위한 자금의 흐름을 대대적으로 색출하여 비자금 등 돈 세탁을 뿌리 뽑기로 나섰다. 무역의존도가 높은 우리로서는 국세청이 비공식적으로 추정한 해외유출 자산규모는 2000억-3000억 달러(약 210조원-317조원)로 이는 국내 지하경제의 추정치를 넘는 수준이다. 기업들의 조세 피난처에 페이퍼 컴퍼니를 만들어 수출입대금을 부풀리는 수법으로 불법유출이 일어날 가능성이 높다. 당장 전 대통령의 장남이 눈에 띠이고 김우중 전 회장의 아들도 노출되었다. 국세청의 역외탈세 세액으로 지난해 1조 789억원의 세금을 추징했다.

조세피난처는 카리브 해를 중심으로 널렸다. 영국령 버진 아이랜드에는 한국인과 북한인도 있다니 놀랍다. 바하마, 버뮤다, 바누아트, 마셜제도 등 얼마든지 피난처가 많아 요즘은 컴퓨터 해킹으로 돌출적으로 세상에 공개되기도 한다.

국세청은 10억원 이상 해외금융계좌를 가지고 있는 개인과 법인은 신고하도록 했다. 미 신고자에게는 형사처벌이 가능해졌다. 미신고 금액이 50억원을 초과하는 경우 2년 이하의 징역 또는 위반금액의 10% 이하 벌금을 부과한다. 제도 시행 2년째인 지난해는 전년 대비 61.8% 증가한 18조 6000억원으로 나타났다. 또 조세계약을 맺은 78개국과 조세정보협정을 맺은 15개국 조세피난처 국가들로부터 조세정보를 축적하고 있다.

해외 자금은닉 스캔들은 한국뿐 아니다. 프랑스의 외무장관이 해외 비밀계좌 보유한 의혹으로 프랑스인의 분노를 사고 중국의 공직자들도 11년간 10조원을 해외로 빼돌린 사실이 밝혀져 공직자의 신뢰가 땅에 떨어졌다. 독일 부유층도 비밀 보장이 잘 되는 스위스은행에 자국 세금을 피하면서 사회적 논란을 일으켜 왔다. 슈퍼리치들은 또 권력을 움직여 정치권을 혼탁케 하기도 한다.

슈퍼리치들의 자금 흐름

최근 은행 예금 2조원이 이런저런 이유로 은행을 이탈했다. 새 정부의 지하경제 양성화 방침에 부담을 느낀 자산가들이 예금을 찾았다. 금융소득 종합과세 대상이 2000만원으로 확대하자 차명계좌들은 증여로 추정하기 때문이다. 최근 금값이 큰 폭으로 하락했는데도 골드바가 동이 나고 미술품 등 실물을 구입하거나 5만원권으로 현금화하여 사제용 금고에 사장시키고 있어 5만원권이 갈수록 시중에 줄어들고 있다. 자산가들은 달러도 사재기를 하며 현금화 한다. 이렇게 금고에 잠기거나 비생산분야로 흘러가면 금융권의 대출재원이 고갈되고 기업투자도 위축되어 일자리 창출이나 경기회복은 더 멀어지게 마련이다. 경제성장이 지금 멈추고 있는 심각한 현실에 난데없이 돈이 어디론가 도망치고 있다.

슈퍼리치의 해외 투자

해외자산에 수십억원에서 수백억원의 대규모 자금을 투자하는 고액자산가가 늘고 있다. 이들은 미국 유럽 중국 등 각국 금융시장을 무대로 주식, 채권, 외환선물, 원자재 등에 투자하고 있다.

그들은 오랫동안 해외에서 거주했거나 해외 비즈니스를 하면서 국제경제를 보는 감각이 뛰어나 시기를 잘 이용해 많은 수익을 올리고 있다. 이들은 1인당 80억원-500억원 전후로 해외시장에서 굴리고 있다. 또 대부분 2005년부터 해외시장에 눈을 돌렸으나 2008년 글로벌 위기로 손실을 보기도 했다. 그러나 2009년 떨어진 헐값의 미국주식을 쓸어 담는 자산가도 있고 2011년 유럽재정위기 때는 외화채권을 사들여 25%의 수익을 올리며 원자재 선물을 투자하기도 한다.

한편 국내 부동산의 침체로 해외로 눈을 돌려 보유세와 세금부담이 적은 미국, 싱가포르, 말레이시아 등 해외부동산에서 토지와 건물을 구입하여 더러는 노후를 그곳에서 살 준비도 한다. 건물이나 아파트를 구입해 임대사업을 통해 보다 큰 수익을 올리는 사람도 있다. 영국 중앙은행 총재로 캐나다 총재가 부임하면서 양적완화를 할 것이라는 전망이 나오면서 파운드화의 값이 1월부터 하락했다. 이 기회를 놓치지 않고 자산가는 저가 매수의 기회로 삼는다. 이들은 해외투자 경험이 많은 은행과 증권사들의 프라이빗 뱅커 (PB)들도 놀랄 정도로 글로벌 경제의 안목이 탁월하다.

이러한 시각을 지닌 고액자산가들 즉 슈퍼리치들이 많이 나와 선명한 투자로 수익을 높여 우리 경제에 큰 보탬이 되었으면 한다. 아무도 모르게 페이퍼 컴파니에 감추지 말고 투명하게 세금을 내고 수익을 올리는 것이 슈퍼리치들의 경제지식과 안목을 나라에 공헌하는 길이 될 것이다.

벤쿠버 레전트의 마지막 발걸음

2002년 서울 월드컵을 생각하면 온 국민이 행복했던 그 때를 잊을 수 없다. 많은 별들이 빛나고 떠올랐다. 또한 그동안 세계를 누비며 대한민국의 멘탈을 극명하게 빛낸 한 선수, 경제를 초월한 우리의 성숙한 국격을 높인 이 선수를 나는 챙기지 않을 수 없다.

지난해 2013년 10월 미국에 있으면서 그의 은퇴경기에서 특별한 감동을 받았기 때문이다. 사람은 어디를 가나 제 하기에 달렸다는 교훈을 또 한번 얻었다. 지금도 눈망울이 초롱한 2002 월드 컵 스타, 바로 이영표 선수이다. 세계가 아직도 경기침체로 어두운 그림자가 드리운 한 해에 참 인간애가 돋보이는 모습을 우리에게 선사했다. 그가 마지막 몸담은 캐나다의 벤쿠버 화이트 캡스 팀에서 보여 준 그의 몸가짐과 마음가짐은 모든 팬들을 열광 시켰다.

추구 팬이면 누구나 한두 명의 선수를 사랑하고 그의 일상을 주시하기 마련이다. 내가 이영표선수의 팬이 된 것은 그라운드의 힘든 경기에서도 언제나 한결같은 그의 미소 띤 얼굴과 초롱초롱한 눈망울이었다. 어찌 보면 언제나 미소년처럼 국내외 경기를 막론하고 경기가 잘 풀리거나 그 반대일 때에도 늘 그의 미소는 팬들의 마음을 안심시켜 신뢰를 한 몸에 받을 수 있는 요인이 되었다.

그의 숨은 재주

그의 체격은 큰 편이 아니다. 그러나 그가 축구를 시작할 때부터 드리볼을 갈고 닦아 자기의 약점을 보완해 나가는 훈련을 남몰래 쌓았다. 어떤 때는 복숭아 뼈 밑에 물집이 잡혀 연습하는데 힘들어도 피가 나도록 땀 흘린 훈련 덕분에 1996년 국가대표로 선발되고 2002년 월드컵 4강의 신화를 이룬 선수가 되었다. 히딩크 감독은 박지성과 함께 그를 네덜랜드의 에인트호벤에 데리고 갔다. 그는 강력한 슈팅선수는 아니지만 차별화된 특기를 가지고 있었다. 전문가들의 분석에 의하면 '헛다리짚기의 달인' 이라고 한다. 그는 윙벽을 맡아 측면을 파고 들면서 헛다리짚기로 두 세 차례 거듭해 상대를 혼란에 빠뜨린 후 수비수를 제친 뒤 정확하게 크로스 패스(Cross pass)하는 게 이영표의 축구라 한다.

이영표선수의 헛다리짚기는 유럽에서도 찬사를 받았다. 2005년 그가 속한 네덜랜드의 에인트호벤이 유럽 참피언 리그 준결승전에서 AC 밀란과 맞붙었다. 그는 브라질이 자랑하는 수비수 카푸를 헛다리짚기로 속이고 크로스를 달렸다. 그것을 그의 동료가 머리로 들이받아 골을 넣었다. 이 장면을 놓치지 않고 본 잉글랜드 프리미어 리그의 감독의 눈에 띠었다. 그를 스카우트하여 영국으로 데려 온 토트넘의 마틴 욜 감독은 "이영표가 유럽 최고의 왼쪽 윙백이다."라며 엄지 손가락을 치켜 세웠다고 회고 한다.

헛다리짚기로 유명한 호나우드선수는 1994년에서 2006년까지 네 차례 월드컵에 나가 15골을 넣어 유명해졌다. 그는 화려한 헛다리짚기(Step over)로 수비수를 제친 뒤 강한 슈팅으로 골망을 뚫어내는 명수였다. 헛다리짚기는 한 쪽 발로 공을 몰고 가는 척 하다가 일부러 헛발을 내지르며 다른 쪽 발로 공을 차고 나가는 드리볼 속임수라고 한다. 호나우드는 오른발로 헛다리짚기를 하다가 벼락같이 왼발로 몰고 가 수비수를 따돌리는 장기로 득점을 빛낸 선수이다.

그러한 특이한 기술의 소유자가 이영표선수였다. 토트넘에 진출한 이영표선수는 측면 수비수로 실력뿐 아니라 근면 성실해 찬사를 받아 독일의 도르트문트에서도 뛰었다. A매치 127 차례를 나간 그는 3년 전 대표팀을 떠나 사우디아라비아에서 얼굴을 그을리며 열심히 뛰었다. 그는 그곳 열사의 나라에서 건설역군으로 일하고 있는 한국인의 자랑으로 많은 사랑을 받았다. 사우디아라비아에서 더 붙들었지만 한 발 한 발 그의 새로운 축구인생의 길을 개척하기 위해 미국 프로축구에서 뛰기로 결심하고 캐나다 화이트 캡스에 합류했다.

마지막 경기

Thank you Y. P

Congratulation on 13 professional seasons!

현수막과 깃발이 나부끼는 이영표선수의 축구인생 마지막을 장식할 2013년 10월 28일 캐나다 벤쿠버 BC플레이스 스타디움. 콜로라도 라피즈와의 '2013년 미국 메이저 리그 사커(MLS)' 시즌 최종전에 주장의 완장을 차고 출장하는 이영표선수의 마지막을 보려는 국내외 팬들로 스타디움은 뜨거운 열기를 뿜으며 꽉 차 있었다. 공격수도 아닌 수비수로 이러한 화려한 무대를 얻기는 결코 쉬운 일이 아니었다.

홈팬들은 "화이팅, 이영표"를 연호하며 위대한 선수의 마지막을 축하해 주려고 대형 태극기를 펼쳐들고 시종 기립박수로 이영표를 부르는 모습은 감격스러워 미국에서 화면으로 보는 나의 눈이 붉어졌다. 국내경기에서도 이러한 화려한 은퇴경기를 치르기란 힘든 상황에서 미국 리그 소속으로 은퇴경기를 하는 외국인인 이영표가 이러한 환대를 받는 것은 그 만큼 그가 팬들에게 특별한 인물로 각인되었기 때문이다.

그는 언제나 후배들에게 모든 면에서 본이 되었다. "유럽선수들도 기술보다는 맨탈을 더 중요하게 여긴다."며 정신력을 강조해 화합을 늘 주도했다. 언제나 솔선수범으로 후배가 실수하면 "괜찮아, OK. 잘 했어." 잘못하면 "다음에는 성공할 거야"하면서 후배들을 격려했다. 그 후배들의 멘토가 되어 신뢰받는 선수였다. 그의 팀은 큰 힘을 얻었다. 그처럼 그의 근면성과 성실함이 미국리그에서도 여전했고 경기에서도 최선을 다하여 겸손한 모습에 팬들은 찬사를 보내며 그를 사랑했다.

그의 빛나는 천성

이영표선수가 더욱 빛났다. 그의 마지막 경기에서 전반 44분경 얻은 페널티 킥의 찬스가 그에게 주어졌다. 마지막 경기에 수비수로 한 골을 넣을 수 있는 정말 생애 마지막 찬스를 잡은 이영표선수는 행운이었다. 만일 공이 골인한다면 주인공으로 화려한 축포까지 울릴 수 있는 순간이었다. 누구도 할 수 없는 이 행운을 그는 포기했다. 팀의 승리와 한 후배 카밀로의 영광을 위해 양보했다.

카밀로는 K리그 경남에서 뛴 선수이다. 카밀로는 이번에 골을 넣으면 해트트릭 22골의 득점왕을 다투는 절박한 순간이었다. 이 때 이영표선수의 배려로 페널티 킥을 성공시킨 카밀로는 들어간 공을 잽싸게 가져다 선배 이영표선수 앞에 무릎을 꿇고 존경과 감사를 표시하며 그 영광을 이영표선수에게 전하는 특별한 세레머니를 했다. 그 세레머니는 정말 감동되어 두 선수가 포옹하는 사이 관중석에서는 이영표를 연호하며 흥분의 도가니가 되었다. 이 광경은 세계인이 처음으로 보는 아름답고 깊은 또 하나의 감동 스토리가 되었다. 무릎을 꿇는 것은 복종이 아니라 위대한 선수에게 바치는 일종의 헌신이었다. 이영표의 지혜와 카밀로의 슬기는 스타디움을 정말로 함성과 감동의 물결로 넘치게 했다. 화면을 지켜보는 우리도 눈물이 핑 돌았다. 참으로 귀한 것을 보여 준 그의 천성의 아름다움이 더욱 빛났다.

축구사에서 아마도 처음 보는 귀한 이야기가 될 것이다. 골을 넣은 것 못지않게 기립박수를 받으며 은퇴경기가 더욱 영광의 자리에 올랐다.

고별전 헌정한 벤쿠버

이 날 경기는 사실상 벤쿠버가 이영표선수에게 헌정했다. 센스 있는 마틴 레니감독의 사랑과 배려의 선물도 놀랍다. 이영표선수에게 주장 완장을 선물했으며 패널티 킥의 기회도 선물했다. 0:0으로 팽팽하던 경기에서 선취 골 이후 파상공세를 퍼부었다. 그는 공수를 넘나들며 전천후 플레이를 펼치며 3:0의 견인차 역할을 했다.

마틴 레니(스코트랜드)감독은 후반 45분, 수비수 이영표선수(12번)를 공격수 에릭 후르타드선수(미국: 19번)로 전술과 관계없이 추가시간 3분여를 남기고 교체를 단행했다. 그 이유는 이영표선수의 은퇴 순간을 빛내 주기 위함이었다. 심판이 교체를 알리자 관중들은 일제히 일어나 이영표를 환호했다. 이영표선수는 동료들과 작별인사를 나누고 관중의 기립박수를 받으며 그라운드를 떠날 수 있도록 레니감독이 유도한 것이다. 심판은 이 시간을 배려해 경기를 재촉하지 않고 상대팀도 한 마디 이의도 제기하지 않았다.

관중석 곳곳에는 그의 이름을 영문으로 적은 걸개와 태극기가 휘날렸다. '이영표선수 벤쿠버에서 뛰어 주셔서 감사합니다.' 라고 한글로 적은 피켓과 이영표의 초상화가 담긴 대형 태극기를 등장시키며 환호했다.

이영표선수는 동료들과 인사를 마친 후 벤취에서 기다리는 레니감독과 껴안으며 감사를 표했다. 3:0 완승으로 끝난 이 경기는 벤쿠버가 마련한 시작부터 이영표를 위한 무대였다. 레니감독은 그가 마지막 스포트라이트를 받을 수 있도록 이 같이 기회를 만들어 주었다.

이영표선수는 "어린 시절부터 꿈꾸어 온 은퇴의 순간은 이런 것이다."라고 행복해 하며 고마워했다. 이영표선수는 후배들에게 의해 '행가레' 를 쳐 높이 올려졌다. 카밀로는 "형, 잘가요. 존경해요. "하며 더욱 서운해 했다.

지난 23일 이영표선수가 은퇴를 공식 발표한 이후 벤쿠버는 이영표선수를 위해 고별전을 준비했다. 입장권에는 'Our all, our honor' '우리의 모든 것, 우리의 명예' 의 문구와 이영표선수의 얼굴을 삽입하고 홈페이지에는 그를 구단 대표로 내걸었다. 두 딸의 손을 잡고 경기장에 들어섰을 때는 관중들이 기립박수를 보내고 이영표선수는 손을 흔들어 감사에 답례했다.

20년 축구인생을 성실히 하면서 몸을 아끼지 않는 근면성과 잘 다듬어진 그의 품성은 축구인생을 더욱 풍요롭게 했다. 그는 독실한 기독교 신자로서 무던히 노력한 선수였다. 인센티브가 있는 날이면 어김없이 불우한 사람을 돕는데 앞장 선 선수였다. 경기장 안팎에서 변함없는 깨끗한 그의 모습을 보여주었다. 그라운드에서는 반짝이는 눈빛으로 두뇌 플레이를 펼치는 그를 우리는 '초롱이' 라는 닉네임으로 부르며 사랑했다.

축구인생 마무리

지난해는 이영표선수가 진로를 고민하다가 구단측의 요청을 받아들여 1년 더 현역으로 뛰었다. 그는 좋은 팀에서 좋은 사람들과 훌륭한 마무리를 할 수 있어 행복해 한다. 이영표선수는 한국 축구의 전설이 되었다. 유럽과 중동 미국리그까지 많은 경험이 그의 다음 인생에 큰 보탬이 될 것이다. 앞으로 현 소속팀에서 행정연수를 한다고 한다. 그의 성실한 삶은 어디에서 무엇을 하든지 그는 성공을 거두리라 믿는다.

참으로 세계를 감동시킨 그가 한국인이라는 게 너무도 자랑스럽다. 그는 축구선수이기 전에 대한민국의 얼굴이다. 그의 아름다운 모습은 소리 없이 국격을 높이고 나아가 경제사회의 호감도를 올리는데 크게 기여할 것이다.

우리가 어떻게 살아야 하는지, 그는 그라운드에서 많은 것을 시사하고 성찰케 하는 여운을 남기고 떠났다.

다만 언제나 미소를 띠우며 최선을 다해 달리는 초롱초롱한 눈빛, 그를 다시는 볼 수 없음이 너무나 서운하고 아쉽다. 그의 앞날에 좋은 날을 비는 마음으로 안녕을 고한다.

Landing is the first

Landing is the first | 추수감사절
Halloween day | 키프로스
삶의 질

3

Landing is the first

세계가 하나가 된 것은 항공기가 가교 역할을 해낸 덕분이다. 공항은 여행자에게 하늘 길을 열어 헤어졌던 사람들이 기쁘게 만나는 곳이지만 언제나 정든 사람과 이별해야 하는 아쉬움으로 가슴 아픈 눈물을 흘리게 하는 곳이기도 하다. 그러나 미국에 있는 사랑하는 딸을 보기 위해 비행기를 타는 날은 세상에서 가장 행복하고 설레이는 시간이 된다.

그러나 2010년 4월 10일 폴란드 항공기는 현대사에서 가장 비극적인 사고를 냈다. 지금도 그 충격을 잊을 수 없다.

카친스키 폴란드 대통령 내외, 중앙은행총재, 군 참모총장, 외무차관, 당 대표와 의회의원들, 나라의 귀한 인물들, 무려 96명이 바르샤바를 떠나 러시아의 '카틴 숲' 을 향하던 길이었다.

제2차 세계대전이 한창이던 1940년 4월, 러시아의 서부 스몰렌스크 인근 '카틴 숲' 에서는 학살이 자행되었다. 스타린의 명령으로 구소련 비밀경찰대는 포로수용소에 잡혀 있던 폴란드인 4000여명과 폴란드의 독립을 막기 위해 여러 지역에서 폴란드 장교단 전원, 정치가들, 지식인들, 전쟁포로들 전 국민들까지 수만 명이 끌려와 대량 총살당했다. '카틴 숲' 의 비운의 총성이 울린 지 70년, 폴란드 대통령 일행은 학살 추모행사에 참석하기 위해 가던 중 러시아의 공항 주변 가시거리는 200m에서 500m 밖에 되지 않는 안개 속이었다. 학살 현장이 멀지 않은 스몰렌스크공항에 착륙을 시도하던 중 활주로 부근 나무에 부딪치며 추락했다. 폴란드인을 말살 하려던 그 악몽, 바로 그 장소가 비극을 몰고 온 것이다.

이를 보는 우리의 눈도 붉어졌다. 세계인의 사랑을 받는 쇼팽의 나라, 그의 애절한 조국사랑의 작품들을 들으면 더욱 그렇다. 우리와 너무 닮았다. 우리처럼 강대국의 사이에 낀 지정학적 위치 때문에 패권주의자들의 야욕에 피해를 입은 비극 중의 비극이었다. 우리도 해방 70주년을 맞는 이 날의 의미가 결코 남의 일 같지 않았다.

2001년 뉴욕에서 일어난 9 · 11 비행사고로 6,7천여 명의 목숨을 앗아갔다. 계획적인 자살특공대 빈 라덴 악당들의 모의가 현실로 나타나 워싱턴과 뉴욕을 휘젓고 다닌 비행기 4대가 쌍둥이빌딩과 펜타곤 그리고 공중폭발로 탑승객 전원과 건물에 있던 인원이 희생된 대사건 사고였다. 미국과 전 세계를 경악과 비통에 빠지게 했던 너무도 끔직한 사건을 기억하면 마지막 승객의 메시지가 어른거린다. 뉴욕에는 그 쌍둥이 빌딩 자리를 추모하기 위해 찾는 관광객이 언제나 줄을 잇는다. 내가 2013

년 10월 뉴욕에 갔을 때 세계적인 비극의 장소 이곳에 들려 추모행렬에 합류하면서 만감이 교차했다. 12년 만에 다시 바로 가까이에 복원한 빌딩은 있지만 어처구니없는 인명 피해를 그들의 미래도 없음을 인류에게 교훈으로 남았다. 인류에게 공헌하고 있는 항공기를 악용한 최악의 사례다.

내가 미국에 체류 중일 때 일어난 일이었다. 2009년 크리스마스를 앞두고 많은 승객을 태워 네덜란드 암스테르담을 출발한 노스웨스트 항공기가 미시간 주 디트로이트공항에 도착하기 직전, 테러를 감행하려던 아프리카 나이지리아 출신 범인을 재치 있는 승객의 기지로 제쳤다. 그 승객은 네덜란드의 영화감독으로 뉴욕에 있는 친구와 크리스마스를 같이 하려고 가는 중이었다. 역시 영화감독의 재치가 순간을 포착해 자칫 공중분해 될 뻔한 사고를 미수에 그치고 제지시켰던 일은 많은 감동을 준 스토리이다. 하지만 항공기는 언제나 착륙할 때까지 마음을 놓을 수 없다. 이후 항공기 보안책을 더욱 강구하면서 전신 스캔까지 등장했다.

역시 2009년 내가 미국에 있을 때 연말이 가까운 12월 23일. 자메이카(Jamaica)수도 킹스턴의 노먼 맨리(Norman Manley) 국제공항에서 항공기 사고가 났다. 이날 승객 및 승무원 154명을 태운 American Airline 보잉 737기가 22일 저녁 플로리다주 마이애미를 출발하여 자메이카 공항에 착륙하던 중 활주로를 이탈하여 동체가 세 동강이가 났다. 부상자 90명이 인근 킹스턴 국립병원에 옮기는 사태가 벌어졌지만 승무원들의 헌신적인 모습은 감동되었고 이 사고도 착륙문제였다.

이 같은 잦은 외국 항공 착륙사고를 접하며 내가 탔던 우리의 비행기를 감사하는 마음으로 꼭 이야기 하고 싶었다.

나는 지난 2009년 9월 9일 오후 6시 45분에 출발하는 Asiana OZ 236 항공기에 올랐다. 나의 행선지는 오하이오 주 콜럼버스였지만 이 항공기는 시카고까지 데려다 주었다.

출발 전에 안녕을 위해 기도하는 중 이륙하는 줄도 몰랐다. 항공기는 벌써 흔들림이 없이 어느새 상공을 비행하고 있었다. 무릎을 치료 중 여행을 하기에 아들의 배려로 비즈니스 클래스에 탑승해 질 높은 서비스를 받았다. 저녁을 마치자 할 일을 다 마친 듯 모두 등을 끄고 컴컴한 자리에서 잠들어 있었다.

늘 늦게 자는 버릇이 있는 나는 잠들지 못해 한국경제 신문사의 포켓북을 꺼내 읽다가 잠깐 자다 깨어 보니 식사 주문이 왔다. 식사 후 얼마가 되었을까. 시카고 공항에 도착했다는 멘트가 들린다. 그런데 언제 Landing을 마쳤는지 모르게 착지를 마쳤다. Asiana Air Line이 세계 항공사 콘테스트에서 1위를 했다는 풋말을 어디선가 본 듯한데 과연 놀라웠다. OZ 236 항공기 조종사에게 감사가 절로 나오며 안도의 소리 없는 박수를 보냈다.

국내선 유나이티드 에어라인으로 갈아타기 위해 얼마를 기다리다 탑승했다. 시카고 출발 1시간 쯤 오는데 무릎 위의 핸드백을 미처 내려놓지 못한 나에게 건장한 스튜어디스의 무뚝뚝한 그 표정은 야단을 맞는 민망함이었다. 그러나 우리의 스튜어디스의 젊고 아름다운 미모와 상량한 미소가 늘 떠나질 않는 그 친절은 과히 세계적이라 절로 비교가 되었다. 오하이오 주 콜럼버스 국제공항에 착지 비행에서 어찌나 흔들려 비행기가 낡았나, 아니면 기상이 나쁜가, 불안하고 정신이 번뜩 들었다. 우리의 아시아나 OZ 236기 조종사와 너무나 대조가 되었다.

이처럼 항공기의 착지란 가장 중요한 조종사의 최고의 기술을 요하고 기후나 천지지변의 영향을 받아서는 안 되는 부분이다. 내가 바로 눈여겨 본 것도 바로 이 착지의 안전이다. 나는 기술에 대하여는 모르지만 생명을 싣고 떠나고 오는 항공기, 어느 것 하나 중요하지 않은 것은 없으나 다 완벽하게 했다 해도 착지는 마지막 마무리이기 때문이다.

이번 폴란드 대통령 일행이 탑승한 비행기도 낡았다는 후문도 있으나 조종사에게 있어서 착지, 즉 Landing은 최고의 수칙이다. 가시거리가 불안할 때는 관제탑의 지도에 따라 회항을 해서라도 안전을 최우선 했어야 한다고 했다.

내가 겨울을 지나고 1월 말 귀국 시에 탄 시카고 출발 항공기 OZ 235의 조종사도 대단했다. 어디서부터인가 짙은 안개가 덮여 있었다. 그러나 우리의 조종사는 조금도 흔들림이 없이 참으로 안전하게 탑승한 승객 수백 명을 인천공항에 안착 시켰다. 역시 우리나라의 인천공항의 시설, 그리고 세계적인 IT 경영, 탑승객들에게 영원히 잊을 수 없는 상량하고 친절한 우리의 스튜어디스의 미소, 다리가 아픈 나에게 승무원들의 친절은 자신의 부모 환자를 돌보듯, 밤잠도 설치고 수종 드는 정겨운 모습은 자녀 같아 따뜻한 그들의 보살핌을 결코 잊을 수 없다. 이러한 진실한 보살핌은 한국인은 물론 미국인이나 다른 외국인들의 신뢰를 얻고 비즈니스 석까지 만석을 이루는 것이 아닌가 싶다. 이래서 귀국 길에 더 한층 감동을 받으며 한국인의 긍지를 가졌다.

공부하며 만난 사위도 조종사다. 그간 미 공군에서 봉사하다가 한국에도 뜨는 민항에 입사되어 곧 우리의 상공을 날을 것이다. 사랑하는 사위를 생각하면 모든 항공인들이 하나같이 피붙이처럼 정겹다. 그들의 안전과 안녕을 위해 비는 마음은 아침저녁이 따로 없다. 더구나 우리의 항공기가 날로 세계의 하늘을 누비는 이 때 너무나 칭찬하고 싶은 우리의 자랑을 이번 기회에 박수와 감사를 기도하는 마음으로 썼다. 사위의 책상 위에는 조종사의 지켜야 할 수칙이 놓여 있다.

반드시 착지를 첫째 조심하라는 이 말이 우리 조종사를 생각하며 고마운 마음이 더욱 솟아 경구처럼 나에게도 울렸다.

Flying is the second thill for a pllot,

Landing is the first.

추수감사절

Happy
Thanks giving day.
It is snowing first for blessing us this morning,
Columbus.

오늘 추수 감사절을 미국에서 맞았다. 아침부터 우리를 축복하는 첫 눈이 이곳 콜럼버스에 내렸다.

미국뿐 아니라 한국 교회에서도 추수 감사절의 절기는 찾는다. 1년에 수확한 모든 것이 하나님의 은혜임을 다시 깨닫고 감사하는 이 절기는 우리나라의 추석절과 이름과 대상이 다를 뿐 그 뜻이 같다 하겠다. 첫 곡식으로 송편을 빚고 차례를 지내기 위해 원근에 흩어져 사는 혈육들이 모여 조상에게 차례를 지내는 것은 아주 자연스러운 사람의 도리가 되었다.

그러나 추수감사절은 원래 미국에 이주 해온 청교도로부터 시작되었다. 청교도 이야기는 교회에서 해마다 설교 중에 들었기 때문에 모르는 사람이 없다. 경건하게 살려는 청교도들과 형식주의적인 교도들 간의 갈등으로 그들은 신앙을 위해 네덜란드에 건너갔다. 그 곳에서 교육적인 갈등문제가 생기자 다시 미국의 신대륙으로 가기 위해 7년간 열심히 일해 번 돈으로 배를 샀으나 처음 산 배로는 장기간 항해 할 수 없어 다시 일을 해 구입한 것이 메이플라워호이다. 180톤급의 배로 1620년 미국으로 오기 위해 65일 동안 험난한 항해를 했다. 꿈에 부풀었던 대륙에 도착하자 겨울이었다. 그들은 식량도 부족하고 기후 차이에서 오는 질병과 영양실조로 첫 겨울 102명이 도착했지만 44명이 사망했다. 나머지도 질병에 시달리고 일손이 모자라 과로에 지쳤다.

이 때 원주민인 인디언들이 어려운 그들의 처지를 알고 옥수수 등의 곡물을 가져다주고 농사짓는 법을 가르쳐 주었다. 이들의 도움으로 다음 해인 1621년에는 풍성한 곡식을 수확할 수 있었다. 청교도들은 이 친절한 인디언들이 고마워 그들을 초대해 추수한 곡식으로 음식을 만들고 칠면조 등을 함께 먹으며 신대륙에서의 기쁜 첫 추수에 대한 감사를 드렸다.

그 후 1623년 메사추세트 주에서는 추수 감사절을 공식 절기로 선포해 지켜 왔는데 1789년에 미국 초대 대통령인 조지 워싱턴이 이를 전국적으로 지킬 것을 선포했다. 그러나 3대 대통령 토마스 제퍼슨은 추수 감사절이 왕의 관습이라며 이를 중단시켰다. 그래도 일부 주에서는 비공식적으로 지켜오다가 1863년 16대 링컨대통령 시절에 다시 추수 감사절을 미국의 연례적인 축일로 선포했다. 그 때 남북전쟁이 진행 중이었지만 추수 감사절 하루 동안은 전쟁이 중지되기도 했다.

우리나라도 1904년부터 장로교 단독으로 추수 감사절을 기념 하던 것이 1914년에 미국 선교사가 조선에 입국한 것을 기념하는 뜻에서 11월 셋째 주 수요일을 지켰다. 그러다 수요일을 변경 일요일로 바꾸고 셋째 일요일을 추수 감사절로 지키고 있다.

추수 감사절에는 칠면조를 먹는데 그 때는 칠면조가 흔해 사냥해 온 고기가 칠면조였기 때문이다. 또 5개의 옥수수를 올려놓는데 청교도가 식량난으로 고생할 때 한 사람에게 하루 양식으로 옥수수 다섯 개를 주어 어려움을 이겼다는 것을 잊지 않기 위해 지금도 옥수수 다섯 개를 쪄 놓는다. 각 가정에서 아이들에게 부모는 첫 수확으로 감사절을 지키며 선조들의 고생을 설명해 줌으로써 교육을 시킨다.

유럽인들은 예수 승천일 전 3일을 추수 감사절로 지키는데 이 때 유럽인들은 전통적인 풍습인 풍년기원제를 드리며 밭에 나와 보리밭을 걷는 풍습을 행하기도 한다. 영국에서는 추수한 곡식으로 만든 빵을 드리며 풍성한 수확에 감사하며 이 날을 기념하기도 한다.

우리 집 사위도 멀리 아프카니스탄, 그리스, 폴튜갈 등을 비행 나갔다가 추수감사절을 같이 하기 위해 아침에 메인 주에 도착했다. 미국인들은 이날만은 의회의 토론도 그치고 학교도 직장도 모두 쉬며 이날을 가족과 같이 하기 위해 부모형제들이 비행기를 타고 아니면 오랜 시간 운전을 하며 한 곳에 모인다. 사위는 오면서 메인주의 특산물인 바다가재(Lobster)를 공수해 왔다. 사나운 발을 꽁꽁 묶여 온 바다가재는 새까맣게 볼품이 없었지만 찜통 속에 들어가 한 참 있다가 나올 때는 기가 막힌 예쁜 빨강색으로 변신해 나왔다. 30센티의 큰 접시에 한 마리가 가득하다. 나는 일본 가재를 먹어 본 경험이 없지만 사위와 딸은 오키나와에서 3년 근무 하면서 여러 번 태평양의 바다가재를 먹어 본 맛으로는 대서양의 메인주의 바다가재가 월등하다고 했다. 한 사람이 한 마리 먹기에는 너무 넉넉했다.

아침에는 다 같이 특별한 추수 감사의 기도를 드리며 우유로 크림 스프를 만들어 계란을 많이 삶아 잘라 넣고 보리 식빵을 구워 뜯어서 버무린 것을 먹었다. 옥수수와 포테이토도 나왔다.

점심에는 터키(Turkey : 칠면조), 스터펭(Stuffing), 그린 빈(Green bean), 커사롤(Cassorale), 메쉬(Mash), 감자(Potato), 고구마(Sweet potato) 에 크랜 베리 과일 잼 등을 준비 했다. 미리 장을 다 보아 놓았지만 일손이 바쁘다. 양념은 내가 잘 모르는 것을 많이 사용하고 있었다. 칠면조를 터키라 하는데 평소에는 시간이 너무 많이 걸려 요리하기가 힘들 것 같다. 꽁꽁 언 터키를 냉장고에서 서서히 녹여 상온에서 다시 녹이고 웬만한 칼은 엄두도 못내 전기톱으로 배를 가르고 갖은 양념을 넣는다. 이것은 지방이 별로 없고 수분도 모자라 레몬, 오랜지, 양파, 당근 쎌러리 들을 잘라서 넣어 전기 오븐에서 무려 4시간 이상 구워내야 한다. 사이사이 떨어진 기름을 끼얹으며 익혀야 한다. 전기 오븐에서 162도에 담는다. 향기 높은 크랜 베리(cranberry)의 쨈에 찍어 먹는데 내 입맛에는 닭보다 너무 담백해 차라리 초고추장에 찍어 먹는 게 맞을 것 같았다. 우리가 닭 속에 찹쌀, 은행, 황기, 대추, 밤, 인삼 등을 넣어 고와 먹는 것과 비슷하지만 칠면조는 오븐에 오래 구워낸 방식이 다르다. 그 외 닭국물을 사서 여러 가지 양념과 섞어서 음식을 만든다. 많은 음식을 만들었는데 거의 담백하고 간이 진하지 않아 먹기가 좋았다. 큰 그릇에 만들어 아이랜드에 늘어놓고 뷰페식으로 덜어다 식사를 했다. 점심은 아이의 시부모님들과 같이 포르투갈에서 사 온 적포도주와 나이야가라를 가면서 들려 마셨던 그 특산물, 이일레의 레스토랑에서 구입한 백포도주도 나왔다. 백포도주의 풍미가 한결 나의 취향에는 나은 것 같았다.

추수감사절에는 미국 주부들도 음식을 만드느라 바쁘다. 한국주부들이 추석을 지나고 몸살이 나듯 이 곳도 여러 가지 음식을 짧은 시간에 해 내는 게 아주 기술적이었다. 우리 아이는 공부하던 기간과 오키나와에서 3년까지 13년차의 미국인으로 사는데 언제 배웠는지 제법 능숙하게 해냈다. 공부만 하던 막내가 기특했다. 집에서는 막내로 귀엽게만 자라 할 시간이 없어 걱정했다. 더구나 메디칼에 있기에 늘 바빠 아무것도 못 하는 줄 알았다. 사람은 환경에 적응해 살도록 되어 있는 모양이다. 혼자서 그 많은 음식을 해내는 게 신기하다. 사람은 환경에 적응해 살도록 되어 있는 모양이다. 막내에 대한 걱정 하나를 던 기분이다.

미국 사람들은 추수 감사절을 맞기 위해 너무 여러 날 시장을 보며 준비하느라 힘이 들었는지 다음 날은 하나 같이 레스토랑에 아침부터 나와 순서를 기다리며 식사를 한다. 그리고 마치 이제부터 시작이라는 신호를 받고 뛰듯 크리스마스 장식 마트며 백화점에 몰리고 법석을 피우며 장식을 고르기에 분주하다. 미국에 와서 추수감사절을 같이 하자 해서 귀국이 늦어졌지만 막내 덕분에 2009년도 미국식 추수 감사절을 맞아 참으로 정성을 기울이는 예배를 같이 한 보람과 감사를 드리는 감회가 남다르다.

Halloween day

2008년 글로벌 경제위기 이후 2009년의 미국은 경기침체가 더블 딥(Double Dip)에 빠질까 염려했다. 어디에도 경기가 살아날 기미가 보이지 않기 때문이다. 그러나 연중 큰 행사의 하나인 할로윈 데이에 뉴욕을 중심으로 그런대로 반짝 경기가 살아난 듯 했다.

할로윈 데이는 호박을 구하는 것부터 시작된다.

우리가족도 10월 20일 호박밭(Pumpkin Farm)에 갔다. 미국 땅이 넓다고는 하지만 지평선이 보이지 않는 이 너른 땅에 붉은 빛이 빛나는 호박들이 셀 수 없이 누워 있다. 잎은 벌써 말았지만 분명히 내가 알고 있는 호박 넝쿨이다. 군데군데 사람들이 호박을 고른다. 우리도 가족 수대로 골랐다. 한 쪽 옆에는 청정한 야채들이 큰 마트에 나갈 차비가 다 되어 싱싱하게 줄져 있다. 집집마다 할로윈 데이를 위해 미리미리 차에 싣고 있다. 거리에도 마트에도 오랜지색 짙은 호박천지다. 벌써 준비를 마치고 집 앞 잔디밭에 볏짚으로 장식을 하고 여러 모양으로 호박을 장식한 집들도 많다.

할로윈 데이는 언제부터 유래 했을까.

기원 전 500년 경 고대 켈트(Celt)족의 풍속인 삼한인(sam hain)축제에서 유래 되었다. 지금의 아일랜드, 프랑스, 북부 유럽지역에서 퍼진 축제다. 그들은 사람이 죽으면 1년 동안은 다른 사람의 몸 속에 있다가 내세로 간다고 믿었다. 11월 1일을 겨울이 시작되는 날로 보고 10월 31일 전야제로 쳤다. 죽은 자의 영혼이 기거할 상대를 선택하는 날이라고 믿었다. 사람들은 귀신 복장을 하고 집안을 차겁게 만들어 죽은 자의 영혼이 집에 들어오는 것을 막기 위해 귀신보다 더 무서운 복장을 하는 풍습에서 비롯되었다.

그러나 로마가 켈트족을 정복한 뒤에 가톨릭이 들어오면서 교황 보니라체 4세가 11월 1일을 모든 '성인의 날(All Hallow Day)' 이라 정하면서 그 전날을 '모든 성인의 날의 전야제(All Hallow' s Eve)' 라 불렀다. Hallow란 말은 앵글로 색션어로 성도를 뜻하고 삼하인 축제를 '모든 성인들의 날 전야제' 로 부르게 되었다.

모든 성인들은 11월 1일 영혼의 날 전에 나쁜 영혼의 구제를 위해 기도한다. 못된 귀신들은 천국문이 열리기 전에 성인들을 따라다니며 어떻게든 천국으로 같이 가려고 집집마다 찾아다니며 만일 안 들어가게 하면 행패를 부린다고 믿어 왔다.

그래서 큰 오랜지빛 호박 표면에 도깨비 얼굴 등 무서운 표정을 한 얼굴로 파서 만든다. Jack이라는 사람이 마귀를 골탕 먹여 죽이자 그 마귀가 잭을 천국과 지옥, 어디에도 못 가게 만들자 방황하던 잭이 호박 속을 파 촛불을 넣고 불을 밝히며 온기를 넣었다는 전설에서 유래 되었다. 그 호박을 다 파내고 그 안에 촛불을 켜 놓는 것을 Jack Lantern이라고 한다. 그 의미는 호박 속의 촛불은 성경에 명시된 빛의 상징, 즉 선과 진리를 뜻한다. 반대로 촛불을 밝히기 전 어둠은 악의 세계를 상징한 것이다. 귀신들이 집집마다 돌아다닐 때 잘 보고 넘어지지 말라고 배려한 것 즉 우리 집은 악을 이기는 선의 세력이라고 선포하는 뜻도 된다. 호박은 생명체로 육체를 상징하고 속을 파낸 내용물은 썩어 없어지지만 그 속의 촛불은 주위를 밝게 해 준다. 이럴 때 귀신들이 집집마다 다니며 Treat or trick 라고 외친다. 그것은 자기를 천국에 가게 해달라고 하면서 아니면 행패를 저지른다는 뜻을 전하며 졸랐다는 유래이다.

멕시코 같은 천주교 국가에서는 1년 중 가장 성대한 휴일을 영혼의 날로 치룬다. 10월 31일 천국에 못 간 귀신들이 성인의 날을 부러워하며 온갖 못된 짓을 산 사람에게 행패를 해댄다고 믿어왔다. 지상에서 그 날을 가장 설치는 날이고 기도해 주면 천국으로 인도된 귀신이 그 은공을 잊지 않고 후일 나를 위해 또 기도해준다고 믿어온 유래이기도 하다.

영국의 청교도들이 미국에 이민 오면서 이 풍습이 이어지고 19세기 중반에 수년 간 지속된 아일랜드의 대기근으로 아일랜드 사람들도 미국으로 무려 200만명이 이민 오고 스코트랜드인들도 이민 오면서 차츰 할로윈 데이 풍습이 미국에 뿌리를 내리기 시작했다.

미국에서는 크리스마스, 추수감사절, 어머니날, 바렌타인 데이 등 축제 중에 6번째로 그에 관련한 상품이 이 행사에 잘 팔린다. 큰 마트에 가면 무서운 가면들과 검은 복장, 해적이나, 만화의 주인공의 모습도 보이고 꼬깔 같은 검은 모자, 장식이 요란한 도깨비 형상을 한 물건들이 즐비하다. 우리 아이도 한 달 전 아이에게 입힐 할로윈 데이 드레스를 사 왔다. 해마다 사서 그 날 하루 입히고 집에서 즐긴다.

그 뿐 아니다. 앞 정원 잔디밭에 옥수수대로 만든 허수아비가 볼만하다. 그것에 옷을 입히고 어떤 집은 아이들이 많아서인지 숫자대로 큰 인형을 만들어 현관 앞에 걸어놓고 있다. 밤이면 사람 같아 무서울 때도 있지만 아마도 생스기빈 데이까지는 치우지 않을 것 같다.

뉴욕에서 열리는 할로윈 데이 파레이드는 미국 내 최대 규모로 200만 명 이상의 관중들과 참가자들이 장관을 이루어 TV 시청자들을 불러 모으고 있다.

각 주마다 꼭 10월 31일에 행사를 하진 않는다. 주 형편에 따라 또 도시마다, 동네마다 달라 인터넷에 날짜를 알린다. 10월 25일은 넘은 어느 날 몇 시부터 우리 고장은 행사가 시작한다고 알린다. 정한 시간, 대개 오후 6시부터 시작하면 아이들이 바구니나 주머니 하나씩 들고 가장 예쁜 옷으로 준비된 복장을 하고 집집마다 방문한다. 방문한 집에서는 아이가 있건 없건 미리 사탕이나 초콜릿을 준비 해 놓았다가 아이들에게 준다. 아이들이 집집을 돌면 아이가 어린 집은 아버지가 귀신 복장을 하고 따라 나서고 아이가 더 어리면 유모차에 태워 참여 시키고 있다. 우리 집도 아이 하나에 아빠 엄마, 나까지 들석거리며 아이들과 집집마다 돌아다녔다. 나는 잘 모르기 때문에 취재하는 기분으로 끝까지 따라다니며 집안의 분위기를 엿볼 수 있었다. 부득이 집을 비운 집은 현관에 과자 그릇을 마련하고 알아서 가져가라고 메모도 해 놓는다. 어떤 집은 25센트 은화를 많이 놓고 알아서 가져가라며 집에 없어서 미안하다는 쪽지까지 두고 집을 비우는 집도 있지만 아이들은 단 25센트 하나만 집어온다. 해가 저물고 저녁이 되어 어둠이 깃들면 절정에 다다른다. 우리 집도 모두 아이 따라 다니느라 호박 등에 불을 켜 놓고 옆에 초콜릿 그릇을 내놓았더니 아이들이 많이 다녀 간 것 같았다.

다음 날은 학교에서 가장행렬 행사로 가면이나 자기가 원하는 옷들을 입고 축제를 치른다. 이미 어린 아이들은 학교에서 펌킨 팜에 다녀 와 10월 20일 넘으면 벌써 할로윈 데이 분위기는 마트와 상가며 가정마다 고조 되고 있다. 도깨비나 귀신 모양을 한 책이 있어 자기가 원하는, 가장 무섭다고 원하는 그림으로 호박을 파야 한다. 칼로 새기는 과정도 만만치 않아 나는 덜 무섭고 하기 쉬운 그림으로 얼굴을 부탁해서 새겼다.

그러나 기독교에서는 그리 달갑게 여기지 않는다. 무서운 형상들을 만들어 사람들이 즐기는 것은 성경답지 못하다는 해석이다. 그래도 오랜 유럽 이민자들에게서 온 풍습이 그리 쉽게 사라지지는 않을 것 같다. 우리가 동지 날이면 귀신이 붉은 것을 싫어한다 하여 팥죽을 끓여 벽에다 뿌리고 액땜을 하기를 소원한다. 이것도 중국에서 내려 온 풍습이 지금 아파트 시대에 벽에 뿌리지는 않지만 동짓날이면 팥죽을 끓어 먹는 풍습은 아직도 내려오고 있듯이 이 문화와 풍습도 쉽사리 없어질 것 같지 않다. 켈트 문화는 그 것 뿐 아니다. 생활에도 침투되어 이불 등 수예품은 아직 미국인들이 즐기는 생활 용품이다. 그 때문에 한편에서는 직업이 창출되기도 한다.

미국은 특별히 어린이날은 없지만 1년 내내 아이들을 사랑한다. 내 생각으로는 아이들에게 하루 즐거운 놀이가 되는 것으로 전락하지 않았나 싶다. 다만 문 닫고 사는 현대인에게 이웃을 서로 아는 친근감을 주는 것이라는 긍정적인 면도 있었다. IT의 급성장으로 지구촌은 이제 한 마을이 되었다. 한 쪽에서 염치없이 욕심을 챙기면 그 피해는 쏜살같이 지구촌 곳곳에 퍼져 지금 금융위기로 다 같이 고생한다. 지금 살아도 산 것 같지 않는 세상에서 제 정신 가지고 살아나기 어려운 세태 속에 하루쯤 귀신도 되어 보고 자기 아닌 남의 흉상으로 외치다가 마음의 분진을 털털 털어버리려는 것으로 변천한 건 아닌지. 그러나 이 풍습은 별로 본따고 싶지 않지만 벌써 우리나라도 재빠르게 들어와 아이들이 할로윈데이를 더 즐기고 있는 것을 보면 풍습의 파급력도 놀랍기만 하다.

키프로스

2013년 봄 키프로스는 구제금융으로 화제가 되었다.

키프로스는 터키 남쪽에 있는 인구 86만 명으로 경기도 면적의 넓이에 지중해에서 세 번째로 큰 섬이다. 그곳은 구리銅산지로 유명해 구리(copper)의 어원(cuprum)에서 키프로스가 유래했다. 키프로스를 배경으로 한 신화가 많다. 미와 애욕의 여신 아프로디테가 서쪽 파포스 해안에 닿아 여신으로 탄생했을 때 키프로스여인들은 그녀를 박대한 죄로 몸을 팔도록 아프로디테의 저주를 받았다고 한다. 영어로 cyprian은 키프로스섬 사람들을 뜻하지만 그 안에는 음란한 여자, 매춘부란 의미도 들어 있다.

키프로스는 신들의 섬이자 장미가 많아 '향기의 고장' 으로도 불린다. 키프로스는 중동과 터키를 겨눈 군사 요충지이며 교통의 중심지인 탓에 기원 전 9세기 이래 그리스, 페니키아, 아시리아, 로마, 비잔틴제국에 이어 7–10세기에는 이슬람의 지배를 받았다.

지난 봄 키프로스가 구제금융을 신청했을 때 국제금융시장이 한 차례 출렁거렸다. 작은 섬들이 그러하듯 이곳도 조세피난처다. 조세피난처는 기업이나 개인의 소득에 대해 세금을 물리지 않거나 매우 낮은 세율을 부과하는 국가나 지역을 뜻한다. 주로 경제규모가 작은 곳에서 외국의 자금을 끌어들이기 위하여 조세피난처가 된다. 키프로스도 예금 이자에 세금이 붙지 않아 특히 러시아에서 유입된 자금이 많았다. 이 때문에 은행들이 보유한 예금액이 국내총생산 (GDP)의 몇 배가 된다.

이 나라의 경제규모에 비해 많은 자금이 유입이 되었으나 키프로스 국내에서는 운용이 어려워져 자연히 외국의 투자처를 찾게 된다. 키프로스에는 그리스계 주민이 압도적으로 많아 1970년대에는 그리스와의 통합이 추진된 때도 있었다. 자연히 그리스에 대한 투자가 많았다.

그러나 2012년 그리스가 재정위기로 구제금융을 받으면서 부채 일부를 탕감 받게 되었다. 이는 곧 채권자인 키프로스 은행 입장에서는 대규모로 돈을 떼이는 결과가 되었다. 이 때문에 키프로스는 정부와 은행들의 신용등급이 급락하고 결국 구제금융을 받아야 하는 지경에 이른 것이다.

더 큰 문제는 유럽연합 (EU) 및 국제통화기금 (IMF)과의 구제금융 협상과정에서 뱅크 런이 일어난 것이다. 뱅크 런이란 '은행으로 달려간다.' 라는 뜻으로 단기간에 은행 예금에 대한 인출소동이 일어나는 것을 말한다. 지난 해 우리나라 저축은행에서 그런 현상을 많이 보아온 것처럼 예금에 대한 인출요구가 급증했다.

키프로스 뱅크 런은 키프로스 은행들을 구제하려는 비용부담을 예금자들에게도 지우려 했기 때문이다. 그러자 구제금융협상이 타결되어 예금자 비용부담이 확정되기 전에 예금을 찾으려는 예금자들이 일시에 은행으로 몰렸다. 사태가 심각해지자 비용부담 대상 예금이 예금보험 한도 10만유로, 약 1억4천만원 초과예금으로 바뀌었지만 그 여파는 쉽게 가라앉지 않았다.

뱅크 런이 무서운 이유는 멀쩡하던 은행도 뱅크 런을 당하면 부도가 날 수 있어 은행들은 예금출금용 현금을 일정액만 보유하고 있기 때문에 한꺼번에 인출요구가 몰리면 감당할 수 없다. 그 때문에 부실은행의 예금자 비용부담이라는 선례가 생겨 구제금융 대상이 될 나라들도 뱅크 런의 발생을 우려하기 때문이다.

이번 키프로스 사태의 가장 큰 충격은 예금자들에게 위험한 은행에 돈을 맡기면 이런 대가를 치르게 된다는 사실이다. 슈퍼리치들이 은행에 맡기면 만능이라는 생각이 싹 달아나는 일이다, 자기 돈은 자기가 책임져야 한다는 교훈을 얻은 사건이었다.

키프로스의 자금 유출

당시 유로그룹은 키프로스에 100억 유로의 구제금융을 지원하는 조건으로 모든 예금에 대한 세금을 부과하는 방안을 요구했다. 키프로스 은행에 10만유로 이상을 맡긴 예금자들에게 예금의 손실비율이 37.5%에서 최고 60%까지 높아질 수 있다고 전하자 키프로스정부는 예금 일부를 손실 보는 대신 앞으로 은행이 발행한 주식을 최소 37.5%를 받을 수 있도록 했다. 이런 어려움 속에서 정부는 해외송금 금지 같은 자본통제를 앞둔 시기에 132개나 되는 기업과 개인이 거액을 해외로 빼돌렸다는 의혹이 번졌다.

자본통제와 예금자 손실이 불가피하다고 주장한 키프로스 대통령의 사돈 기업도 명단에 포함되어 파문이 커졌다. 키프로스 2대 은행인 라이카은행에 예치된 7억유로 (약 1조50억원)를 자본통제 전에 빼돌렸다. 빼돌린 대통령의 사돈 기업은 2100만 유로를 빼내 런던으로 나머지는 더 안전한 은행으로 알려진 키프로스은행으로 입금했다.

키프로스와 국제 채권단인 EU 집행위원회, 국제통화기금 (IMF), 유럽중앙은행 (ECB) 등은 강력한 구조조정을 실행해 균형예산을 달성할 양해각서를 체결하기도 했다. 키프로스의 금융시스템 붕괴를 계기로 주변 조세피난처들이 키프로스에 예금해 있는 러시아 자산가들의 자본에 눈독을 들이고 있었다. 세금 없이 안전하게 돈을 운영할 수 있는 곳으로 고객들의 예금을 이전하라는 권유가 잇따랐다. 스위스, 룩셈부르크, 케이맨제도를 비롯해 두바이나 싱가포르까지 유혹의 손길이 뻗쳤다. 그간 키프로스는 러시아의 거부들의 검은 돈을 굴리기 위해 안전한 금융시스템을 구축해 왔다. 인구 86만 명에 불과한 나라지만 32만개의 금융서비스 회사들이 등록해 있을 정도다. 키프로스는 구제금융을 받는 대가로 두 번째로 큰 라이키은행을 청산키로 하는 등 금융산업이 몰락했다. 이런 와중에 다른 피난처들이 이곳 자금에 대한 유혹을 보면서 자본주의 비정함을 보는 듯하다.

삶의 질

우리사회의 병폐

요즘 우리 사회의 병폐는 우려단계에 와 있다. 이 병폐는 사회의 큰 손실을 가져온다. GDP는 오르지만 새로운 병이 중독이 되어 사회적 비용을 가중시키고 있다.

알코올 도박 인터넷 게임 마약 등 중독에 빠져 지금 중독사회가 되어 간다는 진단이 나왔다. 중독포럼의 자료에 의하면 155만 명이 알코올 중독자이고 220만 명이 도박 중독자요 인터넷 중독자는 233만 명 마약 중독자는 10만 명 등에 이르러 국민 8명 중 한 명이 중독자라는 수치이지만 음성적 중독자까지 합하면 더 많은 사람이 중독에 빠져있다.

알코올 중독자

2010년 세계보건기구(WHO)가 발표한 한국의 알코올 중독자는 6.76%로 세계 평균 3.6%의 1.8배의 수준이다. 일본은 소주보다 맥주를 즐기기 때문에 알코올 중독자는 0.62% 정도에 불과하다.

이 알코올 중독자는 시도 때도 없이 술을 마시며 밥보다 술을 먼저 찾기 때문에 망가진 몸에 술을 청하여 생업에도 종사할 수 없고 자신도 추스르지 못해 가정이 절단난다. 이런 가정은 아내도 자녀도 견딜 수 없도록 희생을 강요당한다. 경제가 파탄나면 이혼을 하거나 이를 견디지 못한 아내는 가출하는 불행한 사건으로 아이들의 양육과 교육은 엉망이 된다. 보다 못한 혈육인 할아버지나 할머니가 맡아 교육하다보면 고령의 조부모와 아이들이 다 같이 삶의 질이 나락으로 떨어지는 슬픈 가정이 속출한다. 이런 조손가정의 증가로 정상적인 가정을 이탈한 불행한 가정 때문에 사회적 문제가 되고 있다.

도박 중독

도박 중독 유병율도 6.1%로 다른 나라보다 2배 이상이다. 영국이 2.5% 프랑스 1.3% 호주 2.4%인데 비해 우리는 2.4-4.7배 이상의 수준에 이른다. 국내 사행산업 이용객 수도 매년 급증한다. 국내 카지노 이용자는 2001년 153만 명에서 2010년 504만 명으로 증가하고 경마인구는 같은 기간 1336만 명에서 2181만 명이 늘었고 복권 매출액은 7112억원에서 2조5255억원으로 증가한 것을 보면 알 수 있다.

우리나라에서 로또복권을 개시했을 때 전 국민이 허황된 로또열풍에 휩싸여 복권 당첨의 꿈에 매달려 너도나도 복권구입을 한 장이라도 사지 않는 사람이 없을 정도였다. 그러나 결국 당첨의 희소성에 대부분 그 꿈을 접고 일상으로 회귀했으나 아직도 그러한 미련을 떨치지 못한 도박을 즐기는 자는 많은 재산을 버리고 있다. 그 외 해외 도박원정까지 가서 재산을 탕진하는 것은 물론 빚에 사로 잡혀 목숨까지 잃는 사람이 흔하다. 이에 물들면 자기의 일상을 버리고 도박에 매달려 집안에 남아나는 것이 없다. 옛날에도 집문서 땅문서를 들고 나가 가족들은 길거리 내몰게 되는 한심한 도박꾼들이 무수히 있었다.

도박꾼은 결국 채무자의 수렁에 빠져 사기꾼이 되고 사회에서 멀어져 망가진 인생을 산다. 이는 남자뿐 아니라 정신 못 차린 가정주부도 합세하여 가정을 버리고 불행한 삶을 자초한다. 가정을 파괴하며 해체 되고 자녀교육도 망치며 사회에 황당한 문제를 야기하는 불행한 삶이다. 아무리 카지노 경마 경륜사업이 성행해도 도박에는 빠지지 말아야 할 것이다.

실제로 해외에 나가 도박에 사로잡혀 거지가 되고 노숙인으로 전락하여 국내에 들어 올 수 없는 그의 마지막 길이 빗쟁이로 끝난다. 돈을 딴다는 것은 착각일 뿐 땀 흘리지 않는 대가는 허망하고 늘 무서운 값을 치루고 만다.

인터넷 중독

우리나라는 세계 제일 수준의 인터넷 보급률과 스마트기기 확산으로 인터넷 중독자가 급증하고 있다. 행정안전부에 따르면 인터넷 게임 SNS 중독자도 2010년 174만 명에서 2011년에 233만 명으로 1년 만에 34% 늘었다. 인터넷이나 게임중독자는 식사를 거르고 잠까지 놓치며 너무 많은 시간을 게임에 몰입하여 분별없는 시간 관리로 건강을 해치고 정상적인 생활을 이탈하는 중독자가 되고 만다. 학교생활과 직장생활을 비정상으로 이끌다보면 가족이나 동료들까지도 대화가 끊기고 홀로 격리된 사람이 되어 무서운 외톨이가 된다. 어떤 주부는 살림도 팽개치고 어린 아기를 먹이지 않아 결국 사망까지 이르는 사고를 내기도 했다. 이러한 불행은 자제력을 상실한 탓이다.

16세 이하의 중독이 심각해 셧 다운제도(shut down system)을 논의하고 있다. 19세 미만의 중독자가 12.4% 성인 5.4%의 2배보다 높아 많은 우려를 나타내지만 심야에만 접속을 끊을 뿐 근본적 대책으로는 미흡하다.

마약 중독

이는 사회적 악이다. 몰래 들여 온 마약은 사회의 기강을 무너뜨린다. 이는 밀수를 조장하고 무역질서를 파괴하는 범죄의 소굴에 빠지는 길이다. 개인의 경제적 파탄뿐 아니라 정신도 육체도 피폐해져 사회와 멀어져 간다. 경찰은 철저히 단속하지만 음성적 거래도 죽음으로 향하는 길이라는 것을 본인도 모른다. 삶의 음지에서 점점 시들어가는 마약중독자들을 본다. 요즘 마약은 아니지만 프로포폴이라는 주사도 위내시경과 장내시경에 쓰이는 것을 많이 맞거나 자주 맞으면 마약 중독자처럼 헤어나질 못한다. 최근 화제가 되고 있는 젊은 여성들을 보며 경고의 메시지가 되었다.

뭐든 중독자는 이로울 게 없다. 어찌 4대 중독만이 문제가 될까. 쇼핑중독도 패가망신하기 딱 좋고 흡연도 죽음에 이르는 길이다. 카드 중독도 만만치 않다. 우리나라 중독 환자가 유독 많은 것은 급격한 사회변화에 따라가지 못하고 낙오된 사람이 잠시 위로와 위안을 얻는 도피수단으로 첫 발을 딛다가 빠르게 빠져들며 이것이 확산되고 있다.

뒤늦게 치료를 받는 수도 그만큼 늘어나 사회적 경제적 비용이 무려 109조5000억원이 추산된다. 이 수치는 흡연이 5조원 안팎, 암이 11조3000억원이고 보면 다른 질병의 사회적 비용에 비해 4대 중독의 비용이 매우 높은 수치이다. 이는 국가 전체의 안정성과 경쟁력을 저하시키고 다음 세대에 악영향을 끼치는 위험한 현상을 초래한다.

소크라테스는 '사는 것이 중요한 문제가 아니라 바로 사는 것이 중요한 문제다' 라고 말했지만 '바로 산다는 것이 무엇이냐' 에는 의견이 다양하다. 알베르트 슈바이처는「나의 생활과 사상」에서 '나의 삶에는 두 가지 체험이 그늘지고 있다. 하나는 세상에는 헤아릴 수 없는 신비와 고뇌가 넘쳐 있다는 것이고 다른 하나는 인류의 정신적 퇴폐기에 내가 살게 되었다는 사실' 이라고 고백했다. 아마도 '삶의 가치' 에 대한 논쟁은 영원히 풀 수 없는 논쟁일지 모른다.

마약을 투여하고 도박을 해서 잠시 정신을 혼미 시키며 분별을 잃지만 결코 그게 삶의 본질일 수 없다. 원래 삶의 질이라는 원 뜻은 의료과정에서 병을 고쳐 그에 따른 환자의 생활이나 삶의 질적인 면에도 중점을 두어야 한다는 생각에서 화두가 되었다. 이런 개념이 각 분야에 확산되면서 지금은 「사람답게 사는 것」으로 일반화 되었다.

UN에서는 GDP 규모와 국민소득 등 경제지표가 포함된 조사에서 행복지수 1위는 중남미의 코스타리카이고 이스라엘은 67위 대한민국은 68위이다. 아이큐가 높기로 유명한 이스라엘과 한국은 그리 행복하지 않다는 것이다. 우리나라는 1987년에 행복지수가 가장 높았던 것으로 기록되어 있다.

한편 갤럽조사에서는 *잘 쉬었다고 생각하는지 *하루 종일 존중 받았는지 *많이 웃었는지 *재미있는 일을 했는지 *즐겁다고 많이 느꼈는지 *다섯 문항으로 세계148개국에서 1000명을 대상으로 조사했다. 이는 순수하게 물어 본 방식에서 행복을 느끼는 수치이다. OECD 30개국 중 우리나라는 25위에 머물고 148개국에서는 97위의 순위를 지키고 있다.

현재 세계가 경제위기를 겪고 있지만 경제적 수치로는 무역순위 수출역군들의 맹활약으로 이탈리아를 제치고 7위에 등극했지만 우리나라 사람들의 행복지수는 오르지 않았다. 코스타리카가 1위 도미니카 공화국 자메이카 과테말라 등 경제적으로 열악하지만 낙천적 성격이라 그런지 중남미 국가들은 행복하다고 생각해 1위부터 상위권을 자리하고 있다. 미국과 중국도 공동 33위이고 일본은 59위 싱가포르는 마지막 꼴지 순위다. 삶의 질을 높이고 행복하다고 느끼는 것은 국가에서 포퓰리즘으로 생활을 도와준다고 해서 결코 행복하지는 않다.

중독에 빠질 유혹은 어디나 널려 있다. 산다는 것이 내 목숨 마음대로 운용하면 언제 어떻게 함정에 떨어질지 모른다. 언제나 긴장을 놓지 말며 중용으로 나가며 이웃에게 폐가 되는 일을 조금만 생각해 본다면 이것만은 피할 수 있을 것이다. 자기의 삶은 어디까지나 자기 주도하에 절제된 삶에서 무단히 노력하는 사고가 뒤따라야 삶의 질이 높아지고 행복하다고 느낀다.

결국 행복을 위해 한 발 한 발 조심스럽게 다져가는 삶의 연속일 때 행복지수는 마땅히 높아질 것이며 삶의 질도 향상될 것이다.

원전의 분노

4

소프트 파워

20세기 세계는 식민지를 쟁탈하기 위해 경쟁적으로 전쟁도 불사하고 제국주의 시대로 돌입했다.

세상 물정 모르는 나라들은 패권주의 총부리 앞에 무참히 짓밟혔다. 1 · 2차 세계대전과 태평양 전쟁까지 지구촌은 전쟁의 소용돌이에 휘말렸다.

태고 적부터 인류가 쌓아올린 문명과 문화는 송두리 채 초토화 되고 인명 피해는 부지기수로 비극의 연속이었다. 승자도 패자도 전쟁의 잔해 위에서 심음 했다. 전쟁은 모두를 멸망시키는 결과를 뒤늦게 깨달아 21세기는 살아남기 위해 국가 간 상호의존이 자리를 굳히고 점차 여러 그룹으로 심화 되어 갔다. 세계화 되면서 인터넷 스마트 폰 등 정보화 물결 속에 다차원에 걸친 새로운 지구촌 시대가 열리며 모든 게 노출되어 시간적 공간적 제약이 무너졌다.

총칼이 하드 파워라면 반대의 개념은 소프트 파워다. 소프트 파워는 총칼이 아닌 타국의 호감을 살 수 있는 아젠다 설정이나 작동할 수 있는 문화제도 등을 공유하면서 상호 협력하며 발전한다. 흔히 하드 파워를 국력國力이라 하면 소프트 파워는 국격國格을 나타낸다.

국가의 격을 높이기 위해 나라마다 다양한 노력을 기울인다. 그러나 국격을 놓친 일본, 우리 국민의 가슴과 머리에는 언제나 일본과의 문제가 가로 놓여 있다. 우리 세대가 반드시 청산해야 할 과제인데 날마다 아베 신조의 돌출 발언은 국격을 개의치 않고 있다. 세계의 지도자들이 기회 있을 때마다 일본을 거론하고 친일 인사로 알려진 독일 전 총리 슈미트는 "일본은 역사 공부를 하라"고 충고했다. 이처럼 아베의 바른 역사인식을 촉구하는 성명서가 미국 역사학자들 사이에서 들불처럼 퍼져가지만 아베는 눈감고 귀를 막아 20세기에 자족하고 있다. 광복된 지 70년, 근접한 나라가 가장 멀게 느껴져 경제사회도 외교 분야에서 조차 막대한 피해를 보고 있다.

그러나 1970년 12월 폴란드의 수도 바르샤바 유대인 학살 추모비 앞에서 무릎을 꿇고 눈물을 흘리는 독일 전 총리 빌리 브란트의 품격 높은 반성이 세계인에게 큰 감동을 주었다. 이는 소프트 파워의 극치이다. 세계의 눈은 그 엄청난 나치의 만행에도 불구하고 그들의 진정성을 받아들여 프랑스 등 이웃나라의 신뢰를 얻고 1990년 통독의 기회를 얻고 유럽이 단합되어 유로의 중심 국가로 우뚝 선 것이다.

항공모함을 만들고 워커맨 닌텐도를 만들어 경제를 세운 일본의 하드 파워를 방패 삼아 여러 침범한 국가에 봉합만 하면서 샌프란시스코조약에서 제한된 자위대를 헌법을 고쳐서라도 무장하려는 그 무시무시한 야욕을 일삼는 아베는 전근대적 사고에 갇혀 있다. 말은 '보통국가 강한 일본'이라 하면서 우익단체의 비위만 맞춰가며 피해 국가의 입장은 아랑곳 하지 않는 아베의 부창부수의 행보는 기대할 것이 없다. 나라는 나라다워야 하고 사람은 사람다워야 하는 것이 보편적인 가치임에도 소프트 파워가 작동되지 않는 일본은 대국을 꿈꾸지만 반쪽짜리 절름발이에 지나지 않다.

참다못한 사람들은 이제 아베의 입만 바라보며 분노하는 것은 시간낭비라고 여기며 쿨(Cool)하게 다이나믹 코리아(Dynamic Korea)를 넘어 한류가 일본 열도를 뒤흔들듯 새로운 대한민국의 창조된 소프트 파워로 일본보다 비교우위의 위치에서 압도해야 한다고 강력하게 성토 한다.

최근 지구촌에 경사가 났다. 1961년부터 여러 문제로 미국과 쿠바는 외교단절로 이어졌다. 그러나 시대가 시대인 만큼 남미 출신 프란치스코 교황은 두 나라의 화해를 이끌어내는 데 큰 공을 세웠다. 드디어 2015년 4월 11일 미국의 버락 오바마 대통령과 쿠바의 국가평의회 의장 라울 카스트로는 54년 만에 국교 정상화를 이룩해 냈다. 가장 인상적인 것은 카스트로 의장의 진정어린 밝은 표정과 교회의 선교도 없었지만 스스로 감동해 교황에게 교인이 되겠다는 사적인 우정까지 보여 주었다. 이를 세계인은 지켜보았다. 소프트 파워의 위대한 아름다운 힘을 공감했다. 가까이 이웃하며 그야말로 동서 냉전의 상징인 높은 벽을 드라마틱하게 무너뜨리며 진정어린 함박웃음으로 손을 마주 잡는 모습은 참 신선했다.

어제 바로 2호선 전철을 타고 신도림역을 가기 위해 책을 읽고 있었다. 옆에 젊은 여인 둘이서 노선표를 보며 중얼거리더니 신촌역에서 한

명이 뛰어내리다 다시 뛰어오르며 허둥대고 있었다. 나는 그들을 안심시키며 내가 홍대입구역이 오면 알려 주겠다고 하자 일본어를 해서 고맙다고 한다. 드디어 전동차가 도래 하여 내리면서 인사를 하는 그들은 내려서도 가지 않고 차창 너머로 나를 바라보며 손을 흔들고 내가 떠날 때까지 연신 고개를 숙이며 나를 보낸다. 나도 답례로 손을 흔들며 미소까지 보냈다. 바로 이것이 소프트 파워가 아니겠는가. 이것이 사람 사는 세상인 것이다. 평소 일본인에게 별로 관심이 없었지만 우리나라를 찾은 손님인 그들이 여정에서 고생하는 것을 도와주는 것은 인지상정人之常情인 것처럼 일본을 이끄는 정치인 아베는 그 여인들의 소견보다 못하다.

소프트 파워는 한층 성숙된 모습이 거스를 수 없는 대세다. 그 속에 동북아 긴장 완화에 기여하는 아베의 격 높은 결단이 촉구된다.

진정 세계인이 추구하는 선진국은 하드 파워와 소프트 파워가 균형을 이루는 것일 것이다.

원전의 분노

2011년 3월 후쿠지마 원전 폭발은 우리를 경악케 했다. 방사능 오염은 사고 이후 수백 년간 피해가 이어진다. 후쿠지마 원전 사고로 방출된 방사능물질은 북반구 전역으로 퍼져 태평양 바다를 오염시켰다. 2년이 넘었지만 수습 중이고 100조원이 투입되는 어마어마한 손실을 내고 있지만 수습하는데 앞으로 얼마를 더 들어갈지 모른다는 엄청난 원전사고다. 체르노빌도 27년이나 지났지만 지금도 방사성 물질을 차단키 위해 진행 중이다. 이런 공포에 찬 국민을 우리 원전은 겁도 없이 경각심이 실종된 채 불신과 분노를 초래했다.

원전의 불신

우리의 최초의 원전은 1978년 미 웨스팅 하우스가 지어 준 고리 1호기였지만 30년 수명을 다 하고 10년 연장해 가동 중이다. 월성원전은 1983년 캐나다형으로 2, 3, 4호기까지 설계되었다. 1986년 설계한 영광 원전과 1995년 3호기부터는 한국형 원자로를 설계해 수명 40년을 운영할 수 있게 했다. 울진 원전 1호기는 1988년 프랑스형으로 지어졌다. 3호기부터는 우리의 독자적인 규격으로 지어진 발전소인데 수명 40년으로 설계되어 이 모델을 아랍에미리트(UAE)에 첫 수출을 했다고 국민들은 엄청난 환호를 했다.

2011년 10월 월성 원전에 견학할 기회가 있었다. 자신에 찬 한국원자력안전기술원의 박사 전문가의 브리핑을 들었다. 안전을 위해 석박사들이 밤낮을 모르고 지키며 그에 소요되는 수백만 가지 부품을 우리 국내에서 생산한다는 소리에 참으로 자부심이 일었다. 그들은 애국자로 우러러 보였다.

그러나 신고리 1-4호와 신월성 1, 2호기 등 6기에 미검증 불량품으로 채우고 시험성적표 조차 위조했으며 불량 제어케이블이 사용된 사실이 적발되었다. 이 제어 케이블은 원전사고가 발생하면 원자로 냉각 등 안전 계통에 동작 신호를 보내는 핵심부품이다.

이번 위조 부품 사태로 인한 원전가동 중단으로 올 여름에 최대수요는 7900만kw인데 전력공급력은 7700만kw라니 크게 떨어져 부족사태를 자초했다. 이 불량부품을 납품한 대가로 한수원에서 금품수수 등 유착관계가 드러났다. 바로 이웃 일본에서 그 무서운 원전사고를 똑똑하게 보고도 국민의 안전을 팔아 불량부품을 채웠다는 사실이 도저히 용서할 수 없는 불신을 사고 분노케 한다.

블랙아웃(Black out : 대정전)의 공포

2013년 올 여름 수요대비 200만kw가 부족하여 사상 유래 없는 전력난이 예상된다. 이 위기는 8월에 올 것이라 예측된다. 최소한 전력이 통상 450만kw가 있어야 안정적인데 원전 23기 중 10기가 멈췄다. 가동을 멈춘 원전은 신고리 1, 2호기와 고리 1, 2호기, 영광 3호기와 월성 1, 2호기, 울진 4, 5호기와 신월성 1호기 등이다. 손상되고 균열이 생기고 점검 중이고 부품교체 등 10기가 멈춘 것이다.

이 점검을 마치려면 적어도 4개월 이상 걸리기 때문에 올 여름에는 원전의 정상 재가동이 힘들다는 것이다. 어느 해보다 일찍 온 여름을 대비해 냉방기 수요가 210만대로 사상 최대 판매고를 나타냈다.

정부는 민간자가발전을 끌어와 공급능력을 확보하고 최대피크요금제에 대한 기업참여를 독려하지만 2011년 9월 15일 정전사태가 발생한 지 2년이 안 되었는데 벌써 잊었는지, 그 때 기업의 막대한 손실과 개인 영업점, 개개인의 손실도 엄청났다. 이런 큰 사고 후에도 정부는 전력수요를 미리 예측 못하고 감독을 소홀히 한 정책실패도 묻지 않을 수 없다.

만일 블랙아웃이 일어난다면 국가안보시스템, 기간시설, 은행전산망이 올 스톱되어 사회의 대혼란이 일어 날 것을 생각만 해도 끔직하다.

미국의 블랙 아웃

2003년 미 북동부 대 정전 쇼크는 최대 100억 달러의 피해가 있었다. 8월 14일 오후 4시 전력공급이 중단되면서 뉴욕 주는 일시에 암흑천지가 되었다. 타임스퀘어에서 반짝이던 네온사인의 불빛이 새까맣게 꺼졌다. 지하철이 멈춰 시민은 어두운 터널을 빠져나오고 뉴욕 증권거래소의 전광판이 갑자기 멈춰 시민들은 테러가 일어난 줄 알고 떨었다. 뉴저지, 미시간, 오하이오 등 미국 7개 주와 캐나다 온타리오 주 등 북미 북동부지역이 사상초유의 블랙아웃이 발생했다. 맨하턴에 있는 엠파이어스테이트빌딩 전망대에서 관광하던 사람들과 그 건물에서 일하던 직장인들은 102층을 비상계단을 통해 내려오느라 고생했다. 전화통화량 폭주로 휴대폰도 먹통이고 병원은 비상발전을 돌리느라 소동이 일어났다.

9개 원자력발전소가 일제히 가동을 멈췄다. 원인은 오하이오주에 있는 한 발전소의 갑작스런 정전이 원인으로 밝혀졌지만 주변 발전소로 전기 수요가 몰려 그 수요를 감당하지 못한 발전소들이 연쇄적으로 가동이 멈췄다. 대개 한 지역에서 블랙아웃이 일어나면 전력공급망은 연쇄적으로 마비된다. 이후 미국은 3일이면 복구 되지만 우리가 블랙아웃 되면 복구에만 1주일이 걸린다고 관측한다.

우리는 지형적으로 섬처럼 위치하여 주변에서 전력을 공급해 올 수 없기 때문에 자체 가동이 가능한 발전소를 전국 곳곳에 미리 정해 놓는 등 비상대책을 마련해 두고 있다. 하지만 우리처럼 북한과 대치해 있는 나라는 블랙아웃이 일어나면 나라가 마비상태가 된다. 북한이 호시탐탐 노리고 있는 이 때 절대로 안 된다. 기간산업 기업체의 손실은 천문학적 숫자이고 블랙아웃은 전쟁보다 더 무서운 결과를 가져올 수 있다. 아무리 안전장치를 해 놓았다 해도 최악의 경우를 생각해 블랙아웃은 일어나서는 절대 안 된다. 2011년 9월 15일 단전으로 단 시간에 막대한 경제적 손실이 일종의 큰 경고였지만 각성하지 못한 원전관계자들의 안일한 구조적 대처가 국민들을 분노케 했다.

원전 마피아(Mafia)

마피아하면 밀수 등 범죄 결사단이 법과 사회질서를 무시하는 제멋대로 된 폭력단을 말한다. 그러나 원전을 다루는 최고의 전문가는 국가의 중요한 기간산업을 책임지는 자다. 그들은 사명감 못지않게 애국심이 기본이다. 그들을 국가는 소중히 예우하며 대통령산하에 두고 그 위상과 신뢰를 보냈던 것이다.

그러나 그들 내부에서조차 경악을 금치 못한 사건에 사회에서는 마피아의 조직과 같다고 여겨 원전마피아라 불명예스러운 이름을 달았다. 그들의 사슬과 고리가 무색할 정도로 비리가 엉켜져 있기 때문이다.

원전마피아 이력은 오늘 일어난 게 아니다. 미국에서 원전을 설치할 때만 해도 미국 모델로 부품 대부분을 미국에서 수입했다. 하지만 1979년 미국 스리마일섬 원전사고가 터지자 미 당국은 신규 원전건설을 전면 중단했다. 원전부품의 생산도 끝이 나면서 국내원전에 사용할 교체품을 급하게 국산화 하게 되었다. 원전 1기에 들어갈 부품만도 300만 개가 들어가는 새로운 부가가치 시장에 불이 붙었다. 국내 시장은 갑자기 노다지 광맥을 찾게 되었다. 이래서 경쟁은 시작되고 부실부품이 횡행하게 되었다. 이는 전문분야라는 시각으로 그들만의 기술을 요하는 비밀스럽고 폐쇄적 구조가 형성되었다.

그간 감독이 소홀한 탓에 너무 오래 부정을 키워 왔다. 몇 십년간 관행적으로 부패 고리가 형성되었다. 이 부정은 학연 지연 등이 연결된 인재人災이다. 이를 계기로 개혁하지 않으면 언제인가 또다시 불거져 원전을 중단할 사태까지 올까 두렵다.

원전 코리아

2009년 아랍에미리트(UAE)에 원전수출을 하기로 했다. 수출로 사는 우리로서는 일본과 중국의 추월과 추격으로 많은 한계점에 달한 시기에 수출다변화라는 첫 원전수출에 국민은 고무적이고 희망적이라 환호했다.

그러나 공교롭게도 2013년 5월 28일 신고리와 신월성 원전 성적서 위조와 불량부품 사용을 발표한 날 아랍에미리트의 원전 2호기 착공식이 아부다비 바라카에서 열렸다. 이 때 하필 아랍에미리트 관계자와 한국 관계자들의 기념사진이 낯 뜨겁게 올라왔다.

바라카 원전건설 현장에서 "바라카 원전이 건설되면 안전하고 효율적으로 전력을 공급해 UAE의 경제성장을 견인할 것이다" 라고 산업통상자원부장관은 기념사에서 약속했다. 하지만 이번 사태로 해외 원전을 수주하여 미래 우리의 동력으로 삼으려던 한국원전이 총체적 위기에 빠졌다. UAE의 모델인 신고리 3호기에 불량 케이블이 설치된 것으로 확인되면 UAE 사업이 흔들릴 뿐 아니라 베트남 사업도 현재 후보지 타당성을 검토 중이고 핀란드, 남아프리카공화국, 폴란드, 헝가리 등에 추진 중인 원전 수출이 걸림돌이 될까 우려되기 때문이다.

현재 우리의 원자력발전소의 이용률은 세계최고다. 원전기술력도 최고다. 그러나 무엇보다 정직하고 안전성이 최고라야 한다. 우리는 23기를 운행하고 있는 세계 4위의 원전 강국이지만 경쟁국 일본과 프랑스에서는 지금 불량품으로 몸살을 앓고 있는 한국에 대한 루머가 퍼졌다.

이러한 악성 루머는 바라카 원전건설 현장에서 얼굴에 수건을 쓰고 모래바람에 눈만 내놓고 작업 중인 근로자들의 사기를 떨뜨릴 뿐이다. 안전하게 공기도 단축하여 완공해야 만이 다음 수주도 기대할 수 있기 때문이다. 원전시장도 프랑스 일본 중국 등 경쟁이 치열한 시장이다. 한국의 브랜드를 확고히 하기 위해 신뢰성을 회복하고 차세대 동력으로 원전수출이 확대 되어야 한다. 원전 코리아를 확고히 해야 할 시점이 바로 지금이다.

전력관리와 절전

1967년 11월 9일 서울시는 3단계 단전 순위를 발표했다. 1단계는 호텔, 극장, 카바레, 바, 상점 약방의 네온사인을 끄고 2단계는 관공서, 국영기업체의 야간 등을 끄고 그래도 부족하면 외등과 도심의 가로등까지 끈다는 계획이었다. 1968년 5월 가뭄으로 전력난이 심화되자 박정희 대통령은 TV방송 시간을 단축, 에어컨과 냉장고에 대하여 송전을 제한하는 대신 산업시설과 관광호텔, 외국인 시설에는 우선 송전하라고 지시했다.

1973년 10월 1차 오일쇼크가 닥치자 전 국민적인 에너지 절약운동이 시작되었다. 대기업은 비업무용 차량운행을 줄이고 실내난방온도 낮추기, 주간조명 끄기 등을 실시하고 초 · 중 · 고등학교의 겨울방학도 예년보다 20일을 앞당겼다.

1976년 7월부터는 가로등 격등 끄기, 네온사인 소등, 백화점 및 대형 건물의 과다 조명금지, 유흥업소 대상 한 집 한 등 끄기 운동을 하고 1977년에는 낭비적인 조명과 네온사인을 일체 금지하는 절전입법이 시행되었다. 전력난은 1988년 서울올림픽 전까지 번번이 반복되었다.

2013년 전력난에 대비해 '준비' 전력경보가 발동되고 350만kw가 무너지면 한 단계 격상한 '관심' 경보가 발동된다. 대형건물은 26도 이상, 공공기관은 28도 이상으로 제한했다. 대기업도 갖가지 아이디어로 절전을 시행하고 있고 국민도 최대한 절전에 동참하고 있다. 예비전력을 442만kw까지 끌어올려서 대정전만은 막아야 한다. 이제까지 국민은 절전을 잘 해왔지만 아직도 공공기관에서 퇴근 후 전기를 얼마나 단속하는지 돌아보아야 한다.

이제는 매년 반복되는 전력난에 행정적으로 기술 안전적으로 기후변화에 정확한 예측과 개혁을 통해 국민의 불신을 넘어 신뢰를 하루 속히 회복해야 한다. 올해 전력부족이 문제가 아니라 진입장벽이 어마어마한 국가기관으로서 비밀스러운 체계에서 투명한 구조로 개혁하여 국민뿐 아니라 국제사회가 신뢰를 해야 한다. 그게 앞으로 훌륭한 기술력으로 세계시장에서 이기는 길이며 그것만이 우리 원전의 미래가 있다.

더 늦기 전에 · 1

조선시대의 유교는 사회의 기강을 바로잡아 질서를 유지하고 사회 안정을 수립하는데 기여해 왔다. 우리 문화는 이를 토대로 근간을 이루며 우리 생활에 깊숙이 자리 잡았다. 그러나 세상이 급속도로 변하여 봉건사회를 지나 달리고 달려 정보화사회로 진입한 지도 오래 되었다. 어제가 다르게 급변하는 우리에게 옛 일만을 고집하기에는 생활양식에서 불편을 주는 문화는 자연히 도태되어 가듯 이제 더 늦기 전에 변해야 할 때가 왔다.

혼례문화

6 · 25전쟁의 폐허 속에서 전통을 지키기란 어려웠다. 그러나 고난을 이기고 우리경제는 허기를 면하고 기를 펴면서 옆을 돌아보는 여유가

없어 폐단도 따랐다. 그 중에서도 혼례문화에 대한 자성의 소리가 부각되며 개선되는가 싶더니 언제인가 사라지고 악습은 진화해 갔다. 현재 글로벌 경제위기로 나라마다 가정마다 자구책을 강구하고 긴축을 해야 할 시점이다.

그러나 가진 자는 한이라도 풀 듯 호화 혼례가 성행하여 지탄의 대상이 되지만 경쟁하듯 너도 나도 무리를 해서라도 비화하고 있다. 수많은 젊은이들이 청년실업에 묶여 아직 결혼을 꿈꾸지 못하고 적령기를 훌쩍 넘기고 있는 때에 몰지각한 사람들이 과시욕에 차서 호텔에서 고비용의 화려한 결혼식을 고수하고 있다. 이 모순된 풍조를 오죽하면 여론을 선도하는 모 신문사와 여성가족부는 '1000명 작은 결혼식 릴레이 약속' 캠페인을 펴 동참하는 사람들이 늘어나고 있다. 1000명이란 상징적인 숫자일 뿐 이 캠페인이 있기 전 지각 있는 지도층이나 평범한 가정에서도 이미 조용히 분수에 맞는 혼사를 치룬 사람들이 많다. 이를 확장시켜 사회가 문화로 정착하기 위해서는 호화결혼식이 멋있고 부러움의 대상이 아니라 시대정신을 망각한 모습으로 비춰져야 할 것이다.

2006년에 '특급호텔 예식 금지법안' 이 일부 의원에 의해 발의 되었지만 임기 내 통과되지 못하고 폐기된 일도 있었다. 요즘은 일인당 15만원의 식사비로 1억원이 넘고 꽃 장식으로 1000만 원이 드는 특급호텔도 있다는데 이게 제 정신으로 할 수 있는지. 이런 낭비와 사치가 우리 결혼문화로 정착된다면 우리는 사치 때문에 몰락하고 말 것이다.

결혼식장만이 문제가 아니다. 예단을 조목조목 적어 해 오라고 하자 이에 질린 약혼자는 결혼을 포기하는 사례가 수없이 많고 이에 충족치 못한 채 결혼하면 산다, 못산다는 비극이 연출된다. 결국 이혼한다. 요즘 옷 없는 사람이 어디 있으며 따로 가져오지 않아도 넘치는 게 물건이다. 예단 때문에 빚을 내서 부모는 눈물을 흘려서야 되겠는가. 받지도 주지도 말아야 하는 것이 예단이다. 청첩장도 낭비다. 알지 못한 사람들에게서 날아오는 청첩장에 축하할 수 없다. 사진도 비디오도 막대한 지출이다. 웬만한 사람들은 각각 재주를 동원하면 해결할 수 있다. 결혼식장은 과시의 극치가 나타난다. 어디서 그 많은 화환이 왔는지, 미루나무가 줄지어 사열하듯 식장에 가득 세워져 있다. 어떤 행사장에는 화환을 사양하고 꼭 축하하고 싶으면 쌀로 대신해 그를 모아 양로원이나 복지시설에 기부하기도 한다. 요즘에는 예식장을 개방하는 곳이 많다. 강당, 문화센터, 회의장, 교회에서 산사에서, 휴양림에서도 무료로 개방한다. 사회에서 존경 받는 분들이 솔선수범하는 곳도 많다. 조용히 결혼을 마친 이들도 많다. 알게 모르게 우리는 앞으로 저비용으로 결혼을 하는 문화로 정착해야 한다.

서울 여대는 총장이 벌써 앞장서서 정규 커리큘럼에 넣어 '작은 결혼식' 을 수강해야 졸업하도록 의식개혁을 교육시키고 있다. 사실 때로는 결혼 당사자들은 작은 결혼식을 원하지만 구습에서 벗어나지 못하는 부모 세대들이 체면 때문에 고집하기도 한다. 예복이 없어 입는 채로 꽃 하나 달고 예식을 치러도 후에 보면 더 알차게 잘 산다. 소문 요란하게 치른 결혼을 보면 끝까지 행복하지 못하고 비즈니스처럼 경영하다가 실패하기도 한다. 딸 둘만 시집보내면 기둥뿌리가 빠진다는 웃지 못할 이야기가 사라져야 하고, 아들딸에게 있는 것 없는 것 다 챙겨 결혼시키고 부모는 아무 대비 없는 쓸쓸하고 고달픈 노후를 겪는 노부부를 흔히 보며 참으로 우리가 개혁하지 않고는 모든 세대가 불행해진다는 것을 깨닫는다. 마치 삶이 오늘 하루 결혼식으로 끝장나는 사람들처럼 보인다. 허례허식을 벗어버리고 시대정신에 맞게 근검절약하고 저비용으로 알뜰한 결혼을 통해 앞으로 살아갈 일을 생각하는 결혼 문화가 새롭게 모든 국민에게 확산 되어야 우리가 잘 사는 길이 될 것이다.

더 늦기 전에 · 2

장례문화

인간은 언제인가 죽는다. 그러나 장례문화는 많은 폐단을 몰고 왔다. 우리는 유독 매장을 거의 고수해 왔다. 통계청 추계대로 보면 앞으로 40년 동안 1900만 명이 사망하면 사회적으로 다양한 문제가 제기된다고 한다. 연간 25만 명 정도 사망하는 지금도 장지가 부족하지만 특수한 사람들은 그들만의 호화묘를 꾸며 과시하여 지탄의 대상이 된다. 사람들이 희망하는 묘지로는 가족소유지 61.7%, 종중 · 문중 소유지 20.8%, 민간 법인묘지 11.7%, 공설묘지 5.8% 등이다. 이처럼 매장을 선호하지만 좁은 국토가 잠식되어 어려워져 앞으로는 화장 문화가 일반화 되어 화장한 유골을 수목, 잔디 밑에 묻거나 다른 방향으로 하도록 유도한다. 또 날이 갈수록 상조회 비용, 묘지관리 등의 비용이 막대할 것으로 추정되어 향후 1인 가족과 핵가족화 되어가는 추세에서 과용한 장례비 부담은 다른 문제에 봉착할 것이라고 우려한다.

통계로는 향후 40년간 장례비가 690조원이 소요되는 장묘대란이 올 것으로 예상되어 시급한 대책을 연구 중에 있다. 당장 그 대안으로 화장을 권한다. 그러나 화장장도 부족하다. 전국 화장시설은 51개소이고 전국적으로 11개소를 증축과 신축하고 있지만 만성적인 화장시설 부족에서 벗어나지 못하고 있다.

도시화 되면서 매장문화가 부득이 화장문화로 변한 것은 시대적 추세지만 우리는 자손으로서 조상을 화장하는 것을 부끄럽게 생각하며 묻힐 땅이 없는 가난한 사람들이나 하는 것으로 사회적인 인식이 뿌리 깊게 남아 있어 화장 장례로 가는 데는 커다란 결단이 필요했다.

세종시에는 은하수공원이 있다. SK그룹은 500억원을 들여 국내 최고의 수준으로 조성해 2010년 사회에 기부했다. 36만m²규모의 부지에 장례식장과 화장장, 봉안당, 자연장지까지 갖춘 종합장례시설이다. 화장장은 무색無色 무취無臭 무연無煙의 최첨단 시설을 갖추어 거부감을 최소화 했다고 한다. 은하수공원이 호평을 받자 관내 화장시설을 조성하려는 지방 자치단체들이 벤치마킹 대상 1순위로 꼽히고 있다. 이처럼 좋은 시설을 만든 것은 고故 최종현 SK그룹회장의 유언에서 비롯되었다. "화장하라. 훌륭한 화장시설을 지어 사회에 기부하라."는 유지를 남겨 고 최종현 회장은 우리나라의 장례문화를 획기적으로 바꾼 인물이다. 무엇보다 바꾸어야 할 장례문화가 좀처럼 바꿀 수 없었지만 최 회장의 솔선수범으로 생전에 훌륭한 일을 남긴 것 못지않게 누구도 앞서가지 못한 길을 걸어 간 정말 우리가 기억하고 존경해야 할 분이다.

1998년 최 회장이 세상을 떠날 때만 해도 사람들은 조상이나 가족을 화장하는 것은 불효를 무릅쓰고 가난한 사람들이나 하는 줄 인식 되었지만 최 회장이 스스로 화장하기를 명하여 그토록 두텁게 뿌리 내린 장례문화가 큰 변화를 가져오게 되었다. 1997년 25%수준이던 화장률은 해마다 확산되면서 2011년 처음으로 70%를 넘어섰지만 아직도 지방은 보수적이다.

내 친구는 지난 여름 남편을 떠나보냈다. 그는 남들이 부러워할 만큼 장묘도 거창히 꾸며 자손들에게 남길 수 있는 형편이다. 그러나 자신이 떠나고 나면 아이들의 산소 관리가 그들의 큰 부담이 될 것을 감안하고 시대 흐름에 호응해야 한다면서 시부모님이 누워 계시는 장지가 있음에도 과감히 화장을 택했다. 보수적인 나이에 오히려 놀란 아이들을 설득했다.

이런 생각에 잠겨 있는 동안 우리를 태운 버스가 서초구 원지동에 새로 건립된 웅장한 건물 앞에 멈췄다. 나는 대학 연구단지인가, 정부 연구시설인가, 생각하며 숲속에 싸인 매머드 건물이 궁금했다. 관리인에게 묻자 금년 초 개관한 화장장이라 했다. 그 규모와 시설이 너무 쾌적하고 청결해 어디가 화장장인지 분별이 되지 않아 놀랐다. 이게 없어 그동안 서울 사람들은 경기도 벽제와 부천의 화장장을 찾았다. 고 노무현 대통령도 수원까지 가야 했다. 그러한 불편을 덜기 위해 원지동에 세워 이제는 서울 시민이 저렴한 비용으로 화장을 할 수 있다. 화장 문화가 발달하려면 이처럼 어디 내놓아도 혐오시설이라 하여 기피하는 일이 없어야 한다. 사실 이 원지동의 시설도 서초구민들의 많은 반대에 부딪치며 어렵게 건립한 건물이다.

고 최종현 회장이 대기업을 이끈 공로 못지않게 장례문화에 선도를 걸었다면 또 한 사람, 3벌식 타자기를 만들어 한글 보급에 공이 큰 공병우 안과의 공박사도 장례문화를 일으키는데 공을 세웠다. 공 박사는 1995년 사망하기 전 "내가 죽으면 죽었다 하지 말고 시신은 기증하고 화장을 한 다음 모든 절차를 끝낸 다음 내가 죽은 사실을 알려라."하고 유언을 남겼다. 당시 시신 기증도 시신을 훼손시켜 두 번 죽는 일이라 부정적 인식이 강했다. 그러나 그 후로 시신 기증은 김수환 추기경으로 이어지고 시신기증운동이 활발히 진행되고 있다. 중국지도자 개혁 개방으로 이끈 거인, 중국을 지금 잘 살게 한 덩샤오핑은 1997년 사망하면서 "각막은 의학용으로 기증하고 시신은 화장해 홍콩이 보이는 바다에 뿌려라."는 유언을 남겼다. 그들은 모두 살아서 위업을 남겼고 죽어서도 남은 사람들을 배려하고 피해를 최소화 하려는 그 큰마음에 많은 감명을 받는다.

장지가 모자라 장례문화는 바꿔야 한다. 내 친구처럼 가정에서 발언이 큰 어머니가 바로 서야 모든 아이들도 따른다. 화장은 부끄러운 일이 아니라 사회적으로 큰 경제적 손실을 막을 수 있다. 체면이 먼저가 아니라 바른 장례문화를 구축해 더 늦기 전에 실행해야 남은 후손들에게 여러모로 짐을 더는 일이 될 것 같다.

불신시대不信時代의 믿음

신뢰의 위기

월가의 쇼크가 세계의 시장을 요동치고 있다. 경제전망이 갈수록 어둡다. 글로벌 경기침체가 우리 사회에 그대로 신용경색의 심각한 상황으로 나타났다. 정부가 경기부양책을 내놓아도 국민들은 감동하지 않는다. 흑자기업의 대출이 되지 않아 애태워도 은행에서는 BIS(국제결제은행 자기자본비율)를 맞추기 여념이 없고 달러와 엔 캐리 트레이드 등 유동성 확보를 위해 기업들의 소리는 귀에 닿지 않는다. 한국은행에서는 기준 금리를 몇 차례 낮춰도 시중에는 반응이 없고 CD나 국고채 이외는 여전히 내리질 않는다. 내수도 살아나지 않아 신용평가기관의 소비자 신용지수가 하락하자 IMF는 제2세계경제공황까지 우려하는 실정이다. 설상가상으로 학력평가마저 조작되고 모두를 믿을 수 없는 신뢰성

상실에 상처만 남겼다. 사회 어디에도 믿음을 찾아 볼 수 없는 신뢰위기가 참으로 우려스럽다.

세계의 대공황

1929년 10월 24일 검은 목요일. 주식 폭락으로 월가의 주식시장은 붕괴되었다.

경기후퇴로 미국노동자의 25%가 실직하고 불황의 여파는 즉시 유럽에 번졌다. 세계의 대공황(Great Depression)을 겪으며 1932년 대통령으로 당선된 루스벨트는 대국민 라디오 연설을 30차례나 했다. 그는 국민을 위로 하며 정부를 믿어달라고 했다. 정부가 뭣인가 해서 국민의 신뢰를 회복하는 것이 가장 시급하다고 국민들에게 호소하며 뉴딜(New Deal)정책을 폈다.

케인스 경제학(Keynesian economics)

믿음이 중요하다. "경제는 기대심리에 따라 춤춘다." 라고 말한 케인스는 뉴딜정책에 힘을 실었다. 경제상황에 대한 기대심리가 위축되면 경제회복이 더욱 어렵다. 일본이 20년간 장기 불황의 늪에 빠진 것은 국민들이 누구도 믿지 않고 장롱에 돈을 꽁꽁 숨기며 자신감과 희망을 잃고 기대심리가 가라앉아 생산도 소비도 투자도 침체에 빠져 경제회복의 동력 자체를 상실했기 때문이었다.

세상만사 돌고 돈다. 호황과 불황도 시장경제의 순환 사이클이다. 어려운 시대를 타개할 경제이론도 시대적 요청의 산물로 나타난다. 불황의 함정은 지갑을 닫는 일이다. 절약의 역설을 외친 20세기의 영국의 경제학자 존 메이너드 케인스의 경제이론이 불황시대에 적중했다. 1936년 그의 저서의 고용, 이자 및 화폐의 일반이론을 통해 일반인에게 알려졌다. 시대적 요청에 부응하듯 절대 절명의 실업문제를 해결할 이론으로 명성을 날렸다. 재정적자를 감수하고라도 정부의 유동자금을 풀어 실업문제를 해결하는데 혁혁한 공을 거두었다.

월가의 탐욕

그 분노의 포도 열매가 농장이 아닌 월가에서 금융위기로 나타났다. 부시 정부의 서브 프라임 모기지 주택정책은 월가의 금융자본의 몰락으로 이어졌다. 월가의 CEO들은 수천만 달러의 연봉에도 부족해 금융투기판을 벌이다 과소비의 버블이 끝내 터지고 말았다. 그 후 바로 미국 하원에서 월가의 구제금융법안을 부결 시킨 것도 미국 정치권 모두가 분노에 떨었기 때문이다. 미국 국민이 분노한 것은 미국과 전 세계를 위기로 몰아넣은 바로 배신감 때문이다.

문인은 위기 때 우뚝 서야 한다. 사회의 가치관을 선도해야 할 본분과 책무가 있다. 이 시대의 사관史官으로의 자부심으로 고발해야 한다. 금융편법으로 야기된 사회적 안정망을 무너뜨리는 일은 없어야 한다. 정정 당당한 정의正義와 정직正直, 땀의 가치를 맹렬히 외쳐 시대정신을 발휘해야 한다. 이는 문학이 해야 할 마땅한 일이다.

패닉(panic)에서 믿음으로

금융위기를 맞자 해외투자자들이 미국을 탈출하려는 신용공황까지 일어난 미국은 신용경색으로 무질서와 무법천지 같지만 이러한 불신시대에도 믿음이 살아 있다. 대통령 오바마도 학자금 대출을 오랜 시간에 걸쳐 몇 년 전에야 상환했다. 미국인들은 개개인의 신용도를 쌓기 위해 학자금 대출도 주택구입 대출도 정한 시일을 어기지 않고 고스란히 지키며 공적인 자기 신용도를 높이고 있다. 그런 믿음을 쌓아 온 이들은 지금도 100%의 신용대출로 주택을 구입한다. 개인의 신용도를 목숨처럼 지키는 미국, 미국을 지탱하는 파워가 되고 있다. 우리가 배워야 할 대목이다.

정부는 공황 극복의 방안으로 사회적 합의하에 경기부양책을 통해 고용창출을 해야 한다. 약속한 정부의 국가 전략이 불신 당하지 않도록 반드시 지켜 공포에 질린 패닉 상태의 투자자들의 불안 심리를 해소 시킬 대책을 과감히 추진해야 한다. 물가안정과 통화정책을 책임질 중앙은행의 독립성을 신뢰하고 대립과 갈등을 배제하며 일관성을 지켜야 된다. 우리의 희망은 경제 주체의 붕괴된 신뢰가 하루 속히 회복되는 일이다.

믿음이 살아날 때 정부의 정책도 무지개 빛으로 신뢰를 얻는다. 그래야만이 우리 국민의 염원을 담은 결집력은 능히 불황극복의 지름길이 될 것이라 믿기 때문이다.

보고寶庫의 바다

어머니의 품처럼

코발트빛 푸른 바다는 생각만 해도 설렌다. 하얗게 포말로 밀려오는 파도를 바라보며 아련한 추억과 낭만이 늘 가슴을 들뜨게 한다. 바다는 어머니 품속처럼 삶에 지쳤을 때 기쁨과 아픔, 슬픔까지도 어루만져 싸안아 위로하는 끝없이 품어주는 사랑이 있기 때문에 언제나 달려가고픈 곳이다. 휴가철이 다가와 가슴 확 트이는 바다를 향해 갖가지 사랑과 낭만을 꿈꾸며 마음에 쌓인 것들을 날려 보내려 모두 달려 갈 것이다.

망망대해, 함부로 근접할 수 없는 이 바다를 일찍이 지배한 나라는 세계를 지배해 왔다. 잠자는 나라를 깨워 해상무역을 통해 부를 축적하고 한편 외침을 막아내어 강국으로 우뚝 섰다. 그리스는 지중해시대를 열었고 콜럼버스는 신대륙을 발견했다. 물의 도시 베네치아는 상업이 발달하여 돈과 사람이 모여들었다. 지난 세기에 앞 다투어 식민지정책으로 1세기를 지배하며 누린 것도 해양진출 때문이다. 영국이 대영제국을 이룬 것처럼 스페인도 포르투갈 네덜란드도 바다를 장악해 식민지를 차지해 왔다.

우리나라도 장보고의 해상 장악을 통해 무역왕으로 등극했지만 쇄국정책으로 바다의 문을 닫아 한 세기가 어두웠다.

바다는 끊임없이 우리에게 해산물과 해조물 등 우리의 먹거리를 공급하는 자원의 보고이며 해저의 자원은 무궁무진하다.

해양문학

올해 한국수필문학가협회 여름 문학세미나는 '바다'라는 주제를 세웠다.

몇 년 전 태안지역이 기름유출로 많은 피해를 입어 국민들의 동참으로 한겨울에도 한 방울의 기름이라도 닦아내느라 온 정성을 쏟았다. 4년이 더 지난 지금 자정능력을 보여 많이 회복 되었지만 아직도 지역 경제는 침체해 있는 태안을 선행지로 택했다.

우리 일행은 '바다 살리기 국민운동본부' 제5대 총재인 조정제 수필가의 안내를 받았다. 기름유출 후유증으로 아직도 고통을 겪고 있는 태안지역에서 운동본부는 바다 살리기 캠페인을 펼치고 있어 우리도 동참했다. 버스 두 대로 도착한 우리는 모항항에서 다시 만리포 해수욕장으로 옮겨 조끼와 집게 장갑을 받고 쓰레기 수거에 들어갔다. 다른 동호회 회원들도 흩어져 제각각 동참했다. 긴 백사장 멀리에는 수영을 즐기는 사람들도 있고 비취 볼을 치는 남자들도 있었다. 우리가 주워 담은 쓰레기에는 해양 부유물이 밀려와 쌓인 스치로폼 유리병 캔 폐그물 플라스틱 조각에 피서객이 비닐봉투에 넣어 묻어 둔 쓰레기도 있었다. 유리조각은 피서객들이 발을 다칠까 염려되었다. 한 나절 땀을 흘린 작은 작업이었지만 우리는 많은 것을 배웠고 감동을 받았다.

앞서 서양에서는 해양문학으로 많은 청소년들에게 모험심을 일으키고 바다로의 동경을 샀다. 호메로스의 「일리아드」와 「오딧세이」는 트로이 전쟁을 배경으로 한 서사시를 통해 해양의 모험을 다룬 해양문학의 시조라 할 수 있다. 영국의 다니엘 디포의 로빈손 크루스, 조나단 스위프트의 「걸리버 여행기」도 있다. 걸리버선장은 여러 나라를 모험하면서 유토피아를 찾고자 기이한 경험을 겪게 된다. 역사상 격동기였던 17세기에 먼 나라를 상상한 이야기이다. 17세기 아일랜드는 영국의 식민지로써 탄압을 받던 시기에 그 시대를 풍자한 이 책은 금서가 되기도 했다.

데이너의 「범선 항해기」는 데이너가 하버트대 재학 중 범선의 선원이 되어 쌍돛 범선을 타고 남미 최첨단 케프흔 갑을 돌아 캘리포니아까지 항해한 해상생활을 생생하게 묘사한 글로써 선원들의 가혹했던 체험담을 저술한 것이다. 이 해상 모험담은 인간의 용기와 인내심이 자연에서 어떻게 시험 받는가를 강렬하게 묘사한 작품이다. 바다를 동경하는 육지인에게 널리 읽혀진 이 작품은 미국의 해양문학뿐 아니라 세계적인 명작으로 꼽힌다. 이는 영국 해군이 운용학 교재로 활용하고 영화화 되어 폭발적인 인기를 모으기도 했다. 헤밍웨이의 「바다와 노인」은 노벨문학상 수상작품으로 인간이 바다에 도전하는 힘든 이야기를 썼다. 일본의 「만지로 표류기」도 섬나라 일본의 젊은이들에게 바다로의 꿈을 키워 주었다. 바다에 나가 풍랑과 싸우며 표류하다 무인도에서 미국의 포경선에 구조되어 최초의 미국 유학생이 되었다. 후일 미 · 일수호조약 체결에 일조한 실화이기도 한 이 모험담에 힘입어 호기심 많은 젊은이들은 밀항을 많이 했다.

바다의 분노

바다는 쉼 없이 인간에게 많은 것을 제공하지만 사람들은 그도 잊은 채 바다를 분노케 한다. 겨울철에는 북서풍이 불어와 중국에서 떠내려오는 생활 쓰레기들이 우리 해안가에 머물러 산을 이룬다. 비닐 병 어망 생활 쓰레기는 이루 다 말 할 수 없을 정도이다. 부지부식간에 쌓여만 가는 쓰레기를 치우며 불평하기 일쑤다. 그러나 그 반대로 부산에서 버린 쓰레기들은 조류에 따라 흘러흘러 일본 대마도 해안에 쌓인다. 우리 상표가 달린 갖가지 쓰레기들이 골치를 앓게 한다. 그를 수거해 소각하는데 많은 비용이 든다. 그뿐 아니다. 동남아에서 흘러 온 쓰레기, 베트남 것도 섞인다. 흑산도에서 표류한 사람이 오키나와까지 간다니 조류의 방향에 따라 쓰레기는 바다를 오염시키며 흘러 돌아 해안선에도 머물지 않고 태평양 한 가운데 몰려 이는 바다 쓰레기산이 되고 이 부유물들은 파도에 잘게 부서져 떠다니다 새들이 먹인 줄 알고 먹다가 죽어 떠다니고 온갖 쓰레기의 잔 부스러기를 먹은 생선은 사람에게 잡혀 우리의 밥상에 오른다. 우리가 버린 쓰레기를 주워 먹은 어류를 우리가 다시 먹어 스스로 병을 자초해 우리도 같이 자멸하게 된다.

무심히 바다에 투기한 쓰레기가 원인이 되어 생태계를 교란시키고 파괴되어 오염된 그 바다의 생물은 서식할 수 없게 된다. 인간들은 육지에 매립이 어려워지면 손쉽게 해양투기를 한다. 수많은 나라들이 다 같이 이러한 무지를 반복해 이미 바다는 오염되어 있다. 일본의 방사능 유출로 태평양은 이미 많이 오염되어 있다.

이를 보다 못해 런던해양협약에서는 경고하고 있다. 우리도 1992년에 이 런던해양협약에 가입하고 1994년에 효력이 발생한 처지다. 1993년에는 방사성 폐기물을 1996년에는 산업폐기물 투기를 금하고 2012년에는 하수 슬러지도 해양투기금지협약도 전면적으로 발효되고 있지만 우리는 군산, 울산, 포항 앞 바다에 하수 슬러지를 투기하고 있는 실정이어서 회원국 중 가장 최다 투기국가로 국가 브랜드에 오점이 되고 있다. 내년부터는 하수 슬러지를 전면금지 함으로 소각하거나 질소가 부족한 토양에 퇴비로 재생해야 한다.

그러나 런던 협약뿐 아니라 우리는 하천에 공장 폐수와 축산농가의 폐수도 우중에 방류시켜 이것이 그대로 바다로 흘러간다. 하천가 토사도 휩쓸리고 비만 오면 하천가에 둔 자동차, 자전거 심지어 소파까지 모든 쓰레기가 비에 쓸려 하천을 오염시키고 바다까지 밀려간다. 이러한 생활 주변의 사소한 것부터 해양 살리기에 모두 동참해야 우리 모두가 사는 길이다.

세계 엑스포가 열리는 여수 앞 바다는 쓰레기를 수거하는데 많은 재원과 노동이 소모 되었다는 사실을 기억해야 한다. 중국에서 오는 쓰레기에 불평하던 우리도 피해자이고 공범자이다. 우리의 삶에 막대한 자원과 편이를 제공하는 마지막 보고임을 다시 인식해야 한다.

현재 태안은 많이 복귀는 했으나 이미지 손상으로 해산물 거래도 뜸하고 관광객도 급감해 지역 경제가 말이 아니다. 작으나마 생활에서 탄소배출을 줄이고 자원을 아껴 신음하는 하나뿐인 지구를 우리가 살려야 한다.

포퓰리즘의 수렁에 빠진 지구촌

'무상과 반값'

난데없이 우리사회에 요란한 화두가 되었다.

우리들의 피 속에는 원래 '공짜' 라는 것을 부끄러워했고 공것은 사특私慝한 마음을 일으킨다 하여 금덩이도 강물에 돌덩이처럼 던지는 서울 양천 앞 투금탄投金灘 이야기도 있다. 바느질 품삯으로 아이를 기르는 과부도 금은보화가 가득 든 가마솥을 보고도 재財는 재災라 하여 불로소득은 아이들이 자라는데 해가 된다고 땅에 묻어버리고 이사했다는 이야기는 거저 생긴 재물은 취하지 않는다는 정직한 마음을 가르치며 전해 내려 왔다. 가진 것 없는 거지도 거저 받는 것을 원치 않아 논이나 밭일을 돕고 앞마당이나 골목이라도 쓸어가며 작으나마 응분의 대가를 치루는 거지철학도 있었다. 그 안에는 노동을 신성시한 정신을 높이 샀었다.

글로벌 금융위기 이후 위기설이 나돌고 있는 나라들의 공통점은 달콤한 복지에 길들여진 나라다. 정치인들이 표를 얻기 위해 없는 사람들의 비위를 맞추느라 갖가지 인기영합제도를 늘어놓으며 국가의 재정이 거덜 나고 여기저기 손을 내밀어 신용등급이 추락해 나라체면이 말이 아니다.

지금은 강소국으로 잘 알려진 네덜란드도 1980년대까지 국민이 복지에 기대어 살면서 국가는 헤어나지 못할 수렁에 빠져 들어갔다. 그 당시 과감한 개혁과 희생을 거쳐 국가경쟁력을 높였다. 1980년에서 1990년대에 루베르스 전 총리의 강력한 리더십으로 복지병에서 네덜란드를 구해 유럽연합의 회원국 가운데 가장 건실한 경제체질을 유지하여 다른 나라의 벤치마킹이 되고 있다.

스웨덴도 복지에 맛을 들인 국민과 정치인들 때문에 심히 어려움에 처하자 복지개혁 기수로 나선 페르손 전 총리는 1996년부터 2006년까지 11년 동안 발군의 지도력을 폈다. 허울 좋은 말 '세금은 더 걷지 않고 복지수준을 높이겠다.' 이런 말로 재정 위기에 처한 유럽 국가들의 실수를 '한국은 그러한 전철을 밟지 말라' 고 충고 하면서 예를 들어 조언을 하기도 했다.

그리스는 IMF와 유럽중앙은행에서 두 번씩이나 구제를 받고도 국민은 긴축과 개혁을 반대하며 시위만하고 GDP대비 143%로 유로존 최고수준의 부채비율이지만 정부예산 가운데 3분의 1 이상을 사회복지 예산에 쓰고 퇴직자에게 지급한 연금의 50%이상을 정부가 부담한다. 그리스 정치인은 표를 얻기 위해 선심성 정책을 쏟아냈기 때문이다. 1100만 명 인구에 100만 명의 공무원이 늘어나 있고 노동자들 사이에서는 조기 퇴직하여 연금을 타는 게 유행처럼 돼 있다. 빨리 퇴근하는 공무원 때문에 관광할 그리스의 대표적인 파르테논 신전의 관광객도 구경을 할 수 없다.

그리스의 뿌리 깊은 부패구조의 탓도 있다. '작은 봉투'를 뜻하는 파켈라키(Fakelaki)는 청탁을 하면서 돈 봉투를 전하는 것이 고착화 되어 수술 받는 환자가 의사에게 봉투를 줘야 안심하고 몸을 맡길 수 있다. 몇 백 유로가 든 파켈라키가 든 봉투로 시험 없이 운전면허를 딸 수 있고 각종 인허가는 더하다. 세수의 30% 이상이 새고 있다. 고위층부터 말단까지 파켈라키 문화가 만연되어 있다. 국제투명기구 조사에서도 EU국가 중 부패가 가장 심한 나라는 재정위기를 겪고 있는 포루투갈 스페인 이태리 그리스 등등 경제의 흐름을 해치고 있다.

거기에 대책 없는 포퓰리즘으로 12년간 장기 집권한 안드레아스 파판드레우 전 총리에 이어 2009년 총리에 오른 그의 아들 게오르기우스는 그해 10월 숨겨진 재정적자가 공식 수치보다 2배 이상 크다고 공개했다. 그리스의 만성적 파산 위기가 시작되었다. 다음해 5월 EU와 IMF는 임금 삭감과 세금인상 등 긴축정책을 실시할 것을 조건으로 구제금융을 제공하면서 비극은 시작되었다.

긴축으로 5년이 지나고 2015년 치프라스 총리를 선출하고 특별한 묘책이 있으리라 기대했지만 EU와 IMF에서는 탕감이나 어떤 것도 합의가 되지 않아 다시 긴축정책을 요구하며 국회통과를 요구해 결국 반대의 국민투표에도 관계없이 차프라스 총리도 구제금융을 받는 쪽으로 합의를 보았다.

그리스는 유럽 문명의 본향이었지만 조상이 물려 준 문화재와 국유재산을 지금 땡 처리하기 위해 매물로 내놓았다. 공항도 올림픽 경기장 등 알짜배기 재산들을 눈물을 머금고 매물 폭탄으로 나왔다. 아름다운 그리스의 도서들도 매물로 팔아 펀드를 만들어 빚을 갚으라는 것이다. 벌써 웨렌 버빗 등 미국부자들이 섬을 사겠다고 화제가 되고 있다. 그리스인들은 포퓰리즘으로 거덜 나고 여기저기 살 길을 찾아 남의 나라를 기웃거리는 신세가 되었다. 참으로 조상이 물려준 스파르타 정신, 패배를 모르는 자긍심에 상처를 입고 많은 문화와 유산들의 관광자원을 지키지 못하고 팔아치워야 하는 그들이 딱하다. 지도자를 잘못 만난 그리스, 포퓰리즘이 나라를 망친 것이다.

포퓰리즘이라 하면 탱고의 나라, 마라도나의 아르헨티나를 떠올린다. 이 나라는 20세기 중반까지도 곡물 수출로 세계 5대 부국이었다. 그러나 1946년 이래 소위 페론주의로 일컬어지는 인기 영합주의에 노동 관련법을 추진해 엄청난 부를 노동자들에게 분배하는 선심성 지원금으로 방만한 예산은 국가부채로 누적되었다. 에비타의 인기는 올랐지만 국가의 신용도는 하락하고 위기를 벗어날 수 없어 2001년 디폴드의 신세가 되기도 했다. 지하자원 덕에 겨우 살아났으나 여전히 포퓰리즘의 중병을 고치지 못하고 현재 크리스티나 대통령도 초강수를 쓰고 안간힘을 다 하지만 빚으로 허덕이고 있다.

바로 이웃 일본도 얼마 전 집권한 지 2년도 못 되 민주당 간사장이 대

국민 사과를 했다. 자녀 1인당 2만 6천엔(35만원 상당)을 주고 고속도로의 통행료를 무료화 한다는 등 2009년 포퓰리즘을 내걸고 정권교체에 성공했으나 재정 상태를 고려치 않은 약속이었다. 지진 등 악재가 끊이지 않은 일본은 GDP(국민총생산)대비 정부부채가 200%를 넘어가는 추산인 현실에서 '악의 입'을 닮아가는 형국인 일본, 자기의 전철을 밟지 말라고 우리에게 귀띔하기도 했다.

그러나 그 많은 포퓰리즘에 실패를 보고도 우리의 정치권도 반값 등록금 교육비 보육료 중증 치료비 65세 노인들의 기초연금 반값 아파트까지 아무렇게나 약속해 놓고 그것을 다 실행하려면 나라가 거덜 날 수밖에 없는데 정치권의 공약 때문에 국민들의 화합만 깨진다. 선량들이 봉투를 받아 감옥행을 하고 있는데 한심한 우리도 남의 이야기 할 처지가 아니라 반면교사로 삼아야 할 것이다.

오키나와의 전투 · 1

광복절이 다가온다. 가장 치열했던 오키나와 전투, 1945년 8월 15일 해방을 맞는데 오키나와 전투는 어떤 의미가 있는가.

2007년 가을 오키나와에서는 대대적인 시위가 벌어졌다. 그것은 일본 고교 교과서에서 오키나와 전투에 관한 진실을 덮고 삭제하거나 수정하려는 일본정부의 계획에 왜곡하지 말라는 시위였다.

한편 2012년부터 고교 선택과목으로 '동아시아사' 과목이 개설한다. 지난 역사뿐 아니라 현재에도 중국과 일본, 우리 사이에는 역사적 갈등이 핵심 현안이다. 그래서 동아시아사東亞世亞史를 새로 개설한 배경이다. 고대사를 중국사 위주로 재편하려는 중국의 동북공정과 침략의 역사를 미화하려는 일본의 교과서 왜곡 등이 바로 우리가 주의 깊게 바라봐야 할 점이다. 우리는 그 사이에서 역사의 피해자이기 때문이다. 그러한 시점에서 동아시아 현장연수를 통해 현실감을 인식하는 교사들을 양성하기 위한 연수를 가졌다. 역사의 현장답사로 제일 먼저 오키나와를 찾았다.

류큐琉球왕국의 흥망

오키나와는 큐슈에서 징검다리 돌 몇 개를 건너 뛴 느낌이지만 아마미섬, 사키시마제도, 오키나와 본섬과 그 외 작은 여러 섬들이 줄줄이 한 줄로 놓여 있는 난세이제도 중 가장 큰 섬이 오키나와이다.

류큐왕국은 14세기 말 삼산시대 통일되어 류큐왕국이 창건되었다. 류큐왕국은 중국과 일본의 문화를 혼합한 류큐 특유의 문화를 지니고 있다. 그 문화의 집대성은 나하시의 슈리성에 있다. 정치, 경제의 중심이며 모든 의식이 거행되던 슈리성은 류큐왕국의 영화榮華의 발자취를 더듬을 수 있는 곳이다. 화려한 붉은 색채와 황금색으로 장식된 그 건축은 류큐 건축의 우수성의 절정을 이루고 있다. 여러 가지 조각으로 된 정전은 목조 건축으로 뛰어난 기술이다. 14세기 말 후리난으로 1차 소실을 거쳐 오키나와 전투까지 몇 번의 소실을 방치하다가 1974년에 복원하여 류큐왕국을 보기 위해 많은 관광객의 발길이 끊이질 않아 지금도 계속 복원하고 있다.

450년 동안 평화롭게 사는 류큐왕국을 1879년 메이지(明治)시대 군부는 군대도 없는 오키나와를 무력으로 일본의 한 현으로 편입 시켜 버렸다. 이 왕국은 청이 종주국으로 청의 황제는 왕의 즉위나 고희를 맞을 때도 승인을 받고 기념하는 어서御書를 보내는 사이다. 청조(1644-1914)

의 강희제, 웅정제, 건륭제 등은 정치뿐 아니라 문화 예술에 뛰어난 인물로 류큐왕국에 많은 영향을 끼치며 더욱 돈독했다. 그러나 청은 일본의 흡수에 불만을 표시하자 1894년 청일전쟁의 발단이 되었다.

오키나와, 그 시대 배경

러시아의 남진과 일본의 북진으로 세력을 확장하려던 일본이 결국 러일전쟁을 하게 된다. 그러나 러시아는 국내에 혁명이 일어났고 반전운동으로 더 이상 전쟁을 수행할 수 없고 일본도 재정난으로 어려웠다. 드디어 포스마스 조약으로 1904년 (메이지 37년)에 조선의 지배권을 얻어내고 조선은 1905년 일본의 지배하에 들어갔다. 이웃 강국의 입김에 우리의 국운은 속수무책이었다.

한편 독일은 오스트리아를 침공하자 영 · 불 · 러시아와 싸우게 된다. 일본은 재빠르게 일 · 영 동맹을 맺고 독일에 선전포고를 한다. 전쟁으로 유럽이 생산성이 저하되자 아시아에서 군수품을 조달하는 과정에 일본이 독점, 일본은 전쟁특수를 맞아 금융이 성장하고 세계 제일의 생사수출로 일본이 근대화하는 데 큰 몫을 한다. 덕분에 오키나와도 여자들이 전화 교환수가 되고 타이피스트도 나왔다. 결국 베르사이유 조약으로 독일은 해외 식민지를 모두 내놓게 되고, 군 장비 감축 등 승전국에 전비 배상으로 1921년 런던 회의에서 1320억 마르크를 정식 배상해야 했다.

이때 오키나와 사람 70%를 남아시아 독일 점령지에 이민 시키고 농업과 광산업에 종사시켰다. 제1차 대전 후 전승국이나 패전국이나 피해는 어쩔 수 없이 많았다. 미국도 경제기반이 무너져 만성적 불황이 계속 되었다. 뉴욕 증시가 폭락하자 일본도 경제 공항이 몰려 와 기업이 도산하고 농촌에서는 딸자식을 팔아서 살기도 했다. 오키나와도 거지가 속출하고 딸 매매 상담소까지 생겼다. 그 와중에 일본의 군부는 만주사변, 중일 전쟁을 일으킨다. 일본은 경제적 타결을 위해 남아시아의 남진 정책으로 돌아선다. 군부 구테타 사건 등 다시 전시체제로 선회하고 드디어 일본은 1941년 12월 하와이를 침공했다.

이미 유럽에서는 독일이 다시 폴란드를 침공해 영 · 불이 선전포고를 하고 제2차 세계대전이 발발한 중이었다. 미국은 아시아 태평양 전쟁을 일본과 해야 하는 등 온 세계가 전쟁의 소용돌이에 휘말렸다.

오키나와 전투

하와이 침공을 촉발한 아시아 태평양 전쟁은 치열했다. 일본은 학생들을 총 동원하고 정신대를 모집하는 등 군부세력이 강화되어 한국과 중국에서도 군수물자를 보급해야 하고 징용으로, 학도병으로 총력을 다했다. 그중에서도 1944년의 사이판전에서 일본군은 전멸했다. 일본은 1945년 2월 만주에 주둔한 병력과 수비군을 집결 시키고 참호를 준비해 지구전으로 들어 갈 차비를 했다. 오키나와는 17세부터 남자는 모두 소집하고 여자는 간호부와 잡역으로 오키나와는 어른들은 다 끌려 나가고 아이들만 남았다.

미군은 1945년 3월 오키나와에 상륙, 3월 23일 오키나와 본섬에 포격을 개시하고 중심 도시 나하의 슈리성을 폭격했다. 한편 일본은 세계에서 가장 큰 '야마토' 군함을 만들었다. 일본 군부는 1001호의 작전 명령에 따라 4월 4일 3300명이 탑승한 '야마토' 함정을 오키나와 해역에 출격시켰다. 오키나와를 절대 미국에게 빼앗길 수 없다는 군부는 해상 '가미가제' 특공대로 상륙시켜 끝까지 육박전으로 미국과 싸우라는 명령이 떨어졌다. 꽃다운 학도병이 대부분인 3300명의 해병들은 전날 밤 술과 음악으로 마지막 잔치를 베풀고 병사들은 특공대로 '죽으라면 죽으리라' 라는 비장한 각오였다.

그 함정을 발판 삼아 작전도 개시하기 전 미국의 58기동연대의 360전투기가 오키나와 하늘을 새까맣게 덮어버려 폭격을 가했다. '야마토호'는 큰 포를 쏘아보지도 못하고 1시간 40분 만에 처참하게 침몰하는 비극을 맞았다. 3300명 중 단 200명이 안되는 생존자가 남았을 뿐 일본 군부의 어리석은 작전은 젊은 수병을 사쿠라처럼 하루 밤 사이 비 속에 떨어져 수장시키고 말았다. 그러나 나이 겨우 18세에서 20세도 안된 수병들은 '죽으라면 죽으리라' 라고 했지만 죽기 정말 싫다는 호소를 하고 외롭고 쓸쓸하다고 일기장이나 메모에 남겼다. '요시다 미쑤루' 라는 동경제대 출신 생존자는 후에 '야마토의 최후' 라는 책을 통해 어린 병사들의 억울한 죽음을 생생하게 기록하고 있었다.

한편 미국을 대비해 오키나와에는 1944년 구 일본 해군이 만든 참호의 길이가 450m로 문은 갱목과 콘크리트로 고정 시켜 미군의 함포사격에도 견딜만하게 만들었다. 지구전을 위해 지하 진지에는 무려 4000명의 병사가 수용되었다. 병사들은 서서 자야 했고 새로 온 사령관은 계속 해상에서 괴멸을 당하자 3개월을 버티다 사령관과 간부 6명은 1945년 6월 23일 수류탄으로 자결했다. 그 파편이 지금도 지하 참호에 남아 있어 당시의 위급상황을 짐작할 수 있다. 다른 방공호에 숨어 들은 패잔병들은 패주하면서 주민들을 사살하고 그야 말로 류큐 열도는 빈사 상태 아비규환이었다. 땅굴처럼 버티기 작전을 하려고 견고하게 만들어진 그 곳을 바로 서서 나는 구석 구석을 살피면서 일본의 잔혹함에 몸서리쳤다.

미군은 작전 3개월 만에 작전 종료를 선언했다. 이것은 전쟁의 종식을 의미했다. 이어 7월 2일 대일 포스담 선언을 발표하고 미군은 히로시마와 바로 뒤 나가사키에도 원폭을 투하했다. 일본은 포스담 선언을 수락해 드디어 일왕은 종전선언을 라디오를 통해 방송했다. 류큐령의 수비군은 오키나와 '가데나' 공군기지 미군사령부에서 항복문서에 조인함으로써 일본은 패전국이 되었다.

이 '야마토 전함의 최후의 비극' 으로 3300명의 어린 병사를 수몰시킨 비극을 잊었는지, 지금도 아베정권은 중일전쟁과 원폭의 기념으로 현재 '이스모' 라는 함공모함을 제작해 과시하고 있으니 야마토 정신의 재현은 국민을 속이는 어리석은 일일 뿐 이제 그만 멈추기를 바란다.

오키나와의 전투 · 2

오키나와의 참상

1945년 3월 역사상 보기 드문 격렬한 전쟁의 불꽃이 이 섬을 뒤덮었다. 90일간 계속된 '철의 폭풍' 은 섬의 모습을 바꾸고 문화유산의 대부분은 파괴되었다. 1945년 6월 21일 일본 점령을 위한 최후의 오키나와 전투는 미국의 승리로 막을 내렸다. 미군은 오키나와 점령하고 일본 본토를 점령하기 위한 사령부를 설치하여 본토를 공격할 폭격기들이 좀 더 수월하게 출격할 수 있도록 공군기지를 설치하려 했다. 일본은 오키나와를 뺏기지 않으려 저항했다. 이 피의 전투 3개월 간에 일본측 사망자와 행방불명자는 18만81362명이며 이중 오키나와 출신이 12만 2228명이었다. 민간인 사망자도 9만 4000명이나 귀한 목숨이 희생되었다. 미군 역시 사망자와 행방불명자가 1만2520명, 부상자 7만2000명으로 피해가 적지 않았다. 오키나와 전투는 일본에서 유일하게 현민을 총동원한 지상전으로 아시아 태평양 전쟁에서 최대 규모의 전투였다. 오키나와 전투의 특징은 무엇보다 일반주민의 전사자가 군인보다 훨씬 상회해 10수만 명에 이르렀다.

본토 상륙을 막기 위한 일본의 저항은 전투기를 이용해 자살 특공대인 가미가제뿐 아니라 인간어뢰라고 하는 가이텐 특공대까지 만들어 냈다. 포탄에 죽고 막다른 곳까지 와 목숨을 끊는 사람, 기아와 말라리아로 쓰러진 사람, 패주하는 일본 군인이 사살한 사람, 동굴 속에 은신한 오키나와 사람들에게 일본 군인은 수류탄을 터뜨려 자결하게 하거나 목 졸라 살해 했다. 이 모든 것은 일본군의 명령과 강제에 의한 것이었다. 상상을 초월한 극한 상황과 부조리를 오키나와에 남은 자들은 몸소 체험했다. 오키나와는 산야가 초토화되었다.

오키나와의 전투의 논쟁

최근 일본에서는 오키나와 전투를 둘러싸고 논쟁이 벌어졌다. 2007년 가을 오키나와 주민 10여만 명이 참가한 대규모 시위가 열렸다. 그것은 일본 교과서 왜곡에 대한 오키나와 주민들의 항의 시위였다. 일본 문부과학성은 고등학교 교과서에 오키나와에서의 '집단 자결' 은 일본군인의 명령, 강제에 의한 것인데 이를 삭제 하거나 수정하라는 의견을 낸 것이다. 오키나와 전투에서 미국이 압박해 오자 일본군의 명령으로 자결하고 수류탄에 맞아 죽고 서로 목 졸라 죽인 것이 모두 일본군인의 강제에 의한 것임을 생존자는 증언하고 있는 사실이다. 일본 정부는 그것마저도 숨기려 하고 삭제해서 없었던 것으로 왜곡하려 했기 때문이다. 일본의 역사인식은 언제나 문제가 된다. 정부의 개입은 진실을 덮고 객관성이 침해당한 기록만을 요구하고 있다.

전후, 오키나와 평화기원공원

오키나와는 일본의 총알받이로 전락되어 본토보다 너무나 많은 피해와 상처를 입었다. 오키나와전쟁의 역사적 교훈을 바르게 다음 세대에 전하기 위해 영구적 평화를 기리기 위한 현민 개개인의 체험을 모아 오키나와 현 이토만시에 평화기원 자료관을 공원 안에 방대한 크기로 건립되었다. 최신식 영상으로 실제처럼 전쟁의 참혹상을 볼 수 있었다.

일찍이 류큐왕국은 각별히 평화를 사랑하고 바다 건너 아시아 여러 나라와 교역을 하며 살았다. 바다는 풍부한 생명의 근원이 된다. 바다를 바라보며 살아온 이들에게 메이지 정부는 황민화정책을 급속히 서둘러 일본화로 부국강병책에 따라 군비를 확장하고 인근 국가를 침략하며 우리나라를 강제 합병하고 만주사변, 중일 청일전쟁 등 15년 동안 전쟁의 연속이었다. 결국 억지로 합병한 오키나와는 최후의 결전장이 되어 희생되었다.

평화기원공원에는 약 만 명의 우리의 위령탑도 있다. 이를 바라보는 나는 정말 어이가 없었다. 왜 우리나라 사람이 여기가 어디라고 이들을 위해 목숨을 버리고 누워 있는가. 정말 분노가 치밀었다. 김 아무개, 이 아무개 빼곡히 적혀 있는 이름 석자, 누구의 자식이며 어느 여인의 남편

일까, 눈물이 핑 돈다. 그러나 남의 나라 전쟁에 무엇 때문에 희생되어 여기와 있는지. 우리의 넋이 무슨 위로가 될지. 일본에게 항의 한다.

미일 동맹 속 오키나와

오키나와는 일본이라 하지만 국제도시가 되었다. 오키나와에는 미공군기지가 존속해 있다. 오키나와 사람들은 기지 반환을 요구 하지만 중앙 정부는 국가의 이익을 위해 미일 안전보장협의회로 주일 미군과 일본은 사실상 한 체제로 움직이고 있다. 미군의 세계 전략적 새 배치는 미국의 동북아전략의 큰 축이었던 한미동맹이 약화되던 몇 년 전, 미일동맹은 더욱 견고해 국제무대에서 발언권이 높아진 것도 다 여기에 연유된다. 미국과 일본이 미군 재배치를 통해 세계전략을 추진함으로써 일본은 영국과 같은 위치에 큰 기대를 걸고 있었다.

얼마 전 하토야마 유기오(鳩山由紀夫)총리는 공약으로 내건 '후텐마 공군기지 이전을 지키지 못해 두 번이나 오키나와를 방문, 이해를 구하는 사과를 했지만 주민들은 받아들일 수 없다는 결론에 결국 그에 연루되어 2010년 5월 총리직을 사퇴하고 말았다.

그 후 일본은 샌프랜시스코 조약에 따라 1972년 5월 15일 닉슨 대통령 재임 시 일본에 오키나와를 반환하고 현재는 무장할 수 없는 자위대를 대신해 미군이 지키며 군사기지로 중요한 자리가 되었다. 그에 따라 '가데나 에어 베이스(AIR BACE)' 에 주둔한 미군이 뿌리고 떨어지는 달러로 오키나와는 재건되고 경제를 활성화 하는데 크게 기여하고 있다. 이러한 역사를 가진 오키나와 사람들은 알게 모르게 한이 많은 사람들이다.

아직도 청정 공해 없는 낙원처럼 장수하는 섬이지만 공원의 깎아지른 듯 한 절벽, 낭떠러지는 수많은 오키나와 사람들이 꽃처럼 떨어져 자의 반, 타의 반 죽어간 곳이다. 동중국해가 바라보이는 짙은 코발트 물빛은 물보라를 하얗게 치며 아무 말 없이 여전히 절벽을 때리지만 그 곳은 수많은 목숨을 삼켜버린 현장이다. 호전적인 침략을 꿈꾼 군벌 때문에 의미 없이 희생을 해야 했던 오키나와 사람들. 여러 가지를 다시 생각하게 하며 평화를 영원히 외치는 오키나와 사람들이 세운 평화기원 공원의 건립의지를 외국인 우리도 뼈저리게 읽을 수 있었다.

인간은 누구나 존중되어야 하지만 지난 세기, 우리도 얼마나 많은 희생을 했던가. 나는 한국인으로서 여기 서서 지난 오키나와가 당했던 아픔 못지않게 우리의 아픈 역사도 되돌아본다. 일본은 전쟁 도발자요, 가해자인데도 원폭의 피폭자라는 것만을 어디서나 국제무대에서 앞세우는 반성이 없는 나라다. 오키나와 북단 해도에는 세계를 향해 세운 돌판에 샌프란시츠코 협약이 새겨져 있다. 그곳에도 피해자라는 것을 강조하고 그들의 위령탑 마다 언제나 피해자라는 괴변만 늘어놓고 국제사회에 열변으로 항거 하고 있다.

우리는 시시각각 급변하는 국제정치를 국제적 감각으로 파악하고 실력을 대비 하여 더는 부끄러운 역사의 비극을 다시 초래하지 않도록 해야 한다. 오키나와의 비극은 결코 남의 일로 보이지 않는다. 이 사명과 각오는 이 시대에 사는 우리 모두의 몫이기 때문이다.

불황에 지친 사람들

한국 경제의 뉴노멀(new normal)의 화두가 점점 실감난다. 저성장의 성장 부진, 저출산에 고령화, 내수부진의 저물가, 저고용이 오래 지속되어간다. 소비가 위축되어 기업들도 불투명한 환경에 투자를 망설이며 일자리 창출이 어려워져 더러 소득이 증가해도 소비자는 시급한 것이 아니면 견뎌내 내수도 살아나지 않는 침체로 가고 있다. 그러나 오늘 TV에 비친 우리들의 모습을 보면 백화점이 궁여지책으로 내놓은 '명품백 할인 행사' 에 구름처럼 몰려 있는 인파에 깜짝 놀랐다. 문이 열리기 무섭게 마치 소나기라도 쏟아지듯 한꺼번에 몰려가는 사람들. 측은함이 앞섰다. 참고 참았단 말인가.

업계에서는 구매력이 살아나지 않아 '충동 마케팅' 을 펼쳤다. 좀처럼 열지 않는 지갑을 기발한 아이디어로 감성에 자극을 주면 불황에 지친 소비자는 민감한 반응을 보이며 너도나도 몰려간다. 어느 커뮤니케이션 연구소는 불황에도 소비자들이 지갑을 여는 이유에 대해 6대 도시 만 13세에서 59세 남녀 3800명의 라이프 스타일을 조사했더니 소비 트랜드가 충동적으로 나왔다. 불황인데도 미래를 위해 저축하기 보다는 깊이 생각할 것도 없이 현재 지향적인 소비성향이 두드러지게 나타났다. 불확실한 미래보다는 '현재의 행복이 중요하다' 라고 응답했다. 일상에서 결단을 내리지 못하고 망설이며 주저할 때 소비자 개개인의 자존감을 높여주는 외부의 작은 자극은 감동으로 다가온다. 이 충동 마케팅은 주택 전자제품 화장품 등 무엇이든지 소비심리를 자극하는 불황을 뚫는 마케팅 전략이고 소비자는 그동안 참았던 지갑을 열고 덩달아 즐거워한다.

원화의 자리

아베 노믹스의 강행은 우리 경제와 수출기업의 발목을 잡는 엔저 공세까지 겹쳐 우리 기업들은 고전을 면치 못한다.

이 와중에 그간 최대수출대상국이던 중국이 산업고도화 전략으로 기술경쟁력을 높여 세계의 무역 시장에서 우리의 자리를 위협하고 있다. 한국과 중국이 10대 수출 품목에서 중복되는 품목이 반도체 선박 평판 디스플레이 무선통신기기 등 5개로 2000년만 해도 고부가가치 수출품 중 중복 품목은 컴퓨터와 무선통신기기 2개에 그쳤다. 그러나 수출경쟁이 심화되면서 우리 경제와 기업이 입은 피해가 더 커졌다. 중국 정부는 정부주도로 기술경쟁력을 강화하여 기술경쟁력 평가 점수가 근접하여 1–2년 안쪽으로 따라 잡은 상태다. 기술력을 키운 중국 기업들은 그동안 우리가 애써 닦아 놓은 수출시장을 빠르게 잠식하고 있다. 지난 해 중국의 수출 1위인 품목은 1431개로 세계에서 가장 많다.

우리 수출 1위 품목은 61개로 세계 15위에 그쳤다. 우리가 내 준 26개 중 고부가가치 상당수가 포함된 12개가 중국으로 넘어갔다.

반면 우리가 따라 잡으려 한 일본은 제조업 지원정책으로 멀리 달아나고 있다. 아베 노믹스와 엔저를 등에 업고 최대규모의 자금을 연구 개발에 쏟아 부어 최대의 실적을 낸 일본기업들에게 올인 하고 있으니 경쟁력 격차에서 위협하고 있다. 더구나 우리나라와는 점점 수출구조가 유사해 우리기업에 큰 부담이 된다. 한일 양국의 100대 수출 품목 중 경합을 벌이는 품목은 2008년 43개에서 지난해는 49개로 늘어났다. 일본의 공세는 한국에 희생을 강요해 불황에 지친 기업들도 고달프다.

장기 불황에 대비해야

가계 빚이 1100조원이 넘었다. 사상최대의 빚이다. 부동산 경기를 부추겨 은행 문턱이 낮아지며 빚은 늘어난다. 자영업자들도 3년을 못 버티고 쓰러져 빚만 쌓인다. 가계마다 수입의 대부분을 원리금 갚기에 혼신을 다하여 생활이 최저수준으로 중산층은 이미 무너지고 빚을 벗어나기 위해 투 잡을 뛰며 안간힘을 쓰는 가장이 안쓰럽다.

우리부모님 세대는 한국전쟁으로 초토화된 땅에서 살아남기 위한 몸부림은 과히 비극이었다. 산업도 없고 모두 부셔져 버린 마당에 춥고 배고픈 세월 속에서도 한 푼이라도 생기면 아껴 은행에 맡겨 '아 나 바 다' 생활철학으로 피나는 생활을 참아냈다. 그 작은 동전들이 모여 부흥의 산업자금으로 모두 힘을 모았다. 개인 뿐 아니라 공공기관도 나라 전체가 그렇게 매진하며 아꼈다.

한국은행에서 발행하는 동전도 매년 2억 개 이상씩 발행한다. 수백억 원을 들여 매년 발행한다는 것은 크나큰 국가 예산의 지출이다. 10원짜리 동전에 30원 이상의 발행비가 소요된다는 것을 생각한다면 구석구석 잠자는 동전도 꺼내서 유통 시키는 일도 절약의 비법이다. 현재 겨우 5%도 채 환수가 안 된다는 것은 낭비다.

저축을 잘하는 사람들은 쓰고 남은 돈을 저축하는 게 아니라 쓴 셈치고 먼저 저축한 다음 남은 돈으로 절제 있게 생활한다는 것이다. 아시아나 항공은 쓰고 남은 동전을 모으는 운동을 펼쳐 기내 모금함에 70억원이 되었다니 놀랍다. 최빈국 식량과 약품 값으로 긴요하게 쓰고 있다. 청계천에 오는 외국인이나 관광객이 행운을 비는 로마의 트레비 분수처럼 팔석담에 던진 동전을 수거해 보니 4850만원이 되었다. 동전 하나를 우습게 볼 일이 아니다.

저축에 관한 조사에서 우리나라 사람들은 '돈은 쓰기 위해 있는 것이지 저축보다 소비에 더 만족을 느낀다.' 라고 말한다. 오늘을 위해 살고 미래는 걱정하지 않는다는 등 저축에 관한 인식이 선진국에 비해 의식이 낮은 것으로 나타났다. 아마도 사는데 지쳐 자포자기를 한 심리일 것이다.

OECD국가 중 저축률이 최하위권으로 떨어진 지 오래다. 미국은 글로벌 금융위기를 거치면서 개인 저축률이 0%에서 4%로 상승했다. 절제가 없는 지출은 언제인가 파산이 오고 빈 털털이로 노후를 맞을 것이다. 그나마 살 길은 저축을 해야만 한다.

장기 불황에 국가는 국가대로 기업은 기업대로 개인은 개인대로 모두 지쳤지만 이 불황은 곧 끝나지 않을 '위기의 일상화'에 주목하며 우리는 여러 환경에 대처해야 할 시점이다. 불황에도 자포자기는 할 수 없기 때문이다.

그들의 출구

5

일본인 하토야마 유키오(鳩山 由紀夫) 전 총리의 사죄

광복 70주년을 맞아 아베 신조 일본 총리의 발표할 담화가 어떤 생각을 담았는지, 위안부 문제 등 각 가지 현안에 대해 어떤 수위의 사과가 나와야 하는지 첨예한 시기에 일본의 하토야마 유키오 전 총리의 사죄는 그 어느 때보다 의미가 크다 할 수 있다.

'2015년 동아시아 평화국제회의'에 참석차 한국을 찾은 하토야마 전 일본 총리는 회의에 앞서 유관순 열사가 수감된 여성옥사에서 추도하고 싶다는 의사를 직접 전달해 서대문형무소를 방문하게 되었다.

"오늘 저는 일본의 전 총리로서, 한 사람의 일본인으로서 또 한 명의 인간으로서 서대문형무소를 찾았습니다. 일제강점기 독립운동을 위해 많은 힘을 쓰셨던 분들이 고문을 당하고 심지어 목숨까지 잃은 일이 벌어졌던 이 자리에서 그 사실을 다시 떠올리며 진심으로 사죄의 말씀을 드립니다."

8월 12일 오후 하토야마 유키오 전 일본 총리는 서울 서대문형무소 추모비 앞에 무릎을 꿇었다. 신발을 벗고 두 손을 모아 묵념을 한 뒤 큰 절까지 올렸다. 다시 신발을 신고 일어서며 그는 고개를 두 번 더 숙였다.

그는 여성투사 266명이 갇혀 모진 고문을 당했던 여성옥사를 먼저 찾아 유관순 열사가 투옥됐던 방 앞에 백합 꽃다발을 헌화하고 투옥됐던 방에 들어가 일본어로 적힌 설명문을 읽으며 투옥됐던 일곱 분의 이름을 일일이 불렀다고 전한다. 그는 방명록에도 '만세운동에 힘을 다 하신 모든 영혼들에게 편안한 쉼이 있기를 바라고 독립, 평화, 인권, 우애를 위해' 라고 적었다. "처음에는 500명 정도였던 수용 규모가 점점 커졌다는 사실만 보아도 여러분의 선조분들께서 독립을 위해 얼마나 힘을 쓰셨는지 알 수 있어 진심으로 사죄를 드리며 굉장히 무거운 마음으로 이 자리에 서 있다"고 고백했다.

광복 70주년과 아베 총리의 담화를 앞둔 이 때 전직 총리가 일본 제국주의의 만행이 자행된 역사의 현장에서 현 총리를 향해 사과를 촉구한 것은 큰 의미가 있다. 2001년 10월에 고이즈미 준이치로 당시 총리가 서대문형무소를 방문한 적은 있지만 반성이나 참회의 성격과는 무관했다고 한다.

일본 93대 총리(2009-2010)를 지낸 하토야마 전 총리는 야당의원 시절부터 일본의 전쟁범죄 조사와 위안부에 대한 사죄와 보상에 관한 법안을 제출하는 등 과거사 문제 해결에 많은 노력을 기울였다. 올해 4월에는 아베총리에게 무라야마 담화를 계승할 것을 촉구하기도 했다.

세계유산에 등재된 서울서대문형무소는 1908년 경성감옥이라 이름

짓고 일본침탈에 저항하는 조선인들을 잡아 가두기 위해 세워졌다. 1912년에는 서대문감옥이라 하여 애국지사들을 가두고 고문과 옥살이를 한 곳이다. 1919년 3 · 1운동에는 손병희 선생 등 민족대표 33인과 애국시민 학생들, 유관순 열사는 모진 고문과 악행에 시달리다 18세의 젊은 나이에 순국했다.

이러한 역사적 의미가 있는 곳에 아베 총리가 방문해 역사의 눈을 새로 뜨는 계기가 되었으면 한다.

역사의 진실

지난 태평양 전쟁 때 강제 동원한 인력과 군 위안부에 대한 국가가 저질렀던 범죄를 일본정부는 언제나 이유를 내세워 인정하지 않았다. 명확한 범죄를 정확히 인식하고 공식 사과를 하지 않는다.

일본은 이제까지 정권이 여러 번 바뀌어도 식민지하에서 신음했던 인접 국가들의 분노를 외면한 채 반성 없이 역사를 왜곡 포장하여 성장하는 일본 후세들에게 교육 시킨 용서할 수 없는 일을 하고 있다. 현재 일본인들 중에는 극우파가 있어 한국을 혐오하는 글을 쓰고 만화를 그려 대한민국을 아주 멸시하는 태도가 침략시대의 만행과 결코 다르지 않다. 연령이 높을수록 그들의 침략전쟁 시의 향수가 있는지 혐오소설이나 만화를 즐겨 사 본다. 2만부 팔리면 베스트셀러라 하는 책을 60만부를 넘게 팔리고 있다니 결코 그냥 좌시하기에는 다음 세대의 국제관계가 극히 염려스럽다. 역사 왜곡은 일본의 극우파를 중심으로 한류도 잊은 채 혐오하고 있다. 아무리 지성인들이 역사관을 바로 보고 일왕이 사과를 해도 주류들의 사고는 변하지 않는 게 문제다.

위안부 할머니들은 고령의 나이에 몇 분 남지 않았다. 그들은 진정한 광복은 진실로 일본의 사과와 배상이라고 말한다. 할머니들의 피맺힌 절규가 언제까지 갈지 너무 한탄스럽다.

진정한 사죄

일본은 독일에게 배워야 한다. 독일 출신 베네딕토 16세 교황은 홀로코스트가 자행 된 아우츠비츠에서 "말하기조차 고통스러운 일이다"라고 했다. 독일의 빌리 브란트 전 독일 총리는 1970년 12월 폴란드 유대인 희생자 추모비 앞에서 "독일은 희생자에 대하여 말로 다 할 수 없는 죄책감으로 무릎을 꿇을 수밖에 없다."고 회고 했다. 친일 인사인 독일의 전 총리 슈미트도 "일본은 역사공부를 하라."고 충고 했다. 독일 정부는 프로이센의 영토까지 포기하면서 사죄했고 역사 교과서도 프랑스와 공동 제작 했으며 추모비를 건립하고 피해자에게 배상을 하는 등 지금도 모든 노력을 진행 중이다.

세계 1 · 2 차 대전에서 적국이었던 프랑스의 여론조사에서 '독일이 가장 신뢰할 수 있는 국가' 라는 통계는 진실한 사과는 잃은 것보다 얻는 것이 더 많다는 것을 시사하고 있다. 이처럼 국가 간에도 통렬한 자기반성을 함으로써 재발 방지의 의미가 있기 때문이다. 아시아의 발전을 위해 일본에도 하토야마와 같은 양심이 있는 지도가가 나오기를 진심으로 바란다.

그들의 출구

세계 제일인 우리의 교육열은 힘들게 벌어들인 외화를 쏟아 붓고 기러기 아빠를 양산하는 가정의 희생을 내면서 조기유학으로 번지고 있다.

'성적을 올리고 싶으면 한국 부모를 고용하라' 라는 가사歌詞가 논란이 된 미국의 최신 곡에 오르기도 할 만큼 공교육이 무너진 현실 속에서 우리의 사교육비 문제는 OECD 국가 중 최고치다. 미국 유학생 중 한국 유학생이 12만 명을 넘어 1위로 기록했다. 조롱하는 듯 이 가사 속에서 우리의 교육열을 비웃는 사교육 공화국이라는 이런 현상을 어떻게 받아들여야 할까. 학교성적에 치우친 사이 학교에서는 폭력이 일어나 사회적 문제로 부각된 게 현실이다.

조기 유학의 원인이 단순히 교육열에만 치우친 것은 아니다. 내면을 깊이 관찰해 보면 우선 당장 초등학교 현장 학습의 점심시간에 아무도 대해 주지 않아 소외된 채 혼자서 떨어져 점심을 먹는 아이가 저학년뿐 아니라 고학년의 아이도 있다. 그런 아이는 집에 돌아와 학교에서의 일을 감당할 수 없어 내색도 못하고 홀로 울고 있을 때 그의 부모는 어떠했을까. 따돌림 당하는 왕따 문제는 멀리 있는 게 아니다. 학교에서 담임이 무관심 하는 사이 아이들에게 놀림 받고 집단으로 몰매 맞으며 쓰레기 세례를 당하면서도 보복이 두려워 집에 와서는 말을 못하고 학교 가는 게 지옥 같다던 어린 아이. 학교에 데려다 주면 어느새 되돌아오던 아이. 공부하며 즐거워야 할 학교가 지옥처럼 고통스러워 도망치고 싶은 아이들. 이것이 눈에도 띄지 않고 화제도 되지 않는 초등학교 학교폭력의 실상이다.

부모의 마음은 늘 조마조마해 가슴이 철렁 내려앉는다. 담임이 조금만 아이들을 돌보아 주었거나 관심을 가졌다면 하는 아쉬움과 원망으로 답답함을 풀어보려고 해도 해답은 없고 끝내 마지막 수단으로 법조차 호소하지 못한 채 고통 받고 있을 뿐이다.

이 아이들을 어떻게 해야 구할 수 있을까. 그 높고 무서운 벽을 탈출할 그들의 출구는 어디일까. 학교폭력 근절을 위해 여론은 들끓지만 그 사이 당장 당하는 아이는 갈 곳이 없다. 그들의 출구가 왜 외국이어야 할까. 왜 외국으로 피해 가야 하는지. 마치 조기유학처럼 나가야만 하는지. 그러한 아이가 역시 외국에 나가자마자 친구들도 많이 생기고 엄마 아빠도 없는 곳에서 행복해 해야 하는지. 그곳에는 별명을 부르며 골리지 않고 신체적 약한 부분을 지적해 따돌림 받지도 않는 그곳에서 찾은

행복한 해답이 꼭 외국이야 하는 지. 부모는 속이 상하고 아프다.

한국의 교육 현장에서는 성적만 추구하는 기형적인 사회를 탄식만하는 우리는 혼란을 겪는다. 얼굴이 예쁘지 않는 아이도 100점을 받지 못하고 꼴찌인 아이도 성적은 둘째 치고 이 아이가 친구들과 잘 어울리고 적응하며 학교생활을 원활히 하는지, 이러한 환경 속에 아이들을 학교에 맡기는 부모들의 마음은 언제나 졸이고 불안하다.

초등학교란 학력을 올리기도 하지만 맨 먼저 사회성을 익혀 배우는 곳이다. 초등학교에서 사랑을 받고 즐겁고 행복한 추억을 가질 수 있는 학교생활을 부모들은 아이들에게 주고 싶은 것이다. 나라의 미래를 지킬 아이들을 집에서 아침저녁으로 보살피며 가르쳐도 아이들의 성정이 이상하게 변해 가는 세상이다. 제대로 부모 밑에서 배우며 사랑을 받고 사랑하는 법을 가르쳐야 할 나이에 꼭 외국 유학이란 힘든 과정을 벌이지 않아도 되지 않는가. 잘 눈에 띠지 않는 아이들을 더 관심을 가지고 보살핀다면 왕따를 당하는 불행만은 막을 수 있을 것이다.

어린 아이들을 외롭게 방치하지 말아야 하는 것은 우리 어른들 모두의 책임이다. 조금만 돌보아 주었다면 이곳에 정착하지 못하고 자기의 정체성도 모르는 어린 나이에 부모를 떠나 외국으로 나가야 하는 일만은 막았을 것이다. 새로운 곳에서 왕따를 당하지 않고 외국에서 이 아이가 웃음을 찾았다는 것은 비극이다. 기뻐할 수 없는 비극일 수밖에 없다. 들뜨고 설레이며 학교를 다니던 우리의 어린 날을 회상하며 어느 부모나 아주 평범한 소망이 왜 아픔으로 다가와야 하는지. 출산율 최하위의 우리나라. 이 귀한 아이들이 밝고 반듯하게 자라지 못하고 그 어린 마음 구석에 상처 하나씩 가지고 살아야 하는 일만은 막아 부모슬하에서 온전한 인격체가 된 다음 유학을 보내도 늦지 않다.

외톨이의 비극이 무섭다. 드디어 지난 2007년 미국 버지니아 공대 총기 사건을 보며 동족의 양심은 얼굴을 들 수 없이 참담했다. 33명의 학우들을 총기로 난사하고 자결한 교포 대학생, 소외된 한 청년의 광풍의 종말을 보며 충격을 받았다. 미국뿐 아니라 세계인에게 큰 메시지를 던지고 그는 떠났다. 그러나 최근에도 왕따에 못 견딘 고등학생이 자살하는 사건이 빈번하고 얼마 전 오하이오 주에 있는 클리브랜드 인근학교에서도 총기사건으로 학생들이 사망했다.

그래서 미국에서는 학생의 폭력 피해를 방관한 교사들은 구속한다. 교내 폭력이 노출되어 있는 동향을 경찰에 제때 신고하지 않았다는 이유로 한 중학교의 교장과 상담교사가 기소되기도 한다. 바로 학생이 신체적 학대 때문에 자살을 시도했을 가능성이 있다는 정보를 알면서도 당국에 보고하지 않은 혐의를 말한다.

조지아 주는 교사와 간호사, 영양사 등 교직원 전원이 학교폭력 피해에 대한 정보를 습득하면 24시간 내에 경찰에 통보해야 한다. 특히 급우에게 신체적 위협을 가한 학생은 곧바로 학교에 상주한 경찰에게 끌려가 교내 특정 공간에 격리된다. 이들은 대부분 유기정학 처분을 받고 학교에서 사안이 심각하다 여기면 가해 학생을 퇴학 조치하거나 청소년교도소에 보낸다. 이런 비행은 단 한 번뿐이라도 생활기록부에 남게 되며 가해 학생은 대학 입시 등에서 불이익을 받게 된다.

우리나라도 상담교사와 경찰을 배치한다고 하지만 우리도 이런 것을 싱크탱크해서 아이들에게 미리 경고의 효과를 기대해 본다.

한편 생각하면 근본적으로 학생들 사이에 인간관계가 전혀 형성되지 않는 것도 문제다. 운동을 통해 같이 협력하고 공동의 기쁨을 공유하고 서로 다독이는 우정, 같은 학교를 다닌다는 공동체 의식으로 서로 사랑하고 양보하며 돕고 배려하는 협동심을 길러주어야 할 학교가 성적만 올리는 경쟁대상으로 부추기고 서로 질시만 눈에 띠어 우정을 쌓는 데는 거리가 멀다. 그런 실정에서 친구가 남에게 매를 맞고 괴롭힘을 당해도 돕기는커녕 모른 척하거나 오히려 한 패가 되어 언어폭력과 신체적 폭력을 아주 쉽게 가담하고 의로운 정신은 실종해 버렸다. 비겁한 아이가 되어간다. 이런 인성교육은 학교에만 미루지 말고 가정에서부터 먼저 힘써야 한다. 사랑이 결핍한 아이는 집을 나와 외톨이 된 괴로움이 분노로 표출해 불특정 아무에게나 화살이 꽂히는 불행을 초래하기 때문이다.

옛날처럼 저절로 클 수 없는 험한 환경이다. 내 자식 남의 자식이 아니다. 이들이 모여 사회를 이루고 장차 이 나라의 주인이 될 아이들을 건실하고 순수하게 어린이답게 자라 튼튼한 나라의 재목으로 길러야 한다. 무서운 학교폭력에 눈치나 살피는 주눅 든 그런 나약한 아이를 양산할 수 없다. 친구가 폭행당하는 것을 보고도 아무조치도 취하지 않는 옹졸한 아이로 성장해서는 안 된다. 무섭게 변한 학교폭력이 성인범죄를 능가하는 이 무서운 현실에서 마음껏 뛰놀며 꿈을 향해 달려가는 아이들로 키워 정정당당한 한 시민으로 성장 시켜야 나라의 장래가 밝다. 하루 속히 대책과 대안을 세워 아이들의 깔깔거리는 웃음소리가 온 교정에 퍼지는 학교풍이 정착되기를 바라는 마음 간절하다.

아미쉬 컨츄리

아미쉬 레스트랑에서

미국 오하이오 주 수도 콜럼버스는 한국보다 위도가 남쪽인지 단풍소식이 늦다. 오하이오 주 북쪽에 위치한 아미쉬 마을을 가기 위해 콜럼버스에서 승용차로 두 시간 조금 못 미처 그들의 마을에 도착했다. 같은 주 안에 있지만 오하이오도 다른 주처럼 우리나라의 거의 2배에 가까운 넓은 땅이기 때문이다. 가는 길에는 빨강 빛도 특별한 단풍들이 화려하게 물들어 우리 시선을 즐겁게 잡는다.

열흘을 굶어 기진해도/ 길거리 줄 서서 주는 밥그릇을/ 군자는 받지 않으리/ 이것은 평소 나의 살아가는 지론이기에 이에 맞춰 살도록 노력해야 한다. 그러나 미국에서는 유명하다는 레스트랑은 줄을 많이 선다.

길게 늘어 선 복도에는 지루하거나 몸이 불편한 사람을 위해 록킹 체어, 흔들의자가 꼭 마련되어 있다. 아무리 줄이 길어도 불평을 하거나 짜증을 내는 사람이 없다. 몸이 불편하면 흔들의자에 앉아 기다리면 된다. 기다리고 줄서는데 익숙한 사람들이다.

우리가 도착한 시간은 마침 점심시간이었다. 투어버스로 다른 지방에서 오는 사람들이 많이 내린다. 우리처럼 주말을 이용해 쇼핑하러 오는 사람들도 많다. 〈독일 레스트랑 아미쉬〉라는 큰 간판이 걸린 레스트랑의 긴 복도에서 줄을 섰다. 나는 너무 웃음이 나와 줄을 서기 싫었다. "점심을 먹겠다고 이렇게 줄을 서다니" 한국에는 식당이 너무 많아 비어 있는데 언제나 차를 타고 얼마를 와서 이렇게 줄을 서야 할까. 웃음이 계속 나왔다. 흔들의자에 앉아서 사람들의 표정을 보는 게 재미있다. "저, 뚱뚱한 몸으로 어떻게 여기까지 왔을까. 저토록 뚱뚱할 때까지 왜 방치 했을까." 유전자의 탓일까. 미국의 식문화에 문제가 있긴 있다. 오바마는 어릴 때부터 보았기 때문에 예사로 보일까. 의료개혁 문제로 TV마다 토론이 격렬했다. 그야말로 난상토론이었다. 언제까지 자기 자손들에게까지 빚진 유산을 넘겨 줄거냐, 하면서 열을 올리는 판인데 우선 쉬운 것부터 식생활 캠페인이라도 벌여야 하지 않을까. 당장 급한 것이 과체중 문제인데 이 많은 사람들을 왜 외면하는가. 끊임없이 줄을 길게 선 뚱뚱한 아저씨, 할머니 아주머니들을 보면서 어쩌자고 저리 방치할까, 걱정이 앞서 시장한 줄을 모르겠다.

아무리 줄이 길어도 100석 이상 큰 곳이라 곧 우리 차례가 되었다. 대강당 크기의 배나 되는 엄청난 곳에 사람들이 꽉 들어 차 있지만 신속하고 조용하게 식사를 하는 미국의 교양인들, 아미쉬 젊은이의 미소 띤 밝은 표정과 재빠르게 처리하는 일이 인상적이다. 이곳은 청정 무공해인 손수 지은 재료로 만들기 때문에 아무리 줄이 길어도 이곳 음식을 맛보는 데는 그만한 시간을 투자해도 아깝지 않다. 그래서 먼 곳에서 모여든다.

야채는 뷔페이고 주식은 주문해서 먹는데 우리네 호텔 값 수준이면서 깔끔하고 신선한 맛이 특별하다. 무제한 먹으라 하지만 한계가 있다. 이래서 미국인들은 시간을 내 가끔 특별한 음식 때문에 이곳을 찾게 된다. 이들은 같은 미국인이면서 미국인의 신뢰를 많이 얻은 특별한 집단 사람들이다.

재세레교파, 아미쉬 사람들

16세기 초 종교개혁으로 스위스 취리히에서는 교회와 정부가 완전히 분리되어 교인들은 무저항주의자들이 되었다. 교인 중에는 어릴 때부터 세례를 받는 것을 반대하고 성인이 되어야 세례를 받아야 된다는 근본 교리를 내세우는 새로운 교파가 형성되었다. 이들의 주장은 선악을 구별할 수 없는 유아세례를 반대하고 이성적 판단으로 신앙을 고백할 수 있는 성인세례를 주장했다. 이들을 재세례파라 불렀다.

한편 정부에서는 세금을 징수하기 위한 신생아 출생 파악을 위해 맞섰다. 유아 세례를 거부하고 군복무 징집도 거부하자 재세례파는 국가의 존패와 지역 안보를 위협한다는 반사회적 위협집단으로 분류해 혹독한 박해를 받기 시작했다. 그들을 고문하고 결국 순교자까지 발생하는 데 이르렀다. 이들은 모든 박해 속에서 신앙을 바탕으로 공동체를 형성해 바깥세상을 월드(World)라 여기며 스스로 격리되었다. 이들은 개혁파로 낙인이 찍혀 캐도릭과 기독교의 박해를 피해 스위스와 남부 독일로 피신했다. 1660년 네덜란드에서 발간된 「순교자의 거울」이라는 책에는 박해의 참상이 그려져 있다. 이들, 재세례교파는 박해를 피해 흩어져 깊은 산 속으로 숨기 시작해 고난의 연속으로 순교를 했다.

아미쉬 사람들의 신대륙으로의 이주

미국 신대륙을 발견한 후 그 곳을 식민지로 개척하려던 영국 해군제독의 아들인 윌리엄 펜이 종교적 박해를 받는 아미쉬 사람들에게 종교적 자유를 보장해 준다는 조건으로 신대륙에 이주할 것을 권장했다. 이후 이들은 종교의 자유를 허용한 신대륙으로 건너 이주하여 펜실바니아에 삶의 터전을 잡았다. 그러나 끊임없이 이어지는 전쟁, 살인, 폭력, 마약 등 향락적인 문화들이 범람해 오는 세상에 직면하자 바깥세상으로부터의 생활을 멀리 해 그들은 그들의 종교적 순수성을 지키기 위해 높고 튼튼한 울타리를 지었다. 현재 미국의 23개 주와 캐나다 등지에 흩어져 정착해 살고 있다. 2003년 10월에 내가 찾았던 펜실바니아 렝카스터(Lancaster) 공동체의 아미쉬 사람들이다. 이는 미국에서 두 번째로 큰 곳이었다. 오늘 우리가 도착한 이곳도 펜실바니아에 가까운 오하이오주 북쪽에 자리 잡은 아미쉬 마을이다.

이곳은 어느 곳보다 단풍이 먼저 들기에 우리는 나들이 겸 온 것이다. 파란 잔디밭 들녘에 빨갛고 노랗게 채색된 풍경이 얼마나 아름다운지. 우리나라에서 흔히 볼 수 없는 수종들이 거목으로 곱게 물들어 있다. 캠버스에 담은 풍경화처럼 아름답기 그지없다. 멀리 들에는 검고 누런 말들이 듬성듬성 일을 하고 있고 아미쉬 주택들이 마치 그려 놓은 집 마냥 예쁘게 놓여 있다.

아미쉬의 오드농(Ordnug)

자유로운 미국사회에서 그들은 특별하다. 아미쉬인들에게는 지켜야 할 오드농이 있다. 의복의 색상과 모양새를 정해 여인들은 검소한 차림을 한다. 절대 바지를 입지 않으며 무릎과 발목 중간까지 내려오는 원피스 드레스를 입는다. 또 긴 회색 치마에 검은 상의 차림에 언제나 흰 앞치마를 두른다. 아미쉬 여인들은 사치를 하지 않아 얼굴도 민 얼굴로 거울을 보지 않는다. 여인이 12살만 되면 머리를 말아 올려 하얀 끈이 달린 흰 모자를 쓰고 조신한 모습이어야 한다. 우리가 볼 때는 단정하게 입은 모습이 마치 단체복을 입은 것처럼 보였다. 남자들은 결혼 후부터는 수염을 깎지 않고 구레나루 수염을 기르고 예수님처럼 다듬지도 않는다. 머리에는 챙이 넓은 밀집 모자를 4계절 쓰고 샤스를 입지만 그것만 입으면 내의로 간주된다 하여 꼭 검은 조끼를 걸친다. 옷과 외모만 보아도 아미쉬인은 구별이 된다.

교통수단은 검은 말이 끄는 마차로 해결한다. 가스를 이용해 냉장고를 사용하고 태양열을 이용한 지붕이다. 그들에게 금지 사항은 TV, 자동차, 트랙터, 라디오 등의 소유를 금지 한다. 말을 이용한 농사와 호롱불을 키고 산다. 발동기로 만든 아이스크림, 샌드위치, 통돼지 바베큐. 감자튀김, 통닭구이, 청정으로 나오는 샐러드 등 먹을 것이 풍부하다.

이들은 세금을 내지만 혜택은 받지 않고 제도권 교육도 거부하고 아미쉬만의 삶을 꾸려 간다.

진보와 발전보다는 전통을 지키는 삶을 선택하여 오히려 가치관이 변질 될까 경계한다. 21세기에서 18세기의 삶을 선택한 아미쉬 공동체는 미국인들도 우리도 낯설게 느껴지지만 이들은 이 전통을 지키는데 근 300년 동안 이러한 규범들을 구전으로 또 어른들이 솔선수범하면서 전승해 내려오고 있다.

아미쉬의 생활과 종교

아미쉬, 이들에게는 예배당이 없다. 특별할 것 같은데 헌금도 없다. 900쪽에 달하는 악보 없는 찬송가를 구전을 통해 이제까지 내려와 400년 간 불러오고 있다. 물론 성경 공부시간도 없다. 교육을 특별히 따로 받은 성직자나 전도사도 없다. 이들은 자체적으로 넓은 공간에 모여 예배드리고 성인이 되면 세례를 받고 교인이 되기를 부모는 바라지만 강요하진 않는다. 그들은 일상에서 아미쉬인으로서 삶의 가치와 율법을 보여주고 스스로 일깨울 뿐 일평생 삶의 길을 스스로 택하여 교인이 되는 것도 전적으로 본인의사에 맡긴다.

아미쉬 공동체는 중학교 과정까지 8학년이 있다. 그들은 외부에서 교사를 초청하는 게 아니라 자체적으로 하고 있다. 교사 양성을 거치지 않은 20세 전후의 아미쉬 처녀가 아이들을 가르친다. 16세 전후의 아미쉬 청소년기에 접어들면 〈런스프리카〉라는 통과 의례를 거친다. 그 기간에 바깥 세상에 나가 속세의 삶을 직접 경험할 기회를 가지면서 자신이 일

생동안 아미쉬인으로 살 것인가 아니면 반대로 살 것인가 스스로 내려야 할 시기가 온다. 이〈 런스프리카〉를 마치고 공동체에 남기로 결정한 아미쉬 젊은이들의 비율은 90%에 이른다. 또한 이들은 교회와 정부에 무저항 평화주의를 지속하고 철저할 만큼 지킨다. 선거를 보이컷트 하진 않지만 참여율은 10%에 그친다.

아미쉬 공동체 학교에는 표어가 있다. 이 공동체의 덕목이라 할 수 있다.

〈JOY〉 가 있는데 Jesus first , other' s next, Yourself 가 바로 그것이다. 예수님이 첫째이고 다음이 이웃이고 마지막이 자신이라는 뜻이다. 이러한 표어는 어린 자녀에게 외우도록 단속한다. 그들은 예배 모임이나 종교회의에서는 전통적인 독일어를 쓰고 밖에서 일반 생활은 스위스나 독일 산간지의 방언을 쓰고 산다. 일반 미국 사회와의 통신 수단 경우에만 영어를 쓴다.

무소송주의

2006년 11월에 발생한 총기 사건이 있었다.

신이 자신을 버렸다는 환상에 빠진 범인이 아미쉬 수업시간이던 원룸 스쿨에 침입하여 소녀 10명에게 총기를 난사 했다.

마치 버지니아 공대의 교포 청년이 강의실에서 총기 난사한 사건과 흡사하다. 얼마 전 요르단 출신 미 장교가 '포터 후드' 기지에서 총기 난사를 해 13명이 사망했다. 정신과 의사인 그도 미국인의 세금으로 교육을 받아 의사가 된 나라에 빚진 자이다. 표면으로는 이라크에 파견 불만이라 하지만 어째든 미국의 총기 사고는 문제가 많다. 불특정 다수가 난데없이 당하는 총기 사건은 미국의 고민거리이다. 하지만 따져보면 인간성의 상실이 차츰 그러한 형태로 나타나 꼭 미국만의 고민은 아닌 것 같다.

그러나 이렇게 아이를 잃은 아미쉬 유족과 공동체내에서 보인 의연한 태도는 놀랄만하다. 자식을 잃은 슬픔이 어디 국경과 인종의 차별에서 다를 수 있을까. 자식을 잃은 부모들은 슬픔 속에서도 자살한 범인의 가족을 오히려 위로하고 용서하는 뜻을 보인 아미쉬 사람들. 그들은 공동체의 덕목인 순종과 용서 그리고 겸손을 보였다. 우리 일반인이 배워야 할 덕목이라 할 수 있다. 절대 소송을 하지 않는 그들. 아미쉬 공동체. 21세기의 문명을 등지고 살아가지만 하늘의 은혜를 감사하며 양심의 소리로 농사를 짓고 그것으로 살아가는 그들에게 많은 미국인들의 우호적인 대접을 받고 있다.

아미쉬 마을의 치즈를 사기 위해 주차장에 빼곡히 차들이 차 있는 것을 보아도 얼마나 신뢰가 두터운지 알 수 있다. 여기 모인 사람들은 이 근방에서 온 사람보다 각 주에서 투어버스로 온 사람이 더 많다. 무공해 재료로 만든 음식을 맛보기 위해 줄을 서면서 기다린다. 또 이곳의 공산품과 먹거리, 원목으로 다듬어진 가구 등은 일품이라 특별히 맞춤을 한다. 그래서 우리 아이도 벚나무나 오크로 만든 가구를 이곳에서 디자인하여 특별하게 주문해다 쓰고 있다. 액자, 소품 등 손재주가 다양하다. 모든 것이 수제품이라 특별하다. 그만한 가치를 가지고 있다. 컬트문화도 옮겨와 수예품 이불 등 다양하다. 이들은 미국사회의 한 일원으로서 조용히 자기의 전통을 고수하며 퇴폐문화에 물들지 않고 순수를 잘 지키며 이어가고 있어 많은 미국인의 사랑을 받고 있다. 미국의 숨은 힘을 본다.

무너지는 소리

아이들은 아이답게 어른은 어른답게 예의를 갖추고 범죄 없는 세상을 만드는 것이 우리 모두의 꿈이다. 누적 범이 되어가는 10대들의 재범률이 성인의 두 배라니 놀랍다. 무서운 10대들, 그대로 보고만 있을 것인가.

우리 사회가 잘 되려면 어찌하든 10대를 잘 다독여서 빗나가지 않도록 감싸 안을 수밖에 없다. 그러한 개인과 기관이 많이 만들어 사랑과 정성을 쏟지 않고 멋대로 놓아두면 우리 사회는 병들어 간다.

10년 전 선생님들이 '공짜 수학여행 거부운동'에 나섰다. 아이들과 수학여행에 동행했다가 받은 상처로 일어난 일이다. 우리 사회의 도덕이 붕괴되는 조짐이 보인다고 염려의 소리가 끊이질 않았었다.

스승이 없는 시대

부산의 한 중학교 2학년 교실에서 여교사가 수업 중에 떠드는 아이에게 "조용히 하라"고 주의를 하자 아이는 대뜸 욕을 퍼붓고 교사의 뺨을 때리려하자 막은 교사에게 발로 배를 여러 번 차서 쓰러뜨렸다. 이에 놀란 반장이 제지하자 분에 찬 14살짜리 아이는 걸상을 던졌다. 나머지 학생이 보는 앞에서 선생님의 존재는 구겨져 없었다. 이 아이 때문에 다른 아이의 인성교육까지 망쳤다. 2012년 올해 내내 오르내리는 청소년 비행기사는 경악과 충격으로부터 벗어날 수 없다.

한국의 전통사회에서 스승의 존재는 지고했다. 군사부일체君師父一切라는 말에서 의미하듯 임금과 아버지와 같이 스승은 절대적 위치에 있었다. 서양에서도 '아버지로부터는 생명을 받았으나 스승으로부터는 생명을 보람 있게 하기를 배웠다' 고 「풀루타르크 영웅전」에 기록되어 있듯 스승은 동서를 막론하고 존경의 대상이요, 절대 순종하며 따르기를 원했다.

특히 중국의 고전인 「예기」에는 스승이 어떤 존재인가를 시사해 주는 구절이 많이 나온다. '선생님을 따라 갈 때에는 길을 건너가 남과 말하지 않으며 선생님을 길에서 만나면 종종 걸음으로 나아가 바로 서서 두 손을 마주 잡고 선생님이 말씀하면 대답한다' 라고 했다. 우리가 어렸을 때에는 스승의 그림자조차 존경하는 마음으로 밟지 않는다고 배웠다. 이러한 가르침은 한 예에 불과 하지만 스승 앞에서는 얼마나 공손해야 하는가를 보여주고 있다.

우리가 자랄 때는 처음 만나는 선생님이 이름만 불러도 떨렸고 거기에 심부름이라도 시키면 얼마나 신이 났던지 한 걸음에 뛰어 가곤 했다. 중학교 때 소풍이나 수학여행을 갈 때에는 선생님께 드릴 좋은 음식과 간식을 챙기는 일은 기쁨이요, 아이들이 보지 않는 틈을 타서 선생님에게 살짝 드릴 수 있는 것은 영광이고 큰 스릴이기도 했다. 반장을 한 덕에 늘 선생님의 도시락을 준비하는 것은 당당한 나의 의무요, 기쁨이어서 엄마랑 같이 챙기는 일은 마치 특권이나 얻은 것처럼 즐거웠다.

수학여행을 할 때에는 선생님에게, 성인이 되어서도 문학단체의 세미나, 기행 답사 등 여행할 때에는 지도교수님을 정중히 모시는 마음은 예나 지금이나 다름없다. 그러나 이런 이야기는 고전이 된 현실이 아프다.

어른이 없는 시대

아산시에서는 십대 두 명이 어린 학생을 마구 때려 "이러면 안 된다"라고 지나가던 회사원이 훈계하자 10대들은 이 회사원에게 달려들어 폭행해 쓰러뜨려 마구 발길질로 머리가 바닥에 부딪쳐 중환자실에서 의식이 오락가락하는 황당하고 억울한 일을 당했다. 이 불량소년들은 이미 서울에서 강도짓도 했다.

수원에서는 한 아빠가 아이와 편의점 앞에 앉아 있는데 옆 테이블에서 10대 5명이 주위는 아랑곳하지 않고 큰소리와 욕설로 떠들어대며 바닥에 침을 뱉어대자 보다 못해 그 아빠는 나무랐다. 그러자 그들은 합세하여 어린 아들이 지켜보는 앞에서 발길질로 아스팔트에 쓰러져 머리를 다치고 중환자실에서 신음하다 결국 숨졌다. 이런 일이 곳곳에서 일어난다. 무너지는 소리가 요란하다. 이러한 세상에 어디 어른들이 할 일은 무엇일까.

십대들의 골초

담배 값을 올려야 한다 반대한다, 목소리만 높다. 결국 외국 환경단체에서 우리나라 담배 값이 가장 낮아 올려야 한다고 지적했다.

담배는 경제적 손실의 논쟁뿐 아니라 건강에 치명타를 주기 때문에 갖가지 묘책을 내놓고 금연을 권장하지만 철없는 10대까지 정말 말 안 듣는 골치 거리다. 2005년 성인 흡연율은 51.6%에서 2010년 48.3%로 줄어드는 반면 청소년들 사이에서는 11.8%에서 13.3%를 오르내리며 점점 증가 추세에 있다. 아직 미숙한 이들이 담배로 골초가 되어 육신이 망가지고 정신마저 황폐해져 공부에 열중할 나이에 끼리끼리 때로 몰려 다녀 범죄의 온상에 노출되어 있다. 이들은 비행을 궁리하고 사회적 악을 서슴없이 행하고 있다. 이 10대 10명은 학교를 자퇴하거나 가출한 청소년들로 소년원을 나와 PC방 등지에서 만나 식당 주차장에서 벤츠 차량을 훔쳐 전국으로 돌며 범행을 자행했다.

사천시에서는 금은방의 대형 유리창을 발로 파손하고 금목걸이 반지 등 귀금속을 절취했다. 전주에서도 유리창을 부수고 의류매장에 들어가 유명의류를 몽땅 훔쳤다.

이들은 절도에 그치지 않고 강도행각을 벌이기도 하고 동범자 여자 십대를 이용해 남자들을 유혹, 돈을 뺏고 폭행하고 훔친 차량으로 도

주한다. 이들은 술에 취한 취객에게도 가해하고 닥치는 대로 훔치고 폭행을 서슴없이 해 무법천지를 만든다. 소년원에서 풀려나면 새 삶을 사는 게 아니라 조폭으로 변해 망가지고 있다. 무너져가는 그들이 큰 걱정이다.

무서운 10대들

치안이라면 대한민국이 제일이라고 외국인도 칭찬을 하는데 탈선한 10대들이 국가망신을 시키고 있다. 사회의 기강을 무너뜨리고 공포의 거리로 만든다.

늦은 귀갓길 컴컴하고 외진 골목에 불량기 있는 청소년들이 모여 담배를 피우고 술을 마시며 욕과 은어로 떠들어대고 주위는 아랑곳 하지 않고 고성을 지르면 지나는 어른은 의당 주의를 주어야 하고 타일러야 하지만 쳐다만 보아도 욕을 해 모욕을 당하기 일쑤고 한 마디 거들다가는 폭행당해 죽임을 당하고야 만다. 이런 지경에 어느 누구 어른이 어른답게 나서겠는가. 세상이 이상하게 돌아간다. 앞뒤를 모르는 이들을 어떻게 바로 잡아야 할까. 어른이 없어진다.

하기야 가장 어른다워야 할 법정에서 분별을 잃고 함부로 내뱉은 말이 얼마나 큰 파장을 일으키는 것을 아는지 모르는지 막말 판사도 있으니 말이다. 노인을 대접할 줄 모르고 어른을 분별 못한 말, "늙으면 죽어야 한다."는 가장 치졸하고 비천한 언어로 자기의 자존까지 내던진 그는 철없는 청소년과 무엇이 다르랴. 누가 선뜻 이 아이들을 훈계할 수 있는가, 이 무서운 10대들을!! 무섭게 무너지는 위계질서의 현실이다.

포기할 수 없는 일

이는 가정에서부터 사회의 규범을 가르치고 사랑 안에서 하나하나 배워 학교에서 더 익히고 바른 생각과 올바른 행동으로 사회에 나와 위계질서를 지키며 감사하면서 산다면 차마 그러한 무서운 10대는 나지 않을 것이다. 중요한 것은 가정에서 부터인데 결손가정, 조손가정으로 가정이 병들어 아이들이 제대로 배우지 못하고 악과 대면하면서 나빠진 것이다.

요즘 가정마다 아이가 적거나 혼자여서 왕자와 공주로 키운다. 학업에 시달리는 아이들에게 밥상머리 교육을 할 기회도 점점 줄어들고 소패왕국으로 치닫고 있는 현상이 빚어낸 결과다.

대선주자들의 공약은 요란하나 나라의 백년대계를 세워야 할 청소년의 범죄문제는 인식조차 못하고 누구도 한 마디 다루지 않는 게 실체다.

엄마들이 하늘이 노랗게 보이는 사선을 넘어 낳은 아이들, 낳기보다 기르기가 힘들고 기르기보다 힘드는 게 가르치는 일이라고 했다. 이 가르침을 맡은 선생님들의 존재는 우리의 최후 보루이다. 어두운 밤길을 인도하는 별빛처럼 길을 인도해 주신 스승은 평생의 은인이다. '하루를 배웠어도 평생의 사부師父님이시다' 의 중국인들의 존사중도尊師重道의 정신을 본받아 우리 10대들이 스승의 은혜를 아는 청소년으로 잘 자라 어른들을 근심케 하지 않았으면 좋겠다. 오죽하면 일본에서도 수신시간을 다시 부활하자는 제의가 나오는 지경이다. 아무리 어렵고 힘들어도 포기할 수 없는 게 10대들의 선도이다.

불신不信의 벽을 넘어

지난 2011년 3월 후쿠시마 원전 폭발 당시 방사능이 유출되었다는 소문이 좀처럼 가라앉지 않았다. 원래 나쁜 소문이란 흉흉한 루머가 되어 들불처럼 퍼져나가게 마련이다. 일본에 체류 중인 외국인들의 엑소더스 행렬이 길어지고 이웃인 우리도 방사능공포에서 쉽게 헤어나지 못해 요오드와 칼륨을 사들이고 바다까지 오염이 되었다하여 소금을 사재기하는 소동이 일어났다. 나는 주저하다가 구입 시기를 놓쳐 명품이라는 소금은 품귀 현상으로 값은 몇 배 올라도 구할 수 없었다.

교과부와 방재센타에서는 현재 전국적으로 '국가 환경 방사능 감시망' 71개소와 원전주변 측정소에서 수집한 데이터를 근거로 방사능 수치를 한국원자력안전기술원 홈 페이지와 다움이나 네이버 등 주요 인터넷 사이트에 매 시간 공개하고 일본의 현지 방사능 수치까지 실시간 제공하며 국민들에게 '안심하라' 했지만 공포에 찬 불신의 벽은 두꺼워 믿으려 하지 않았다.

이전 1979년 미국 펜실베이니아에서 일어난 사고에 영향을 받아 우리도 국내의 원자력 발전소의 안전성 점검도 강화하고 1990년 한국원자력안전기술원까지 발족시키며 철저히 감독 감시하는데도 정부의 목소리는 귓가에 머물지 않았다. 사실 나도 원전에 대하여 공포심 이외 아무것도 알지 못했다.

백문이 불여일견百聞不如一見이라 했던가. 지난 9월 말 한국원자력안전기술원에서 안내하는 원자력 발전소의 견학과 문학기행에 동참하게 되었다.

우리나라의 원전은 네 곳에서 가동 중이다. 1978년 미 웨스팅하우스사가 지어 준 최초의 고리 1호는 설계수명 30년과 10년을 연장해 가동 중이다. 후쿠시마 경수 원전은 전원이 차단되면 수소가 농축되어 폭발할 수 있는 단점이 있으나 고리원전은 전원이 차단되어도 수소를 제어할 수 있는 장치가 설계되어 구조적으로 더 안전하고 유사시 방사성 물질의 누출 가능성은 낮다. 월성 원전은 1983년 캐나다형으로 설치되어 2.3.4호까지 가동하고 영광원전도 1986년 고리와 같은 가압 경수로로 설계되었다. 1995년 3호기부터는 한국형 원자로를 사용해 수명 40년으로 설계되어 해외에 수출하고 있다. 나머지 울진 원전 1호기도 1988년 프랑스형으로 가압 경수로 형태이나 3호기부터는 우리나라의 독자적인 규격으로 지어진 발전소다.

우리는 경주에서 조금 떨어진 월성원전에 도착해 여러 가지 설명을 들었다. 거대한 격납고는 보기만 해도 튼튼해 보였다. 후쿠시마 원전사고는 강진으로 전원이 차단되고 냉각수도 공급되지 않아 노爐내 압력이 증가해 수증기가 누출되는 과정에서 격납고가 폭발하며 방사능이 누출된 사고다. 그러나 우리나라는 사고에 대비해 첨단 시설로 여러 겹의 방호막을 싸는 격납고를 갖췄다. 비행기 충돌에도 이상이 없을 만큼 견고하게 지어졌다. 체르노빌은 격납고가 없었기 때문에 피해를 입었고 미국의 사고는 격납고를 갖추고 있어 모든 처리를 격납고 안에서 처리해 큰 피해가 없었다. 체르노빌 원전에 놀란 우리의 의심이 풀렸다. 또 놀란 것은 냉각용 해수를 저장해 물고기까지 양식하고 있어 아주 친환경적인 모델이 되고 있었다. 여러 개의 양식장에는 돔 등 네 종류의 물고기가 치어에서부터 다 자라 먹음직한 물고기들이 활발히 헤엄쳐나가는 모습이 더욱 친근했다. 양식한 생선은 1년에 한번 직원들에게도 시식할 기회가 있다니 우리도 식욕이 돋는 것 같았다. 그만큼 안전하다는 증거다.

현재 우리나라 원전은 네 곳에 23기를 가동하고 7기는 현재 건설 중이다. 후쿠시마 사고 이후 강진과 해일에도 견디도록 국내 원전을 안전 보안하고 있다. 원자로는 1950년대 유럽에서 건설된 초창기 원전을 1세대, 1960년대 본격적으로 상용화한 원전을 2세대, 그 후 원전을 3세대로 구분한다. 3세대 원자로는 중대형사고에도 방사능이 원자로 안에서 빠져나오지 않도록 보강된 모델이다. 웨스팅하우스사나 유럽형 가압경수로는 주요 3세대 원전이고 지금 한국표준형으로 개량한 원전은 3.5세대로 구분한다. 후쿠시마 사고에 충격 받은 나라들은 방사능 해양오염 국제공조를 하기 위해 아 · 태 19개국과 우리나라 원자력 안전기술원(KINS)이 참여하고 또 IAEA 해양환경연구원은 방사능 오염 데이터베이스를 구축해서 기술지원도 나서고 있다.

2009년 원전 이용률 발표에 의하면 미국은 89.3% 중국이 86.4% 일본은 65%이고 한국은 91.1%로 12개국 중 세계최고의 운영실적을 달성하고 있다. 이는 얼마나 효율적이고 안정적으로 운영하는가에 대한 척도로 세계최고 수준임을 입증했다.

또한 캐나다처럼 수자원이 풍부해 수력과 조력발전소를 만들기에는 우리는 환경파괴가 너무 크다. 또 미국과 러시아 중국처럼 지하자원이 풍부한 나라가 아닌 우리는 화력발전도 탄소배출량이 많고 화석연료를 쓰려면 석유나 석탄은 너무 비싼 비용이 소요되어 적합지 않다.

지난 9월 이명박 대통령이 유엔총회에서 대체 에너지가 나타나지 않는 한 원자력 에너지를 포기하기 어렵다고 했다. 원전의 주원료인 우라늄이 세계전역에 고루 분포되어 있어 구하기 쉽고 수송과 저장에도 용이해 가장 값싼 클린 에너지이기 때문이다. 원전에서 생산되는 전력은 현재 35%를 카버하고 있다.

현재 안전을 위해 한국원자력안전기술원에서는 원자력 발전소에 주재원을 보내고 각 사업장과 업체에 숙련된 최고급 석박사급 기술요원을 상근시켜 밤낮으로 안전을 지키며 국민들이 안심하고 생활하도록 애쓰고 있으니 마음이 놓였다.

지난 2009년 아랍에미르트와 체결한 400억 달러의 원전수출은 한국형 원전의 성공 사례가 되었다. 이는 승용차 100만대 분과 30만 톤 급 유조선 80척의 수출과 맞먹는 큰 액수다. 더구나 정부는 2030년까지 80기의 원전을 수출하여 세계시장의 20%를 점유할 계획이다. 이 수출은 70년대 한국중공업이 첫 조선수출만큼이나 획기적인 사건이었다. 30년 전 미국 기술을 전수한 이래 한국형 원전을 수출해 그 기술력을 인정받았기 때문이다. 대우건설과 삼성물산 GS건설 등은 원전 발전소 건설로 해외 원전시장에 진출해 쾌거를 이루고 우리의 원자력 발전의 위상이 점점 높아지는 이 때 원전에 대한 오해의 루머에 휩쓸리지 말아야 한다. 원전수출은 대한민국의 새로운 블루오션이 되어 장차 우리의 생산동력으로 삼아야 우리가 살기 때문이다.

이 와중에 며칠 전 소금 품귀현상을 악용한 악덕수입상이 녹기 어려운 사 물질이 섞인 베트남 소금을 몇 천 톤 수입해 국산으로 둔갑 시키려다 적발되었다. 이는 어려운 경제사회의 유통질서를 교란시키고 불안심리를 조장해 '코리아 디스카운트' 만 불러 올 뿐이다. '경제는 기대심리에 따라 춤추기 때문에 믿음이 중요하다' 라고 경제학자 케인즈는 말했다. 더구나 우리는 후쿠시마 이후 어느 나라보다 신속하고 과감하게 안전점검에 착수했다. 국제원자력기구 (IAEA)가 중심이 되어 통합규제검토서비스(IRRS)를 정기적으로 받도록 권고해 지난 7월 우리는 최초로 수검한 결과 한국이 미국 영국 프랑스보다 안전성이 높다고 인정받았다. 이렇게 국제적 관심을 모으고 안전시스템이 세계 수준임을 공인 받는 계기가 되었는데도 우리 국민은 아직 안전성에 의심을 하고 있어 원자력 당국자는 걱정하고 있다. 원전에서 가장 중요한 것은 국민의 신뢰획득이라고 힘주어 말했다. 현재 대통령산하에 '원자력안전위원회'가 출범해 그 위상과 관심이 더 높아질 것을 기대한다.

들녘에는 벼가 황금빛으로 익어가고 노변에는 코스모스가 하늘거리는 청명한 가을 날, 한국원자력안전기술원의 조두현 박사님의 솔직하고 자신에 찬 원전 해설과 경주의 문화해설은 덤으로 배운 소중한 시간이 더없이 고맙고 즐거웠다. 나의 기행문이 벽 높은 루머를 불식 시키는데 기여 한다면 참으로 고맙게 여길 것이다.

시련 속에 꽃 피운 그의 삶

12월 5일은 무역의 날이다. 2011년 1조 달러를 달성한 이래 세계의 어려운 여건 속에서도 2013년에도 무역 흑자를 이루었다. 특이한 것은 1964년 1억달러 돌파 기념으로 무역의 날을 정하고 2013년 50년 만에 5,600억 달러의 기록은 무려 500배~600배가 늘어난 기적이다. 더 의미있는 것은 중국에 1,500억 달러 수출해 일본의 1,332억 달러를 앞질러 대중국 수출 1위에 올랐다는 일이다.

그런데 가계부채는 최고수준이고 가계저축률은 최저수준이다. 그러나 기업저축률은 90년대 12-13%에서 2010년 19.7%로 올라 경제협력개발기구 (OECD) 가운데 일본 다음으로 높았다. 이는 기업이 투자할 곳이 마땅치 않아 투자로 이어지지 않고 있음을 의미하며 일자리가 생기지 않음을 말하고 있다.

이러한 수치에도 통계청 조사에 의하면 국민 46.7%가 소득, 직업, 교육, 재산부분을 고려하면 "나는 하층에 속한다."라고 한다. 청년 취업이 어렵고 젊은이들의 장래가 암담해 미래가 보이지 않는다. 그러나 지금 여건보다 훨씬 나라 형편이 어려울 때 이겨내고 살아낸 사람이 있다. 우리 젊은이들이 위로와 용기를 얻고 새로운 도전이 이루어졌으면 하는 바람과 한 번쯤 이 사람의 생애를 살펴보며 소개한다.

남상해 회장의 일대기는 한 개인의 기적 같은 성공담이나 한 개인의 자서전적 이야기만은 결코 아니다.

지난 세기는 일본의 강점으로 당한 우리의 설움과 아픔이었고 국내적으로는 유교의 인습과 부딪치며 허허 벌판에 내몰린 억울하고 처참한 이야기이기 때문이다.

자기의 운명 앞에 좌절하지 않고 우뚝 선 남상해 하림각 회장, 악전고투한 그는 일찍부터 응석이나 부릴 철없을 나이, 그 어린 나이에 부모님을 모셔야 하고 동생을 돌보아야 하는 기특하고 착한 마음을 어떻게 가졌을까. 어려우면 부모형제는 잊어버리고 마는 요즘의 세태 속에 우리가 다시 찾아야 할 도리를 일깨워 주는 크나 큰 귀감이 되는 사람이다.

'기적의 자장면' 의 신화나 '역전의 명수 남상해를 아십니까.' 의 자전적 책을 읽고 다시 쓰면서 눈물이 흘렀다. 풍요로운 이 시대에 우리가 놓쳐버린 귀한 삶의 교훈이 숨어 있기 때문이다.

암울한 시대에 던져 진 나라의 운명

제국주의 강대국들의 식민지 쟁탈전에 우리는 휘말렸다. 러일전쟁의 결과로 일본은 우리를 강점했다. 수탈에 못 이긴 우리 민족은 러시아로 만주로 유랑민이 되었다. 한편 1941년 12월 일본이 진주만을 기습해 일어난 아시아 태평양 전쟁으로 일본은 우리를 학도병으로 정신대로 전쟁터에 보냈다. 징용으로 끌고 간 사람은 사할린의 탄광으로 몰고 갔다. 치열했던 제2차세계대전과 태평양전쟁이 끝났지만 우리 민족은 유랑민으로 전락했다. 1938년 의령에서 태어난 남회장도 아버지 따라 홋가이도에서 어린 시절을 보내고 해방을 맞아 고향 의령에 귀환동포로 돌아왔다.

유교의 인습에 맞서서

남회장 부친은 일본으로 떠날 때 조상으로부터 내려 온 재산과 땅을 친척이나 고향 사람에게 맡겼다. 그러나 고향에 돌아오니 그 사이 주인이 바뀌고 남은 게 하나도 없어 기거할 곳조차 없었다. 친척이 방 한 칸을 내 주었다. 아무것도 없는 처지였지만 아버지는 선비의 체통만 내세워 대가족은 굶어 죽게 되었다. 어머니는 남은 패물을 팔아 읍내에서 조그마한 잡화상을 하며 살림을 겨우 꾸려갔다. 그러자 집안에서는 양반가문의 자손이 장사를 하는 것은 상상도 못할 패륜이요, 가문의 수치라고 어른들이 노발대발 들고 나섰다. 어른들은 아무리 생활이 어려워도 뼈대 있는 가문의 자손이 장사를 하는 것은 상놈이나 할 짓이라며 가문에 먹칠을 했다고 저녁마다 찾아와 그의 아버지와 어머니를 몰아 세웠다. 기가 죽던 아버지는 아이들을 어찌하겠냐며 이해를 구했지만 불손한 태도라며 결국 추방령을 내렸다. 심지어 남씨 성을 바꾸라고까지 나무랐다.

의령이 본관인 남씨 가문은 6명의 정승을 배출하여 지역 유지로 막강한 세력을 누리며 살아 왔다. 그런 환경에서 더 버티지 못하고 1년만인 1946년 남회장 가족은 고향을 떠나 충남 보령으로 자리를 잡았다.

어린 가슴에 맺힌 절망

누가 볼세라 도망치듯 나온 보령의 단칸방은 비극의 시작이었다. 형제들은 초근목피로 목숨을 지탱하려고 산으로 들로 바다로 쏘다니며 먹을 것을 채취해 겨우 연명했다. 급기야 집세도 밀려 다시 나왔지만 갈 곳이 없었다. 면에서 주선해 준 병막의 방이 있었다. 병막은 전염병을 앓거나 문둥병자를 죽을 때까지 수용하는 곳이다. 사람 살 곳은 못되었지만 어쩔 수 없었다. 그곳에서 쌍둥이 형이 죽어나가고 동네 젖동냥으로 크던 막내 어린 동생마저 채독으로 죽어 갔다.

어머니는 엿을 고와 머리에 이고 먼 곳에 가서 팔았다. 가까우면 병막에서 산 것을 알아 피하기 때문이다. 올 때는 홀가분하게 오지 못하고 또 무거운 고구마나 감자 보리 등을 돈 대신 바꿔 머리에 이고 왔다. 또 아리를 인 머리가 다 빠졌다. 그 사이 어린 상해는 기생집에서 심부름을 하며 밥을 해결했지만 또 누가 굶어서 차례로 죽어야 할지 늘 무서운 생각이 들었다. 이대로 죽을 순 없어 기생집에서 본 전깃불처럼 "불빛이 있는 서울로 가자" 그는 결심을 하고 주먹을 불끈 쥐었다.

절망에서 얻은 불빛

서울행은 만만치 않았다. 이틀이 걸려 서울역에 도착했다. 물 한 모금 먹지 못한 그에게 허름한 아주머니가 건네 준 개떡 하나가 식량이 되었다. 당장 춥지만 대합실에서 자고 나니 선점한 조금 큰 형 같은 소년이 때렸다. 어른 노숙인을 따라 다니며 꿀꿀이 죽을 얻어먹고 때리던 형이 신문 파는 것을 배워주었다. 드디어 보급소까지 가서 신문배달로 처음으로 돈을 벌었다. 서울역에서 때리던 그 형은 그래도 그를 믿고 자기의 신문을 나누어 준 참으로 고마운 형이었다. 서울역에서 노숙하던 어른들을 따라 창신동 골짜기에 삽을 얻어 흙을 파고 굴집을 만들어 노숙을 면하게 되었다. 서울의 불빛은 휘황찬란했지만 하루하루가 고달픈 어린 꼬마에는 아무것도 눈에 들어오지 않았다.

산다는 것은 잔인한 일인가

그는 아침에는 신문을 돌리고 오후에는 삼청동으로 가서 물장사를 했다. 물장사를 하는 아저씨를 졸졸 따라 다니며 이것저것 배웠다. 서울은 물 사정이 나빠 가정집에서 물을 사 먹었다. 단골도 생기고 돈도 잘 벌었지만 시기하는 패들이 훼방을 놓고 돈을 뺏고 귀찮게 해서 더 할 수가 없어 그만 두고 구두닦이를 시작했다.

구두닦이는 신문팔이보다 벌이가 나았다. 구두닦이의 황금어장이라는 퇴계로에서 시작했지만 통을 뺏고 텃세가 심해 매 맞기가 일쑤였다. 해군장교 한 분이 와서 통도 찾아주어 다시 할 수 있게 되어 그 장교에게도 늘 고맙게 여겼다. 번 돈은 모아 집에 부쳤다. 그렇지 않으면 동생 누군가 또 죽어야 하고 봉분도 없이 묻히는 게 늘 마음을 짓눌렀다.

벌이가 시원치 않을 때는 굶어 허기지고 산꼭대기를 기어올라 쓰러지곤 했지만 그날 밤은 어머니 생각이 더 간절해서 울다가 먼저 간 누이동생과 형들이 어른거렸다. "오빠, 내 소원은 흰 쌀밥 먹어 보는 거야."하던 어린 동생 생각에 미치면 어느새 눈물이 흠뻑 젖곤 해서 어린 나이에도 산다는 것이 참으로 잔인하다는 생각에 빠지기도 했다. 어느 때는 쥐약을 사다 먹으려 물을 들고 오는데 어릴 때 이름 "다다시야"부르는 소리에 물그릇을 엎어버리고 죽지 못해 살아나기도 했다.

절망에서 도전을

창신동에 굴집 주변은 모두 그와 같은 갈 곳 없는 사람들이 모이는 곳이었다. 그들의 생활은 어른인데도 구걸로 살거나 겨우겨우 사는 모습이 딱해 보였다. 그도 그 꼴로 어른이 되어 욕지걸이나 내뱉고 싸움이나 하는 삶이라면 정말 살기가 싫었다. 구두닦이가 돈벌이가 조금 되지만 그것도 한심하게 보였다.

그 무렵 음식점 하면 중국집이었다. 먹고 싶은 것을 꾹 참고 있다가 어느 날 서울에 와서 처음 자장면을 시켜먹었다. 그때 먹었던 자장면 맛이 얼마나 맛이 있던지 그 맛을 잊지 못한다고 했다. 그는 주인에게 일자리를 구했지만 "너 같은 꼬마가 뭣을 하겠냐."며 어처구니가 없어 했다. 시골에서 나뭇짐을 지고 물장사로 익힌 실력으로 물동이를 물지게에 메고 이를 악물고 물을 날랐다. 그에 놀란 주인은 그를 중국집 보이로 시켜 주었다. 끼니를 걱정 않고 찬 곳에서 자지 않으며 일을 배울 수 있다는 것이 얼마나 기뻤던지. 설거지, 야채 다듬기, 청소, 홀에서는 서빙까지 하면서 인정을 받기까지 열심히 했다. 그러나 어려운 일도 있었다. 일본에서 초등학교 1년 한국에서 2학년을 배운 게 전부였다. 당장 배달하는데 지장을 주었다. 그는 본격적으로 전기불이 꺼진 잠자는 시간에 호롱불을 켜고 공부를 했다. 전기가 귀한 때라 주인에게 폐가 되지 않기 위해 호롱불을 켰다. 주인은 안쓰럽게 여겨 교회에서 주관하는 야간학교에 보내주었다. 중국집 주방장의 눈에 거슬려 빗자루로 맞기도 했지만 새로운 세계가 열리는 것이 너무 경이로웠다.

하늘이 주신 선물

입대를 해도 가족을 부양하는 것은 남회장의 몫이고 걱정거리였다. 그러한 착하고 가엾은 마음씨를 그대로 넘기지 않고 하나님은 언제나 기회를 주셨다. 제대를 하고 돌아오니 갈 곳이 없어 전 중국집을 찾았다. 주인의 소개로 서대문에서 일을 하고 1년이 되었다. 그 무렵 정부에서는 관광공사를 발족시켰다. 그 사업의 일환으로 요식업자 가운데 유능한 사람을 선발하여 전문가로 양성한 다음 관광호텔에 파견할 사람을 모집했다.

중식부는 5명 모집에 300명이 몰려들었다. 중국집에서 잔뼈가 굵었다 해도 실기와 필기고사가 있었다. 정말 고맙게도 중식부 합격자 명단에 들었다. 그것은 제대로 된 직장과 사회에서 살아갈 수 있다는 사실이 그를 너무 기쁘게 했다. 항상 준비한 자에게 기회가 돌아옴을 깨달았다.

견습생 교육은 매우 엄격해 전체 1300명 중 중식부는 단 5명이지만 모두 중국인이었다. 그간 중국인들의 결속과 배타가 얼마나 무서운지 뼈속 깊이 안 처지라 무던히 노력했다. 기숙사에서 나와 몰래 피나는 연습을 하며 1년이 지나고 정식 발령을 받았다. 그는 워커힐 호텔의 조리부장에 임명되었다. 같이 경쟁상대인 4명은 주방장 조리장 등 그의 지휘하에 놓였다. 위기의식을 가지고 무척 노력한 덕이었다.

꿈에 그리던 동승루

1967년 나이 서른살. 종업원에서 조리부장까지 경력을 쌓아 이제 개인 사업을 할 때가 되었다. 안전한 조리부장의 자리를 내놓고 모든 것을 동승루에 걸었다. 주변 환경을 답사하고 유동인구를 첵크 하며 근접성과 가시성까지 꼼꼼히 챙겼다. 명보극장 뒤편에 11평의 가게를 구했다. 동승루라는 간판을 걸은 것은 꿈만 같았다. 재료 구입은 철따라 미리 사서 고향집에 두고 새벽 3시에 일어나 통금이 해제되는 4시에 출발해서 싱싱한 재료를 손수 구했다. 식재료 등 어느 것 하나 남에게 맡기지 않았다. 주방장은 우리나라에서 중국음식 최고라는 남정식씨를 같은 성씨라는 이유로 인연을 맺고 같이 일하게 되었다. 지금까지 오랫동안 같이 일하면서 80이 넘은 나이에 이제 그만 쉬라고 해도 마다하고 정성껏 그의 일을 보살피는 마음은 남회장의 큰 복이 되고 있다. 그는 종업원 관리도 특별한 교육을 철저히 시킨다. 서비스가 중요해 배달원까지 이름표를 달고 위생복을 입히고 바쁠수록 언제나 미소를 잃지 않도록 당부한다. 종업원을 가족처럼 여기며 가게는 날로 번창했다. 그 후 결혼한 아내도 희생적으로 도와 부족함 없이 잘 나갔다. 부모님의 소원을 위해 시골에 논을 사드리는 효자 중 효자였다. 그는 자기 어릴 때처럼 생면부지 사람에게도 일자리를 주면서 어려운 사람을 챙겨 그의 주변 울타리는 점점 튼튼해 갔다.

만학열

언제나 부족함을 느낀 그는 28세에 고등학교를 마치고 조리사협회 등 많은 대외 직함으로 봉사의 시간을 많이 가졌다. 1976년 서른 아홉에 대학을 마쳤다. 실제로 옥스퍼드 행정경영대학원, 중대 행정대학원, 서울대 행정대학원, 연대 언론홍보대학원, 서울대 보건대학원 등 수 없는 대학에서 최고경영자 과정을 수료했고 지금도 공부하는 회장으로 기억되고 있다. 그런가 하면 매스컴에서는 그의 성공신화가 방송국마다 전해져 국민에게 희망을 주었다. 또한 경영 노하우를 젊은이에게 전하고 바쁘게 지낸다.

나눔의 행복

그는 인복을 타고 났다. 어린 꼬마 때부터 여러 사람들에게서 많은 도움을 받았다. 동승루, 신해루, 열빈, 다리원, 하림각까지 고급화에 힘썼으며 중화요리 최고의 맛의 전문업체로 성장했다. 10살 꼬마가 40년 간 열심히 일해 1987년 50살에 하림각 회장으로 우뚝 섰다. 그러나 어느 정도 생활이 안정되자 무엇인가 허전했다. 그는 사회봉사를 하면서 기쁨을 찾았다. 새마을 종로지구회장을 맡으며 시골 농사 돕기, 무의탁 노인 돕기, 청소년 가장 돕기 닥치는 대로 그는 도왔다. 삼풍백화점 사고 시에는 6천 명의 식사를 제공해 구조대원에게 봉사한 일은 너무나 유명하다. 각 단체 등 일일이 열거하지 못하나 봉사하며 삶의 가치를 깨닫고 그를 통해 참 기쁨을 누리고 있다.

그의 블루 오션

그는 남들이 가 본 길은 걷지 않았다. 험하고 힘들어도 새로운 길을 찾아내고 창조하는 이 시대에 맞는 가장 훌륭한 최고 경영자이다. 어떻게 그 어린 나이에 가족을 부양할 생각을 했는지. 자기가 돈을 보내지 않으면 또 어느 동생이 죽을지 모를 너무나 절박해서 먹고 싶은 붕어빵 하나 사 먹지 않고 집으로 다 부칠 수 있는지. 그 고운 마음씨를 하늘이 외면하겠는가. 그는 희생의 전사자요, 지금도 늘 감사하는 마음이 가득 차 있는데 어찌 하늘이 돕지 않겠는가. 노력하면 못할 것이 없다던 남회장. 세검정에 자리 잡은 하림각은 중국음식뿐 아니라 다각화 사업으로 번창하는 크나 큰 기업체가 되었다.

누구나 어려움을 당하지만 이겨나가는 일은 쉽지 않다. 그는 어려울 때 작고 크게 도움을 받았다. 그것을 잊지 않고 자기처지처럼 어려운 사람들을 돕는 일을 실행에 옮긴 사람이다.

많은 사람들이 남회장의 이야기를 기억하여 어려울 때 조금이나마 힘이 되었으면 한다.

현대그룹의 고 정주영 회장은 "남들이 꺼리는 곳에 돈이 있다."라고 했고 부자기질은 긍정적이고 강한 의지가 있어야 한다고 말했다.

"가난하게 태어난 것은 당신의 책임이 아니지만 가난하게 죽는 것은 자기 책임이다."라고 빌 게이트는 말했다. 우리가 새겨야 할 말이다.

1달러의 기적

지난 2011년 사업보고서 분석이 나왔다.

10대 그룹 상장사 81곳 가운데 금융계열사를 제외한 직원의 평균연봉이 가장 높은 곳이 눈에 띄었다. 평균연봉이 가장 높은 곳은 현대자동차가 1위로 평균 8900만원을 받는다. 이는 작년대비 11.2% 증가한 액수였다. 다음은 기아자동차 연봉도 작년대비 2.4% 늘어난 8400만원이었고 현대 모비스도 13.6% 오른 8300만원을 기록하여 2011년 평균 연봉은 1위에서 3위까지 모두 현대차 그룹에서 차지했다.

현대자동차와 내가 탔던 기아자동차는 나를 설레게 했던 회사들이다. 2009년과 2010년 미국 오하이오 주 수도 콜럼버스에 있는 막내네 집에 머물러 있었던 일이 떠올랐고 2013년과 2014년에도 갔을 때도 여전했다.

우리 막내는 1995년 오하이오 주의 주립대에서 공부할 때 한국은 1997년 IMF 구제금융을 받는 어려운 시기였다. 떠날 때 800원대였던 환율이 1960원으로 무려 2배 이상 올라 많은 유학생이 귀국할 수밖에 없었지만 막내는 중도에 포기치 않고 피나는 노력으로 의과대학을 마칠 수 있었다.

졸업 후 공군 조종사인 사위와 오키나와에서 3년의 임기를 마치고 병원이 있는 콜럼버스에서 둥지를 마련하고 엄마를 초대했다. 그들은 나를 위해 캐나다의 관광과 나이야가라까지 구경시키고 귀국길에 그간 어려움을 이기고 공부하며 정들었던 털리도를 나에게 보여주기 위해 둘러보았다. 사위와 같이 스터디 하던 도서관 공학관 법학관 기숙사며 의과대학까지 들렀다. 인내심으로 이뤄낸 막내가 대견하여 나는 벅차오르는 감동에 기뻤다. 막내를 도와 준 미국의 대학에 한없는 감사를 드리며 하염없는 눈물이 볼을 타고 흘러내린 적이 있었다. 우리 아이를 길러낸 이 도시를 잊을 수 없었다. 더구나 아이의 후배가 현대 모비스에서 근무한다는 소식에 더욱 정겨웠다.

콜럼버스의 시내를 오가면 낮이면 낮대로 밤이면 혼다 닛산 토요타의 간판과 나란히 광고조명등이 까만 밤하늘에 별처럼 반짝반짝 한글도 선명하게 빛나 현대자동차와 기아자동차의 불빛이 내 시선을 가슴 뜨겁게 잡아 한국인의 자부심을 드높여 주었다. 큰 도로에는 늘 현대자동차와 기아자동차가 빠르게 질주하는 모습을 쉽게 볼 수 있어 가슴이 뿌듯했다. 아– 미국 동북부 이곳에서 우리의 자랑스러운 브랜드 현대자동차를 만나다니 마치 친척을 만난 듯 반갑기 그지없었다.

최근 미국 경기가 봄바람에 조금씩 살아나며 현대자동차의 3월 판매고도 사상 최고인 점유율 9%를 탈환 했다는 소식이다. 글로벌 금융위기 이후 얼어붙었던 소비심리가 조금씩 풀리며 자동차 판매량이 전반적으로 늘어나 보인다. 옵티마의 인기도가 높아 30.2% 늘어난 5만7505대는 미국진출 후 처음이다. 현대자동차는 12.7% 늘어나 6만9728대로 두 회사는 총 12만7233대가 팔려 월간 기준 사상 최대 실적을 올렸다. 기아자동차의 미국 조지아 주 웨스트포인트 공장이 양산 개시 3년 8개월 만에 누적 생산 100만대를 돌파 했다. 100만 번째 생산차량 쏘렌토가 보기에도 늠름하다. 더구나 현대차가 미국시장의 승용차 소매 부분에서 포드를 처음으로 넘어섰다. 미국의 상징인 포드를 제쳤다는 것은 도요다, 혼다, 쉐브레 등과 어깨를 겨루는 단계에 올랐음을 의미한다. 벌써 2013년 1월에 제니시스, 벨로스터, 스포티지R이 '올해의 소비자 만족상' 차량에 선정되어 1위에 올랐다.

미국의 3대 자동차업체인 GM과 포드와 더불어 크라이슬러가 살아난 것도 자세히 보면 현대 모비스 덕분이다. 지난 2006년 원가 절감을 위해 크라이슬러그룹의 경영진이 화성 모비스 모듈공장을 방문했을 때 품질의 높은 수준에 놀라 현대 모비스에게 미국에서 투자할 것을 간청했다. 클라이슬러는 그 당시 공장부지 3만8372m²를 기가 막힌 1달러에 임대한다는 놀라운 조건도 제시했다. 그야말로 무료로 땅을 제공해 가며 모비스를 유치하겠다는 다급하고 확실한 요청이었다.

오하이오 주 털리도에 온 현대 모비스는 크라이슬러의 기대에 부응해 2011년 16만 5000대분 모듈을 공급하며 2009년 대비 두 배 이상 성장했다. 바로 지난해 오하이오 모비스의 매출은 8억5000만 달러로 상승했고 앞으로 곧 10억 달러를 달성하리라는 시점에 와 있다. 오하이오 털리도에 자리한 모비스 공장은 크라이슬러의 주력차인 '지프 랭글러'의 부품인 '컴플리트 섀시(Complete chassis)'를 1시간 당 40대를 생산한다. 이 컴플리트 섀시는 차의 뼈대를 이루는 섀시 프레임에 엔진, 변속기, 브레이크, 핸들, 서스펜션 등 300여 가지 부품을 정착시키는 모듈이다. 사실상 바퀴와 뚜껑을 뺀 모듈을 컨베이어 벨트로 바로 옆에 있는 크라이슬러 조립공장으로 옮겨지는 이 시스템으로 크라이슬러는 물류비를 크게 절감할 수 있었다.

우리 현대 모비스가 생산한 '지프 랭글러'는 경기회복과 함께 레저용 차량 수요증가로 불티나게 팔리고 있다. 이러한 주력 차종의 인기로 크라이슬러 판매량은 전년대비 34.2%나 증가해 GM과 포드에 이어 크라이슬러의 부활이 눈부신 것도 바로 현대 모비스와 잘 맞아 떨어진 협력관계 덕분이다. 이럴수록 오하이오 모비스 공장은 품질관리 수준도 엄격하기로 정평이 나 있어 현대 모비스는 글로벌 부품업체로서 위상을 제대로 정립하고 있었다. 현대 모비스는 오하이오 털리도 뿐 아니라 미시간 주 디트로이트공장도 있어 지난해 이명박 대통령이 방미 시 격려한 바 있다.

1달러의 기적은 미국자동차 크라이슬러의 활기찬 부활뿐 아니라 부품생산 공장으로 우뚝 선 현대 모비스의 기적이다. 현재 남미시장의 공략으로 브라질에 모비스 공장을 건설 중이라니 이제 남미에도 기적을 이룰 것이다. 국내에서는 FTA 발효 이후 외국에서 선전하는 현대자동차와 기아자동차의 덕분에 직원들의 연봉이 국내 최고수준이라니 자랑스럽다. 이들이 선전하는 것은 현대자동차의 연구원들이 실패할 때도 그들이 마음껏 도전할 수 있도록 여건을 주어 다시 연구 할 수 있도록 실패도 자산임을 인정하고 격려 하는 가운데 발명의 날에 철탑훈장을 받는 연구원이 나오며 엔지니어들에게는 최고의 일터라 여기며 연구한다.

또 한국기업평가사는 기아자동차와 현대 모비스의 신용등급을 상향조정되어 현대자동차와 같게 되었다. 그간 현대 모비스의 빠른 성장으로 수익성과 영업채산성이 큰 폭의 흑자로 돌아섰고 올 여름에도 주문량이 밀려 휴가도 반납한다는 현대 모비스의 기쁜 소식은 이억 만 리 고국에 뜻 깊은 낭보가 아닐 수 없다. 수출로 사는 우리에게 현대 모비스는 희망이요, 자랑이다.

해 설

수필의 관찰과 의미, 그 외연의 확대
– 박지연 시사에세이집 『세계인의 조건』을 읽고

김 경 수(시인 · 문학평론가)

1.

'에세(essai)' – 이 말을 찾아보면 프랑스어로 '시도始睹, 시험試驗' 이라는 뜻을 가지고 있다. 다시 말해 처음으로 어떤 일을 시작한다는 의미로 볼 때 이번에 『세계인의 조건』이라는 다양한 주제와 이를 극복하고 본받아야하는 최적의 가치와 교훈적인 내용이 들어있는 박지연 작가의 이번 수필집 출간은 아마도 무겁고 복잡한 경제에 대한 주제를 그의 뛰어난 문학적 솜씨로 조금은 부드럽고 무겁지 않게 시도하려는 노력의 산물로 태어나는 체험적 에세이 집이라 볼 수 있다.

그는 2010년에도 경제가 직면한 문제를 제시하고 그 해법까지 내놓은 경제테마 에세이집인 『1 달러의 발견』을 출간하여 사회전반에 반향을 일으킨 경제 에세이의 대가大家이기도 하다. 그가 일반적 에세이의 방식을 따르는 수필도 적지 않게 써 왔지만 이번 『세계인의 조건』 같은 사회성 있는 시사 에세이를 고집하는 이유는 사회적 활동에서의 경제 위기만큼 우리들 가슴에 현실적으로 느끼는 위기에서 오는 고민, 다시 말해 작가의 자아와 세상의 밖과 안에서 일어나는 내면 의식의 충돌 끝에서 좌절 의식을 떨치고 일어서려는 자유로운 의지의 상징적 표현이라 말할 수 있을 것이다. 한편-세상의 모든 사람들은 본능적으로 물질적 자산에 공통적인 애착을 가지고 있다. 이는 인류가 생기면서부터 스스로에게 직면한 경제적 문제에 초연하지 않을 수 없음은 정신적인 면만 가지고 살 수 없는 구조이기 때문이다.

박지연 작가의 경우 보기 드문 경제 전문 수필가이다. 수필문학과 경제 원리 내지는 구조 간의 상관성에 관심을 보인 문학인은 과장된 말일지라도 한국수필 문학사에 전무후무前無後無한 일일 것이다.

이번 시사 에세이집에서 그는 근본적으로 문학과 경제생활을 영위하는 관찰자적 대상을 경제적으로 관찰하려는 정신적인 활동의 기조로 삼고 있음을 알 수 있다. 객관적인 경제 사회의 모순을 극복하고 나아가 그것을 변혁시킬 수 있는 대안과 방법을 제시하는 것이 이번 그 수필 문학의 특징이다.

대개의 경우 경제에 관한 수필 내용이라 할지라도 누구나 겪게 마련인 범상한 일들로 이루어져 있는 것이 보통이다. 하지만 박지연 작가의 경우는 그러한 일들을 버리고 개인의 삶에서 비롯되고 체험한 불균형적이고 불안한 사회적 문제가 세계경제와 우리들 삶에 구체적으로 어떻게 변화를 주고 인간의 활동을 제약하고 제어하는지를 그의 명철한 판단과 풍부한 경제적 지식을 망원경으로 바라보듯 바라보고 있다. 그의 경제를 바라보는 궤적은 상단의 경지에 올라와 있다 할 것이다.

그가 문학적으로 바라보는 경제의 현실과 관찰을 통해 얻어 내려는 것은 인간행복이며 복지이다. 즉, 작가의 자아와 비판적 의식을 강조하는 그의 문학적 외연의 확대로 연결되어 있는 바 이는 박지연이 앞으로도 쓰게 될 수필의 특징일 것이다.

그렇다고 해서 그에게 탈 경제적인 수필이 없는 것은 아니다. 그는 이미 시인으로 또 수필가로 활동을 하고 있는 중견 시인이자 수필가이다.

그가 이처럼 경제문제에 천착하는 이유는 그의 과거의 직업과도 무관치 않음을 엿 볼 수 있고, 현재에도 월간 『시사금융』과 〈경북신문〉 등 많은 언론매체에 꾸준히 경제에 관련된 자신만의 경제에세이를 발표하고 있음이 이를 증명하고 있기 때문이다. 그럼 지금부터는 순수 수필 독자로서 그의 작품을 감상해 보고자 한다.

2.

박지연의 수필은 예리하게 관찰하는 눈을 통해 체험과 내적교훈과 감정을 결합시키고 있으며, 그 모든 것은 매우 구체적인 문체로 표현되고 있다. 그것은 화자만의 진정성과 특별한 안목이 있기에 가능한 일이다. 그래서 그의 글을 읽는 독자들은 당연히 감동과 감정 변화를 느끼는 것이다. 사람이 사는 세상에서 사회의 아름다운 규범과 규칙들을 지키고 또한 경제 전반에 대한 상식과 원리를 알게 된다는 것은 매우 흥미로운 일이 아닌가 싶다.

키프로스가 구제 금융을 신청했을 때 국제금융시장이 한차례 출렁거렸다. 작은 섬들이 그러하듯 이곳도 조세피난처다. 조세피난처는 기업이나 개인의 소득에 대해 세금을 물리지 않거나 매우 낮은 세율을 부과하는 국가나 지역을 뜻한다. 주로 경제규모가 작은 곳에서 외국의 자금을 끌어들이기 위하여 조세피난처가 된다. 키프로스도 예금이자에 세금이 붙지 않아 특히 러시아에서 유입된 자금이 많았다. 이 때문에 은행들이 보유한 예금액이 국내총생산(GDP)의 몇 배가 된다.

이 나라의 경제규모에 비해 많은 자금이 유입이 되었으나 키프로스 국내에서는 운용이 어려워져 자연히 외국의 투자처를 찾게 된다. 키프로스에는 그리스 계 주민이 압도적으로 많아 1970년대에는 그리스와의 통합이 추진된 때도 있었다. 자연히 그리스에 대한 투자가 많았다.

그러나 2012년 그리스가 재정위기로 구제 금융을 받으면서 부채 일부를 탄감 받게 되었다. 이는 곧 채권자인 키프로스 은행 입장에서는 대규모로 돈을 떼이는 결과가 되었다. 이 때문에 키프로스는 정부와 은행들의 신용등급이 급락하고 결국 구제 금융을 받아야 하는 지경에 이른 것이다.

더 큰 문제는 유럽연합(EU) 및 국제통화기금(IMF)과의 구제금융 협상과정에서 뱅크 런이 일어난 것이다. 뱅크 런이란 '은행으로 달려간다.' 라는 뜻으로 단기간에 은행예금에 대한 인출소동이 일어나는 것을 말한다. 지난 해 우리나라 저축은행에서 그런 현상을 많이 보아온 것처럼 예금에 대한 인출요구가 급증했다. - 『슈퍼리치』중 부분

이글에서 작가는 대단한 경제지식을 바탕으로 화자는 세계 슈퍼리치들의 고민들이 자국이나 세계 경제에 얼마나 많은 폐허를 가져 오는 가를 구체적 설명을 통해 분석 하고 있다. 여기서 말하는 슈퍼리치(Super Rich)란 돈을 모은 부자 중 부자를 의미하는 경제 용어이다. 키프로스가 조세피난처가 되면서 일어나는 은행예금에 대한 인출소동이 일어나는 것을 말하는데 이는 우리나라 저축은행에서 그런 현상을 많이 보아온 것처럼 예금에 대한 인출요구가 급증하는 현상을 말하는 것이다.

인용문에서 주목되는 것은 화자의 경제적 안목이 분석과 평가를 통해 실제 우리들의 삶에 어떻게 작용하는지를 사실적으로 보여주고 있다는 사실이다. 결국 예금자들은 은행에 맡기면 만사라는 믿음에서 탈피하여 자신의 돈은 자신 스스로가 책임져야 한다는 유익한 교훈을 독자들에게 전달하고 있는 것이다. 참고로 메릴 린치와 컨설팅 회사 캡제미니가 최근 조사한 '세계 부富 보고서'에 따르면 슈퍼리치가 되기 위해서는 최소 3000만 달러(약 280억 원) 순자산(주거지와 소비재 제외)이 있어야 한다는 조사 결과도 이야기 하고 있다.

국세청은 10억 원 이상 해외금융계좌를 가지고 있는 개인과 법인은 신고하도록 했다. 미 신고자에게는 형사 처분이 가능해졌다. 미신고 금액이 50억 원을 초과하는 경우 2년 이하의 징역 또는 위반금액의 10% 이하 벌금을 부

과한다. 제도 시행 2년째인 지난해는 전년 대비 61.8% 증가한 18조 6000억 원으로 나타났다. 또 조세계약을 맺은 78개국과 조세정보협정을 맺은 15개국 조세피난처 국가들로부터 조세정보를 축적하고 있다.

2008년 리먼 사태 이후 금융비밀주의에 빨간불이 커졌다. 각 나라는 부족한 재정을 메우기 위한 역외탈세를 근절하겠다는 각국의 기세가 크다. 미국은 스위스를 압박하여 어느 정도 성과를 거둔 바 있고 뒤따라 유럽 여러 나라에게도 비밀계좌를 공개했다.

영국의 국제적인 비정부기구(NGO)로 활동 중인 조세정의 네트워크는 역외탈세에 관한 보고서에서 중국, 러시아에 이어 한국이 세 번째로 해외은익 재산이 많다고 주장했다. 1970년부터 2010년까지 한국의 해외은익 재산은 총 7790억 달러, 약860조원에 달하는 것으로 제시했다.

–『슈퍼리치』중 '은닉재산' 부분

작가는 은닉재산에 대한 문제를 위 글에서 구체적으로 언급하고 있다. 이는 소재를 택하든 어떤 편견을 가지든 그를 위대한 리얼리스트로 만들기도 한다.

현대의 수필문학은 정치든 경제 이야기든 이에 관한 작품을 쓰는 작가를 찾아보기가 쉽지 않다는 측면에서 보면 이는 수필이란 문학이 애당초 정착되는 과정에서 정치와 경제를 멀리 하는 관습으로 굳어져 고착화되지 않았나 생각해 볼 때– 저러한 박지연 작가의 전문적 지식 분야의 시도는 우리나라 수필도 이제는 자연예찬이나 기행수필 일상적 신변잡기씩 글쓰기에서 탈피, 사회적 현실에 과감하게 접근하여 문학으로써 사회비판적 기능과 사회 구성원으로써 역동적 관계를 설정할 때라 여겨진다. 물론 이러한 소재들이 문학이 되기 위해서는 바로 문학적 정서를 바탕으로 해야 한다는 것도 잊어서는 안 될 일이다.

슈퍼리치의 마지막 글에서 작가는 부자들이 어떻게 재산을 늘리며, 어떻게 투자를 해야지 국가경제에 큰 보탬이 되는지와 나라에 공헌하는 지를 나름 이유를 대고 있다.

알베레스(R.M.Aberes)는 '에세이는 그 자체가 원래 지성을 바탕으로 한 정서적 신비적 이미지로 된 문학' 이라고 했다. 이 말은 수필의 성격을 가장 잘 표현한 말이다. 다시 말하자면 수필은 지식을 기반으로 한다는 말과도 같은 것이다. 별다른 형식 없이 붓 가는대로 작가의 심경에 담겨 있는 내용을 쓴다 해도, 작가는 개인의 체험이나 사회의 현실을 반영하기 때문이라고 보기 때문이다.

사회에 대한 긴장감이나 관심이 심화될수록 작가에게 미치는 정신적 충격이나 진실한 사회 구현에 대한 관심이 증가 하면서 강렬한 사회성을 표출하기 때문이다. 즉, 현대 사회의 구조에서 경제만큼 복잡 다양하게 어려운 것도 없다. 오늘날처럼 산업사회가 단단하게 구축되고 양극화 현상이 곳곳에서 심화되면서 박지 연 작가와 같은 수필의 역할에 대한 진정한 고민이 있어야 할 것이라고 생각된다.

가계 빚이 1100조를 넘었다. 사상최대의 빚이다. 부동산 버블이 꺼지고 하우스 퓨어들의 은행 빚도 줄지 않고 자영업들도 3년을 못 버티고 쓰러져 빚만 쌓인다. 가계마다 수입의 대부분을 원리금 갚기에 혼신을 다하여 생활이 최저수준으로 중산층은 이미 무너지고 빈민층으로 떨어진다. 빚에 벗어나기 위해 투잡을 뛰며 안간힘을 쓴다.

–『불황에 지친 사람들 』중 '장기 불황에 대비해야' 부분

OECD국가 중 저축률이 최 하위권으로 떨어진 지 오래다. 미국은 글로벌 금융위기를 거치면서 개인 저축률이 0%에서 4%로 상승했다. 절제가 없는 지출은 언제인가 파산이 오고 빈 털털이로 노후를 맞을 것이다.

장기 불황에 국가는 국가와 기업 그리고 개인의 형편대로 대비해야 한다. 불황에 모두 지쳤지만 이 불황은 곧 끝나지 않을 것이다. 6.25 이후 최빈민국을 이긴 민족이다. 지친 가운데서도 여러 환경에 대처해 다시 희망의 끈을 놓치지 않는다면 다시 우리에게도 영광의 횃불을 들을 날이 올 것이다.

이 내용은 작가가 수치를 근거로 바라보는 불황에 지친 자들에 대한 현실을 담고 있다. 작가는 이 대목을 상당히 심각한 상황으로 본다. 그러면서 희망의 끈을 놓지 말라는 긍정적인 말로 위로 하고 있으며 미리 미리 불황에 대비해야한다는 희망과 세상의 배금주의와 진실 속에 고뇌하는 작가의 고민이 담겨 있기도 하다.

다음 작품은 이 수필집의 제목인『세계인의 조건』이다. 과연 작가는 세계인의 조건을 어떻게 바라보고 있는지 그의 말을 들어 본다.

세계가 변화했는데 숨길 수 없는 잘 못된 역사에 눈멀고 욕심에 찬 분별없는 일본인들. 언제까지 변하지 않는 이들을 이웃에 두고 우리 기성인이 떠나

면 어떻게 될까, 걱정이 앞서 우리 후대에게 절박하게 알려주고 이 어리석은 그들을 개탄하며 세계인의 조건에 대하여 생각게 한다.

– 『세계인의 조건』중 서두 부분

위 인용문은 전쟁과 역사를 부정하고 진실을 은폐하며, 자신의 정치적 목적을 달성하기 위하여 저지르는 일본에 대하여 작가의 분노를 느낄 수 있음이다.

독도가 역사적으로나 실효적으로 아무리 우리 땅이라고 외치고 일본의 교과서에 명시된 자료(1886년–1900년) 등 표준 지도에서 이미 확인되었고 많은 사료들이 제시되어도 믿지 않은 일본인들.

바깥세상에서 무슨 일이 일어 난지도 모르고 긴 곤방 대를 털며 헛기침만 하던 답답한 조선의 양반들, 남의 일처럼 손 놓고 있는 사이 청나라 러시아 일본은 우리를 놓고 각축전을 벌이다 싱겁게 일본의 승리로 끝나자 그 사이 한반도와 독도까지 손아귀에 넣어버렸다.

우리가 분노한 것은 일본의 최초 유학생 가네코 긴다로(金子堅太郎)가 시어도어 루스벨트와 하버드대 동창이라는 연유로 일본의 로비스트로 나서 미국 육군 장관 윌리엄 태프트와 일본의 가쓰라 다로 총리가 밀약을 하게 한 점을 주시해야 한다. 필리핀은 미국이 장악하고 일본은 한반도를 점령하는 협약을 아무도 모르게 1905년에 단행해 끝내 1910년 8월 29일은 치욕의 날이 되었다.

– 『세계인의 조건』중 '역사적 사실과 교훈' 부분

인용 글에서 알 수 있듯이 작가의 역사관은 확고하다. 국가적 역사를 왜곡하는 일본이라는 나라와 과거 우리의 조선, 그리고 한반도를 두고 벌였던 주변국 이야기다. 상당히 교훈적 내용임에 틀림없는 사실이다. 여기서 작가가 강조한 점들은 역사적 교훈을 어떻게 받아들일 것인가의 해법을 독자들에게 제시하고 있는 것이다. 흥미로운 것은 이러한 것들이 역사를 왜곡하고 있는 일본의 잘못된 세계관을 문학을 통해 널리 알리고 있다는 사실이다.

> 독도문제가 나오자 서기야마 신스게 일본 외무성 아시아. 대양주 국장은 이전에 로비스트처럼 워싱턴을 방문해 다이얼 러셀 백악관 국가안보회의(NTSC) 아시아 담당보좌관과 커트 캠벨 국무부 동 아태 차관보를 잇달아 만나 독도문제에 관한 협조를 요청해 자기편에 유리하게 발표했다. 하지만 미국은 옛날과 달리 한 · 일 양국이 함께 해결하기를 바란다는 입장만 있을 뿐 독도는 한국의 땅이라 하지 못하는 것이 문제다.
>
> –『세계인의 조건』중 ‘역사적 사실과 교훈’ 부분

그렇다 일본이라는 대상국과 미국이라는 강대국이 있는 한 영토문제는 쉽게 풀리지 않으리라는 그 이유를 제시하고 있다. 실효적 역사적 우리 땅일지라도 독도문제를 풀기가 너무 어렵다는 작가의 고민이 깊게 배어 있는 내용이다. 박지연은 이를 일본의 신탈아론新脫亞論으로 치부하면서 독일의 빌리 브란트를 부러워한다.

> 1985년 5월 8일 서독의 바이츠제거 대통령은 독일항복 40주년기념 연설에

서 그는 과거를 왜곡하지 않고 나치의 침략전쟁에 대해 프랑스에 진정으로 사죄했다. 또 독일 젊은이들에게는 "40년 전 나치가 저지른 일을 젊은이들에게 책임을 지울 수 없지만 젊은이들도 역시 독일인으로써 독일역사에 책임을 져야 합니다."라고 했다.

또 1988년 독일 역사학자대회에서 "독일국가의 이름으로 저지른 사건은 변하지도 잊혀 지지도 않는 것이며 역사적 책임감이란 자신의 역사를 있는 그대로 받아드린다는 뜻입니다. 오늘 올바르게 살기위해 과거를 정직하게 기억하고 독일역사가들은 국민도 그렇게 살도록 해야 할 의무가 있습니다." 라고 말했다.

– 『세계인의 조건』중 '독일의 빌리 브란트가 부러운 까닭' 부분

독일은 반성하고 있으나 일본이라는 나라는 아직도 총리라는 사람이 야스쿠니 참배를 하는 현실을 볼 때 같은 전범국가인 독일의 품격을 따르라는 것을 강조 하고 있다. 이 작품에서 작가가 이처럼 격앙된 어조로 분노하는 것은 전쟁을 일으킨 일본이 반성과 사죄는커녕 오히려 침략 야욕을 버리지 못하고 역사의 진실을 왜곡하는 일본의 우익 보수에 대해 분노하는 것이다. 다시 말해 역사의 진실 앞에 비겁한 행위를 중지하라는 작가의 충고이기도 하다.

이처럼 국제사회에서 국격을 챙기고 나라답게 사람답게 존경 받는 세계인이 되기 위해 일본은 각성해야 한다. 잘못된 역사인식을 그대로 가르치는 일본에게 밀려 한편 자라나는 우리 청소년들도 착각하여 지난 역사를 왜곡할까 두렵다. 역사는 진실이다. 역사를 직시하고 나라를 온전히 잘 지키며 세

계인이 되기 위한 무단한 노력과 자긍심을 정신을 차리고 지켜야 할 것이다.

–『세계인의 조건』중 '끊임없는 사죄' 부분

박지연 수필가는 현재 한국의 수필문학이 다양하게 끌어들이지 못하는 부분들까지도 외연을 확대하고 있어 대단히 긍정적인 현상이라 말할 수 있다. 이는 어찌 보면 그만큼 논쟁거리를 만드는 작가라고 말 할 수 있는 것이다. 왜냐하면 수필의 개념은 논쟁적일 뿐 아니라 수필 장르라는 어떤 경계도 만들기 어렵기 때문이다. 다시 말해 박지연 작가가 다루고 있는 주제가 사회현상이나 경제에 대한 내용, 그 자체가 아니라 경제문제나 사회이슈를 수필이란 장르에 자연스럽게 끌어 왔다는 점이다.

그의 작품『더 늦기 전에』들어 가보자.

조선시대의 유교는 사회의 기강을 바로잡아 질서를 유지하고 사회 안정을 수립하는데 기여해 왔다. 우리 문화는 이를 토대로 근간을 이루며 우리 생활에 깊숙이 자리 잡았다. 그러나 세상이 급속도로 변하여 봉건사회를 지나 달리고 달려 정보화 사회로 진입한 지도 오래 되었다. 어제가 다르게 급변하는 우리에게 옛 일만을 고집하기에는 생활양식에서 불편을 주는 문화는 자연히 도태되어 가듯 이제 더 늦기 전에 변해야 할 때가 왔다

보편적 한국사회 생활양식에 대해 구체적으로 여러 방면에 대하여 시대에 맞게 변화를 해야 한다고 조언 하고 있다. 혼례문화에 대한 그의 이야기를 들어보자.

2006년에 '특급호텔 예식 금지법안'이 일부 의원에 의해 발의 되었지만 임기 내 통과되지 못하고 폐기된 일도 있었다. 요즘은 일인당 15만원의 식사비로 1억 원이 넘고 꽃 장식으로 1000만원이 드는 특급호텔도 있다는데 이게 제 정신으로 할 수 있는지. 이런 낭비와 사치가 우리 결혼문화로 정착된다면 우리는 사치 때문에 몰락하고 말 것이다.

– 『더 늦기 전에』중 '혼례문화' 부분

서울 여대는 총장이 벌써 앞장서서 정규 커리큘럼에 넣어 '작은 결혼식'을 수강해야 졸업하도록 의식개혁 교육시키고 있다. 사실 때로는 결혼 당사자들은 작은 결혼식을 원하지만 구습에서 벗어나지 못하는 부모 세대들이 체면 때문에 고집하기도 한다. 예복이 없어 입는 채로 꽃 하나 달고 예식을 치러도 후에 보면 더 알차게 잘 산다.

– 『더 늦기 전에』중 '혼례문화' 부분

3벌식 타자기를 만들어 한글 보급에 공이 큰 공병우 안과의 공박사도 장례문화를 일으키는데 공을 세웠다. 공 박사는 1995년 사망하기 전 "내가 죽으면 죽었다 하지 말고 시신은 기증하고 화장을 한 다음 모든 절차를 끝낸 다음 내가 죽은 사실을 알려라."하고 유언을 남겼다. 당시 시신 기증도 시신을 훼손시켜 두 번 죽는 일이라 부정적 인식이 강했다. 그러나 그 후로 김수환 추기경으로 이어지고 시신기증운동이 활발히 진행되고 있다. 중국지도자 개혁 개방으로 이끈 거인, 중국을 지금 잘 살게 한 덩샤오핑은 1997년 사망하면서 "각막은 의학용으로 기증하고 시신은 화장해 홍콩이 보이는 바다에 뿌려라."는 유언을 남겼다.

—『더 늦기 전에』중 '장례문화' 부분

인용문에서는 한국의 혼례문화와 장례문화에 대해 경제적 논리를 적나라하게 보여 주고 있으면서 독자들로 하여금 스스로 생각하는 교훈다운 묘사적 표현이다. 작가는 그들이 모두 살아서 위업을 남겼고 죽어서도 남은 사람들을 배려하고 피해를 최소화 하려는 그 큰마음에 많은 감명을 받는다고 하면서 장지가 모자라 장례문화는 바뀌야 한다며 화장은 부끄러운 일이 아니라 사회적으로 큰 경제적 손실을 막을 수 있다는 것이 그의 지론이다.

헝가리의 철학자인 게오르게 루카치는 '모든 글쓰기는 운명-관계라는 상징적 용어로 세계를 재현한다. 운명의 문제는 형식의 문제를 결정짓는다.' 고 했으며, 운명과 형식을 불가분의 관계라고 했다.

박지연의 수필은 순수서정 수필을 고집하지 않는다. 논리적이고 이론적 담론을 작품에 담으려고 노력한다. 이것이 박지연 수필을 쓰는 운명이고 자신과의 관계일 터이다. 그 가운데 그의 경제에 관련된 내용들이 그 작품의 핵심을 이루지만 다른 한 편으로는 시인으로 섬세하고 여성다운 작품의 면모를 보이고 있는 것도 사실이다.

2010년 4월 10일 폴란드는 현대사에서 가장 비극적인 사건이 일어났다. 카친스키 폴란드 대통령 내외, 중앙은행총재, 군 참모총장, 외무차관, 당 대표와 의회의원들, 나라의 귀한 인물들, 무려 96명이 바르샤바를 떠나 러시아의 '카틴 숲' 을 향하던 길이었다. 그러나 러시아의 스몰렌스크공항에 착륙하지 못하고 공항 주변 가시거리가 200m에서 500m 밖에 안 된 짙은 안개 속에서 추락한 사고였다.

–『Landing is the first』중 첫 부분

'카틴 숲' 은 제2차 세계대전 당시 러시아의 서부 스몰렌스크 인근 '카틴 숲' 에서 포로수용소에 잡혀 있던 폴란드인 4000여 명과 폴란드의 독립을 막기 위해 장교와 지식인 등 약 2만 명이 끌려와 총살당했던 장소이다. '카틴 숲' 의 총성이 울린 지 70년, 폴란드 대통령 일행은 학살 추모행사에 참석하기 위해 가던 중 학살 현장에서 멀지 않은 스몰렌스크공항에 착륙을 시도하던 중 활주로 부근 나무에 그들의 일행이 탑승한 비행기가 부딪치며 추락한 대형 참사다. 당시 폴란드 국민과 세계 곳곳에서는 충격과 비통에 빠졌었다.

이를 보는 우리의 눈도 붉어진다. 세계인의 사랑을 받는 쇼팽의 나라, 그의 애절한 조국사랑의 작품들을 들으면 더욱 그렇다. 결코 남의 일 같지 않았다. 어쩌면 우리와 너무 닮았다. 우리처럼 강대국의 사이에 낀 지정학적 위치 때문에 패권주의자들의 야욕에 피해를 입은 비극 중의 비극이다.

–『Landing is the first』중 부분

현대사회에서 과학기술의 발달은 모든 조직의 끊임없는 변화를 요구하고 있다. 또한 서비스 중심 사회가 되면서 안전사고를 극복할 수 있는 최적의 돌파구를 찾는데 필요한 물적, 재정적, 인적자원을 개발하는 것이다. 이러한 변화 없이는 어떠한 안전도 보장 받을 수 없기 때문이다.

인용문에서 박지연 작가는 미국에 살고 있는 자신의 가족을 보기 위해 가끔 미국을 방문하게 되는데 그곳을 오가며 피부로 느끼는 일련의 비행기 사고에 대한 위험도를 상기시킨다. 특히 비행기 착륙에 대한 안전 불감증에 위기의식을 느끼곤 한다.

그러면서 우리나라 항공기인 아시아나 에어라인(Asiana Air Line)의 안전과 고객 서비스에 대 만족과 함께 미국의 유나이티드 에어라인에 대한 착지 기술과 서비스의 불만족을 비교 기술하고 있다. 그는 조종사의 수칙까지도 알고 있다.

"반드시 착지를 첫째 조심하라"

Flying is the second greatest thill for a Pilot.

Landing is the first.

이는 수필문장에서만 가능한 일로써 작가의 내부에서 움직이는 미묘함과 거기에 흐르는 민족의 자부심, 또는 체험의 연금술 같은 움직임 등이 박지연 작가의 저변에 깔려 있기 때문에 가능하리라 본다.

이 밖에도 원전비리에 대한 불신의 쓴 소리, 그로인한 블랙아웃(Black out : 대 정전)의 공포 등 사회 전반적으로 흐르고 있는 불신의 벽들을 이야기하고 그에 걸맞는 작가만의 해법을 제시하고 있다. 또한 우리들의 삶 도처에 도사리고 있는 부정과 부패의 위험이 악몽과 같은 상상을 시각적 현상을 통해 보여주는 작가의 저력이다.

우리는 지형적으로 섬처럼 위치하여 주변에서 전력을 공급해 올 수 없기 때문에 자체 가동이 가능한 발전소를 전국 곳곳에 미리 정해 놓는 등 비상대책을 마련해 두고 있다. 하지만 우리처럼 북한과 대치해 있는 나라는 블랙아웃이 일어나면 나라가 마비상태가 된다. 북한이 호시탐탐 노리고 있는 이 때 절대로 안 된다. 기간산업 기업체의 손실은 천문학적 숫자이고 블랙아웃은 전쟁보다 더 무서운 결과를 가져올 수 있다. 아무리 안전장치를 해 놓았다 해도 최악의 경우를 생각해 블랙아웃은 일어나서는 절대 안 된다. 2011년 9월 15일 단전도 1종의 경고였지만 각성하지 못한 원전관계자들의 안일한 구조가 분노케 한다.

–『불신의 분노 』중 '블랙아웃' 부분

이제는 매년 반복되는 전력난에 행정적으로 기술 안전적으로 기후변화에 정확한 예측과 개혁을 통해 국민의 불신을 넘어 신뢰를 하루 속히 회복해야 한다. 올해 전력부족이 문제가 아니라 진입장벽이 어마어마한 국가기관으로서 비밀스러운 체계에서 투명한 구조로 개혁해 국민뿐 아니라 국제사회가 신뢰를 해야 한다. 그게 앞으로 훌륭한 기술력으로 세계시장에서 이기는 길이며 그것만이 우리의 원전의 미래가 있다.

–『불신의 분노 』중 '전력관리와 절전 부분

박지연의 수필은 허구성을 나타내지 않는다. 그러면서 그의 맑고 선명한 눈빛은 언제나 사회구조적으로 눈을 돌리고 있다. 이를테면, 박지연 작가는 체질적으로 인간이 행복하고 안전하게 사는 것 자체를 문학이나 예술성보다는 한 걸음 더 나가 현실을 직시하고 분석하고 평가 하려는 특징적 기질에 연유하는지도 모른다. 이는 그의 오랜 직업관과도 무관하지 않을 것이다. 따라서 한국의 수필도 이처럼 다양한 목소리를 담는 변화가 오리라는 예감을 해본다. 현재 우리의 시대는 빠르게 변화고 있기에 문학 또한 머물러만 있어서는 발전이 없을 거라는 믿음이 있기에 더욱 그러하다.

'무상과 반값'

난데없이 우리사회에 요란한 화두가 되었다.

우리들의 피 속에는 원래 '공짜' 라는 것을 부끄러워했고 공것은 사특私慝한 마음을 일으킨다 하여 금덩이도 강물에 돌덩이처럼 던지는 서울 양천 앞 투금投金灘 이야기도 있다. 바느질 품삯으로 아이를 기르는 과부도 금은보화가 가득 든 가마솥을 보고도 재財는 재災라 하여 불로소득은 아이들이 자라는데 해가 된다고 땅에 묻어버리고 이사했다는 이야기는 거저 생긴 재물은 취하지 않는다는 정직한 마음을 전한다. 가진 것 없는 거지도 거저 받는 것을 원치 않아 논이나 밭일을 돕고 앞마당이나 골목이라도 쓸어가며 작으나마 응분의 대가를 치루는 거지철학도 있었다. 그 안에는 노동을 신성시한 정신을 높이 샀었다.

글로벌 금융위기 이후 위기설이 나돌고 있는 나라들의 공통점은 달콤한 복지에 길들여진 나라다. 정치인들이 표를 얻기 위해 없는 사람들의 비위를 맞추느라 갖가지 인기영합제도를 늘어놓다 국가의 재정이 거들 나고 여기저기 손을 내밀어 신용등급이 추락해 나라체면이 말이 아니다.

–『포퓰리즘의 수렁에 빠진 지구촌』중 부분

시사 에세이『세계인의 조건』에 실린 40편 전 작품들이 경제와 우리 주위에서 일어나는 사회적 이슈들이다. 국내외에서 벌어지는 구조적, 인적 사회 병리 현상들을 조목조목 여행하듯 특유의 문체로 보여주고 있어 마치 경제의 길을 걷는 여행자 같기도 하다. 이를테면 경제수필 여행이다.

작가 자신이 고심하여 만드는 그의 시사경제수필 작업은 고난도의 자료와 선험적 지식이 없이는 불가능한 작업일 것이다.

포퓰리즘이라 하면 탱고의 나라, 마라도나의 아르헨티나를 떠올린다. 이 나라는 20세기 중반까지도 곡물 수출로 세계 5대 부국이었다. 그러나 1970년 이래 소위 패론 주의로 일컬어지는 인기 영합주의에 노동 관련법을 추진해 엄청난 부를 노동자들에게 분배하는 선심성 지원금으로 방만한 예산은 국가 부채로 누적되었다 에비타의 인기는 올랐지만 국가의 신용도는 하락하고 위기를 벗어날 수 없어 2001년 디폴트의 신세가 되기도 했다. 지하자원 덕에 겨우 살아났으나 여전히 포퓰리즘의 중병을 고치지 못 하고 현재도 허덕이고 있다.

–『포퓰리즘의 수렁에 빠진 지구촌』중 부분

우리나라도 국회의원 선거와 대통령선거를 하면서 정치권이 포퓰리즘을 쏟아냈다. 보편적 복지로 나라 예산을 다 끝장내자는 것인지. 이것을 지키기 위해 다른 분야는 숨 돌린 예산이 없다. 예술분야에 관심을 기울이는 것은 포플리즘이 아니다.

예술인복지법안은 복지라는 단어만 있을 뿐 기본권을 제시한 것이다. 예술인에 대한 사회적 법적 지위와 권리를 명문화하여 예술인은 무직자가 아니라 문화예술의 피폐한 토양을 북돋고 창작을 하겠다는 동의서를 지난 6월 7일 한국예총 민예총 그 외 다수 단체와 공동으로 한국문협을 비롯한 문인 예술인들이 법안 처리 촉구 성명을 발표한 바 있다.

–『포퓰리즘의 수렁에 빠진 지구촌』중 '문화가 꽃 피는 시대' 부분

인용문에서 말하고자하는 것은 땀 흘리지 않는 '무상과 반값'이 아니라 밤낮을 모르고 창작에 매진하는 예술인의 역량에 눈길을 돌리지 않고는 민족의 장래가 없다는 것과, 함께 문화 콘텐츠를 육성하여 제조업 못지않은 문화강국을 만들어 세계에 수출하는 것이 예술인의 복지이고 경쟁력 있는 창조다. 라며 문제점과 대안을 제시한다. 그러면서 아직도 정치인들에 대한 예술인의 목 타는 소리에 귀 기울이기를 촉구하는 견해를 밝히고 있다.

이처럼 경제 수필가 박지연이 바라보는 사회는 안타깝게도 순수와 정의가 무시되는 사회다. 복지라는 명분으로 인기 영합주의가 가져오는 폐해를 지적하고 있다. 가난한 예술인을 무시하는 포퓰리즘의 수렁이라는 경험적 언술로써 기만과 속임을 일삼는 사회구조를 신랄하게 비판하고 있는 것이다. 이 비판의 목소리에는 이러한 사회적 모순이 개선되기를 바라는 작가의 바람도 자연스럽게 반영되어 있음이다.

우리 집 막내는 대학을 나와 전공을 바꾸어 1995년 오하이오 주의 주립 대에서 공부할 때 한국은 1997년 IMF 구제 금융을 받는 어려운 시기였다. 떠날 때 800원대였던 환율이 1960원으로 무려 2배 이상 올라 많은 유학생이 귀

국할 수밖에 없었다. 막내는 더욱 피나는 노력으로 중도에 포기하지 않고 엄마의 힘을 덜어주며 의과대학을 마칠 수 있었다. 졸업 후 공군 조종사인 사위와 오키나와에서 3년의 임기를 마치고 병원이 있는 콜럼버스에서 둥지를 마련하고 엄마를 초대한 것이다.

–『1달러의 기적』중 부분

수필마당은 누구든지 자신의 마음을 표현하는 곳이다. 자신의 진심을 말해주고 표현을 통해 구하고 호소한다. 그 무엇인가를–

가족은 우리네 삶의 에너지이고 희망이다. 작가는 가족을 통해 겪은 1달러의 본질이 무엇인가를 숨김없이 쏟아내고 있다. 다음 문장을 더 보도록 하자.

지난 2006년 원가 절감을 위해 크라이슬러그룹의 경영진이 화성 모비스 모듈공장을 방문했을 때 품질의 높은 수준에 놀라 현대모비스에게 미국에서 투자할 것을 간청했다. 클라이슬러는 그 당시 공장부지 3만 8372m^2를 기가 막힌 1달러에 임대한다는 놀라운 조건도 제시했다. 그야말로 무료로 땅을 제공해 가며 모비스를 유치하겠다는 다급하고 확실한 요청이었다.

–『1달러의 기적』중 부분

프랑스의 비평가 알랭(F. Alain)의 말을 빌리면 '수필이란 이야기의 구성에 있어서 그 골격을 조립하는 것은 사상' 이라 했다 위 인용문인 수필에서는 가족 이야기로 시작해서 자연스레 경제 이야기로 끌어가는 작가의 사상이 잘 나타나 있다 할 것이다. 이는 구체적이고 객관적인 사실을 다루고 있기 때문이다. 1달러를 투자한 현대 모비스의 기적을 이야기 하고 있다. 이 또한 박지연 만의 문학적 담론이라 할 수 있다.

> 현대모비스의 기쁜 소식은 이억 만 리 고국에 뜻 깊은 낭보가 아닐 수 없다.
>
> 우리 막내가 공부하며 성장한 털리도의 현대모비스는 우리교민과 우리 모두의 자랑으로 힘찬 박수를 보낸다.
>
> –『1달러의 기적』중 마지막 부분

글을 쓴다는 것은 장르에 구분 없이 고뇌의 작업이다. 요즘처럼 작가가 많은 때도 없을 터인즉, 박지연 작가처럼 저마다 창작들이 전문적인 지식과 애착이 있다면 더욱 수필문학은 발전 하리라 본다.

이 밖에도 박지연 작가의 작품은 사회 병폐의 사실 탐구를 통해서 정의와 사랑이 마땅히 우리의 삶에 그렇게 있어야 할 참 모습뿐만 아니라 인간존재의 참다운 모습도 발견 할 수 있다고 보는 것이다. 「삶의 질」이라는 작품 속에 들어 있는 '알코올 중독자', '도박 중독', '인터넷 중독', '마약 중독'에 대한 글 등이 그러하다.

> 중독에 빠질 유혹은 어디나 널려 있다. 산다는 것이 내 목숨 마음대로 운용하면 언제 어떻게 함정에 떨어질지 모른다. 언제나 긴장을 놓지 말며 중용으로 나가며 이웃에게 폐가 되는 일을 조금만 생각해 본다면 이것만은 피할 수 있을 것이다. 자기의 삶은 어디까지나 자기 주도하에 절제된 삶에서 무단

히 노력하는 사고가 뒤따라야 삶의 질이 높아지고 행복하다고 느낀다.

– 삶의 질」 중 '마지막' 부분

그의 이러한 글쓰기는 사회적 깊이와 인간 존재의 깊이를 드러내기 위해 현실에 근거하는 것임은 이 수필집 속에 들어 있는 글의 여러 면모를 통해 알아볼 수 있다. 그것은 문학이 해야 할 일을 우리의 삶에 작용하고 있는 숨은 힘은 무엇이며, 사람이 살면서 참으로 소망하고 아파하는 것들이 무엇인가를 확인하는 것이 아닌가 생각해 본다.

하이데거는 '언어(문장)란 존재를 드러내는 집' 이라 하지 않았던가. 박지연 수필가는 생동감이 넘치고 비약적이면서 대화적이고 교훈적인 글을 쓰는 즉, 존재를 드러낼 줄 아는 작가다.

그것은 그의 넘치는 열정이 있었기에 가능했던 것이 아닐까

– 아마도「삶의 가치」에 대한 논쟁은 영원히 풀 수 없는 논쟁일지 모른다. 이는 수필집 본문에 나오는 인용문을 끝으로 박지연 작가의 작품 감상을 마친다.

계간문예수필선_ 세계인의 조건

초판 인쇄 | 2016년 1월 15일
초판 발행 | 2016년 1월 20일

지 은 이 | 박지연
회　　장 | 서정환
발 행 인 | 정종명
편집주간 | 차윤옥

펴낸곳 | 도서출판 계간문예
주소 | 03131 서울 종로구 삼일대로 32길 36 운현신화타워 305호
편집부 | 03132 서울 종로구 삼일대로 30길 21 종로오피스텔 808호
전화 | 02-3675-5633, 070-8806-4052
팩스 | 02-766-4052
이메일 | munin5633@naver.com
등록 | 2005년 3월 9일 제300-2005-34호
ISBN 978-89-6554-136-3 04810
ISBN 978-89-6554-133-2 (세트)

값 15,000원

〈이 도서의 국립중앙도서관 출판시도서목록(CIP)은 서지정보유통지원시스템 홈페이지(http://seoji.nl.go.kr)와 국가자료공동목록시스템(http://www.nl.go.kr/kolisnet)에서 이용하실 수 있습니다.(CIP제어번호: CIP2016000658)〉